DEUTSCH
PLUS

REINHARD TENBERG
SUSAN AINSLIE

NTC *NTC Publishing Group*
a division of NTC/CONTEMPORARY PUBLISHING GROUP

Developed by **BBC Languages**
Course designer: Lore Arthur
Editor: Corinna Schicker
Audio producer: Alan Wilding
Glossary compiled by Christine Shuttleworth
Project management by Trojan Horse Publishing, London
Illustrations and artwork by:
GNA Associates, Tim Davies, Paul Davis, Spike Gerrell, Simon Henwood,
Matt Herring, Colin Higgs, Val Hill, Ian Innes
Design by Gregor Arthur
Cover photographs by: BBC, Bernd Spauke, Das Fotoarchiv/Jörn Sackermann,
Foto Gärtner, Harmut Schwenk, Klammet & Aberl and Rainer Kiedrowski
Cover design and artwork by Colin Higgs

This edition first published in 1998 by NTC Publishing Group
An imprint of NTC/Contemporary Publishing Company
4255 West Touhy Avenue, Lincolnwood (Chicago), Illinois 60646-1975 U.S.A.
© BBC Worldwide Ltd 1996
Published in cooperation with BBC Worldwide Limited. "BBC" and the BBC
logotype are trademarks of the British Broadcasting Corporation, and are used
under license.
Printed in Canada
International Standard Book Number: 0-8442-2587-8
18   17   16   15   14   13   12   11   10   9   8   7   6   5   4   3   2   1

Contents

Introduction

Welcome to the BBC's **Deutsch Plus**. The course is designed for adult learners of all ages in a range of situations: studying on your own, in a class, for business or leisure purposes, perhaps working towards a certificate. It is carefully structured to suit you, the beginner, introducing you to the language in a meaningful and interesting way and helping you to develop your language skills. Whatever your needs, **Deutsch Plus** has something to offer you.

You will find that the topics and themes covered in the course are those which you are likely to encounter if you are travelling to a German-speaking country or if you need to converse with native speakers of German.

The structure of the course is the key to its accessibility. As you work through each unit, you will see how the language links together and learn how to build on these links and make the most of what you already know. Study tips help you to learn more effectively and the activities enable you to develop an ear for listening, which in turn gives you the confidence to speak German yourself. After all, what matters most is being able to say what you want to say! Reading and writing activities also feature and are, in turn, used to help you build up vocabulary and practice what you know.

Additional features such as *Sprachtip*, *Speichern* and the end of unit *Quiz* or *Checkliste* encourage you to reflect on how the language works, help you to build vocabulary and see how well you are doing. A wealth of cultural information is to be found in the *Wissenswert!* sections. For more on these, see **How to use this course** on page vi.

The course

Deutsch Plus contains 37 units, divided into *Willkommen*, *Hallo*, *Erste Kontakte* and *Treffpunkte*.

Willkommen and Hallo units 1–4: a gentle introduction to the basics of the language and to the storyline of the television-style drama. Test your knowledge with the Quiz at the end of each *Hallo* unit.

Erste Kontakte units 1–16: the storyline continues and more new language themes are introduced. These units include audio dramatization of the TV storyline and specially recorded interviews with German-speaking people in Jena, Lübeck and Mainz. There's also a Quiz to test you after every unit.

Treffpunkte units 1 Plus–16 Plus: revisit the themes presented in *Erste Kontakte* and expand and develop them. These units use more of the location recordings and also use written material to present new language. A *Checkliste* at the end of each unit (except for unit 16) helps you to monitor your progress.

Additionally, after *Hallo* unit 4, *Erste Kontakte* units 8 and 16 and *Treffpunkte* units 8 Plus and 16 Plus, there are self-assessment tests under the heading *Kein Problem!* to help you practice what you have learned. For more details on the content of the units, see the **Course Menu** on page viii.

In the **Reference**, at the end of the Coursebook, you will find answers to all the activities, a reference grammar section, transcripts of the audio material, word groups and a German-English glossary.

A separate Activity Book is available that offers additional practice in reading and writing with a range of enjoyable activities which consolidate the most important language points in the Coursebook.

Deutsch Plus is accompanied by four audio cassettes or CDs containing all the listening material that you need to follow the course. Listen to interviews with local people in Jena, Lübeck and Mainz as they talk about themselves, their cities and their way of life and follow the everyday events in Nico's life as he lives and works in Cologne. Our presenters will guide you through the materials, adding explanations and tips to help you. In addition, they enable you to play your part in conversations which recap what you've just learned and build your confidence for the real thing.

Hints for learners

You will find learning tips throughout the units, giving specific hints on how to learn the language and on ways to build your vocabulary. The quizzes and checklists also have a key role to play in helping you to gauge your progress. If you have never tried to learn a language before, or if your past experiences have been less than memorable, you may be asking questions like "Where do I start?" and "What is the best way to learn?"

Motivation is one of the keys to your success. Be clear about why you want to learn German and be realistic about how much time you can devote to it. Language learning doesn't happen overnight and it's best to create a routine for yourself, devoting a regular amount of time to the process. Experiment with different approaches and then think about which works best for you. Use every opportunity to revise. Play the audio on the way to work or while doing routine jobs that don't require much thought. Work out from time to time how you would say everyday things in German and if you don't know, look them up later. Try to make contact with German speakers, through vacation or business trips, or join a local class. Rehearse as often as you can; why not record your own audio as you go, building up a stock of language? Be sure to use language that you know is correct, rather than trying to translate English thoughts into German, and see if you can do it again later without a script—after all, that's the most likely situation you will eventually find yourself in.

Another key to success is success itself, a feeling of achievement. **Deutsch Plus** is accessible; the units are four pages in length and each can be done two or four pages at a time, manageable chunks for you to work through and get a sense of having made progress. The German speakers you are learning about are interesting in their own right. Their language has a structure which you are introduced to in a logical way, without too much reference to grammatical terminology for its own sake. You will soon be using a range of structures without necessarily having to learn the full set of rules behind them, although you can explore these in the grammar reference section if you choose. Remember, you are in control.

Pronunciation tips

German pronunciation is straightforward and follows a number of rules, a few of which are explained briefly below. As you listen to the audio tapes or CDs, you will hear the correct way to pronounce the language. Here are a few hints to start you off, beginning with the title of the course itself.

Deutsch Plus: eu is pronounced like the *oy* in *boy*; **u** rhymes with *to*; **auf** Wiedersehen (goodbye): **au** sounds like *ow* in *cow*.

Wie geht's? (how are you?): **w** is pronounced like *v*; **ie** rhymes with *see*.

Mai (May) and ich heiße . . . (I'm called . . .) **ai** and **ei** both rhyme with *sky*; **ß** is called Eszett in German and stands for *ss* as in *Miss*.

The **ch** in Bau**ch** (stomach) is pronounced like *ch* in *loch* (with a Scottish accent!) and **ch** in Bröt**ch**en (bread roll) sounds like *hu* in *huge*.

Vielen Dank: **v** sounds more like the *f* in *feeling*; **z**um Wohl! (cheers!): **z** sounds like *ts* as in *cats*.

Viel **Sp**aß! (have fun!): **s** before a consonant such as *p* or *t* is pronounced like *sh*.

Umlaut: this refers to the two dots on the vowels **ä, ö, ü**, which change the sound. Some sounds have equivalents in English, others do not:

ä	long	ungefähr (roughly)	*fair*
	short	Äpfel (apples)	*kept*
ö	long	schön (beautiful)	*les yeux* (French)
	short	ich möchte (I'd like)	*girl*
ü	long	üben (to practice)	*tu* (French)
	short	Frühstück (breakfast)	like *tu* (French) but shorter

How to use this course

Each unit is introduced by photographs, illustrations and realia which set the scene and introduce the topic of the unit.

Lernpunkte

Answering the telephone
Making a call and getting through to the right person

Each unit has key language functions under the heading *Lernpunkte*.

Cultural information on the German-speaking countries related to the topics of this unit are given in *Wissenswert!*

Cross-reference to the TV/storyline episode number.

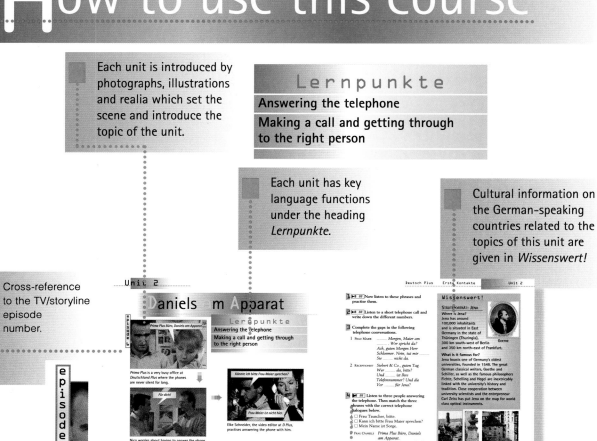

Useful German phrases and expressions are given with their English translation or with visual examples.

How to answer a phone call:

At home...   Simply say your surname or *Hallo*?

In a company...   *Siebert & Co, guten Morgen.*
                              Prima Plus Büro, Daniels am Apparat.
                              Produktionsbüro, Koch am Apparat.

● **What to say if someone is not there:**

Tut mir leid. Herr/Frau... ist (im Moment) nicht da/hier.

Asking for the caller's name... *Wer spricht da, bitte?*
                                Wer ist am Apparat?

▶1 *36* A cue to using the audio cassette or CD materials (1 = CD; *36* = track number).

Additional help with vocabulary for the audio dialogues.

In *Hallo* and *Erste Kontakte*, the key language functions are introduced in *Lernpunkte*. These are picked up, recycled and expanded under the same heading in *Treffpunkte*.

Authentic reading texts and materials.

A *Quiz* or *Checkliste* is located at the end of the unit for learners to check their progress.

LERNTIP

When you learn new nouns, try to learn them with the correct article *der, die, das*. Why not keep a list of new words, like Nico does in our story, with the three types in different columns? It should help you to remember them correctly.

Useful study skills tips under the heading *Lerntip*.

Helpful grammar and language tips can be found in *Sprachtip*.

SPRACHTIP

Q What's unusual about the sentence *Kann/Könnte ich bitte Herrn Meier sprechen?*

A There are two verbs: *kann* (can)/*könnten* (could) and *sprechen* (to talk to). Verbs like *kann* are modal verbs. You will learn more about them in Unit 3. All you need to remember for now is that the main verb always goes at the end of the sentence: *Kann ich bitte Herrn Meier sprechen?*

Additional help with vocabulary for the audio dialogues in *Speichern*.

SPEICHERN

Achje	Oh dear
können Sie ihr sagen...	can you tell her...
Sie möchte mich zurückrufen.	She should call me back.
Sind Sie noch da?	Are you still there?

Course menu

Unit	Functions	Vocabulary	Cultural Information	Grammar
Ich fahre nach Amsterdam (4)	Buying a railway ticket on public transport Asking people to help you Understanding directions	Travel, railways	Travelling by train, buying different types of ticket	Introduction of separable verbs Revision of directions: *zum/zur*
Wie war's? (5)	Talking about past events Revising times and numbers Improving your telephone skills	Revising times and numbers	Lübeck	Imperfect of *sein* and *haben* Revision of *sein/haben* in the present tense
Die gefällt mir sehr gut (6)	Saying what you like and don't like Finding your way around a department store Describing what you want	Talking about music Shopping	German shopping hours	Possessive adjectives: *für meine Mutter gern/lieber; das gefällt mir/die gefallen mir nicht/besser* Modal verbs: *mögen*
Ich möchte Geld abholen (7)	Numbers 101–999 Asking someone to do something Changing and taking out money at a bank	Numbers 101–999 Money	German/Swiss /Austrian currency	Asking for things: *geben* + dative More possessive pronouns: *Ihr/dein/mein* + accusative Pronouns: *mir/mich*
Ich habe keine Wohnung mehr (8)	Reporting something that's happened Asking and talking about the family and talking about your own family	The family	Public and religious holidays	Perfect tense of regular verbs with *haben*

Kein Problem! 2

Unit	Functions	Vocabulary	Cultural Information	Grammar
Zimmer zu vermieten (9)	Understanding small ads for accommodation Enquiring about a bedsit Talking about family relationships Understanding and saying dates	Revision: numbers and dates, telephone language	Housing problems in Germany	Perfect tense with *sein*
Ich zeig Ihnen mal das Haus (10)	Finding somewhere to live Describing a house or flat Saying where you live: *ich wohne in einer/einem* Asking others about accommodation Talking about your daily routine	Types of accommodation	Rented accommodation	*in* + dative
Waren Sie schon mal in Amsterdam? (11)	Talking about where you've been and what you've done Describing things Asking questions Practising more telephone language	Revision: asking questions - *Wann? Warum? Wer? Wie? Wieviel? Was? Wo? Woher? Wohin?*	Rügen	Perfect and imperfect tenses Adjectives
Ich muß zum Zahnarzt gehen (12)	Talking about what you must do, can do and want to do Making an appointment at the dentist's Saying what's wrong with you and asking the same of others	At the dentist's/ doctor's The body, symptoms	Medical insurance in Germany	Modal verbs - *mögen, dürfen, sollen, müssen, können, wollen*
Die Kinder machen am meisten Sport (13)	Talking about the sports you play and watch Saying what you like doing best Saying how often you do something Making comparisons	Sport		Adjectives: comparatives

Unit	Functions	Vocabulary	Cultural Information	Grammar
Ich werde mich bewerben	Talking about your education and work experience Preparing for a job interview Making plans for the future	Jobs	Job interviews	Word order in subordinate clauses Future tense
Es freut mich sehr	Going to the petrol station Meeting new people Making social conversation	Cars and driving	Driving a car in Germany	More questions
Das müssen wir aber feiern!	Greetings and good luck wishes Going to a job interview Congratulations and celebrations	Expressions for different occasions Interviews	Christmas in Germany	Prepositions with dative and accusative Revision of tenses

Kein Problem! 3

TREFFPUNKTE

Unit	Functions	Vocabulary	Cultural Information	Grammar
Kaffee und Kuchen	Understanding menus Discussing eating and drinking habits Getting to know something about German wine	Food and drink	Wine labels	Compound nouns
Bitte sprechen Sie nach dem Signalton	Receiving and making phone calls Checking messages on the answerphone Making enquiries at the tourist office Finding out information about Mainz	Telephone language At the tourist office	Mainz	Questions
Wie sieht Ihr Arbeitstag aus?	Talking about your routine at work Describing past events Discussing the position of women Talking about daily chores	Work Expressions of time		Word order with modal verbs (*müssen, können*) Imperfect
Verreisen Sie gern?	Finding out about train times and making enquiries Discovering where Germans spend their holidays ... and saying where and when you went on holiday	Holidays	The German *Bundesländer*	Superlatives
Es war sehr hektisch!	Reporting on a company visit Getting to know a company and finding out about their products and market Asking people how long they've been working or living in one place and whether they enjoy working or living there	Work	Employment in Germany (work ethics, conditions, salaries)	Word order (inversion for emphasis) Adjective endings with *seit*
Zeit zum Einkaufen	Finding out more about colours Buying clothes... and getting the size and colour you want Shopping for a present	Shopping for clothes and presents Colours	Shop signs	Adjectives Comparatives and superlatives

Unit	Functions	Vocabulary	Cultural Information	Grammar
7+ Ich bezahle das mit Scheck	Paying in cash, by cheque and by credit card Booking a last-minute flight Revising numbers from 0–999	Money and prices	Paying by credit and debit card in Germany	
8+ Haben Sie Familie?	Talking about yourself and your family Asking someone about him/herself Describing people	Family and relationships		Adjective endings

Kein Problem! 4

Unit	Functions	Vocabulary	Cultural Information	Grammar
9+ Zuhause in Deutschland?	Saying where you grew up Saying how long you've been doing something and why Asking about someone's background	Nationalities	Foreigners in Germany	*seit* with present and past tense Separable verbs
10+ Wir sind schon voll belegt	Booking a hotel room by phone Confirming the booking in writing Making a complaint when things go wrong Describing problems of finding somewhere to live	Holiday Accommodation	Cost of rented accommodation in Germany	Use of *man* (one, you)
11+ Leben nach der Wende	Expressing feelings Asking people for their opinions... ...and giving your own	Recent German history (German unification)		Word order in subordinate clauses with *daß*
12+ Wo tut es weh?	Getting medicines and understanding the instructions Describing your symptoms and talking about what happened to you	Health Diet Feeling unwell		Modal verbs *(müssen)*
13+ Gesundheit und Fitneß: man ist, was man ißt!	Comparing different lifestyles Eating habits Talking about what you like doing best	Diet and nutrition General health	*Kuren* (health spas)	Modal verbs *(müssen)* Comparatives and superlatives
14+ Ich mach mal einen Anfängerkurs	Saying what you're studying and why Talking about your future career Understanding some aspects of the German educational system	Education	Adult education Vocational training	Word order in subordinate clauses *(daß, weil, wenn)* *werden* (present tense) Future tense with and without *werden*
15+ Die Umwelt – was soll man tun?	Talking about the environment Saying what should be done	Protecting the environment Recycling	Recycling	Modal verbs *(sollen, müssen, können)*
16+ Dann wünsche ich Ihnen ein schönes Fest!	Learning about German festivals and customs Describing how Christmas is celebrated in Germany Taking back a present Expressing congratulations and Good Luck wishes	Christmas and other festivities	German *Weihnachtsmärkte* (Christmas markets)	

Kein Problem! 5

Nico's story

I n the first half of this **Deutsch Plus** coursebook, a TV drama-style storyline is a main feature of the *Hallo* and *Erste Kontakte* units. The *Treffpunkte* units depart from the use of the drama, developing the language first encountered in the *Hallo* and *Erste Kontakte* units and providing a wide variety of additional exercises and realia to consolidate all of your German language skills.

Nico, Volontär
- *trainee*

T he drama, set in Cologne, introduces us to Nicolai Antonescu—Nico—a refugee from Romania who comes to live and work in Germany, not speaking any German. He gets a job as a runner at the *Deutschland Plus* TV station, for *Prima Plus,* a daytime magazine programme with ads, pop music, a lifestyle series, fitness programmes, children's entertainment, current affairs programmes, and soap operas.

T he *Hallo* and *Erste Kontakte* units use Nico's story and scenes from the drama to explore the language introduced there with the use of exercises, learning tips, cultural information, audio exercises and quizzes. You'll learn in parallel with Nico as he tries to pick up the German he needs for work and for his private life, struggling to understand and often asking people to repeat or explain. Not everything goes right for him. However, as Nico settles into his new life in Cologne and makes new friends, he begins to speak and understand more German and his confidence with the language grows and grows.

Frau Maier, Produzentin
- *programme manager*

Susanne Weiß, Reporterin
- *reporter*

Anna Daniels, Produktionssekretärin
- *production secretary*

Dieter Hager, Tonmeister
- *sound recordist*

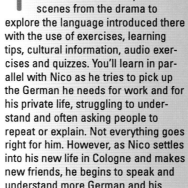

Herr Schiller, Pförtner
- *chief receptionist*

Ulli Michel, Aufnahmeleiter
- *production manager*

Elke Schneider, Cutterin
- *video editor*

Deutsch Plus audio. The television drama storyline is set in Cologne and the audio recorded in Jena, in the former DDR, Lübeck on the North Sea, and Mainz in the South. These four venues have been chosen to present a varied and balanced picture of present-day Germany.

Andrea Köhler is the main interviewer for all of the audio recording. She comes from Stettin in former East Germany.

Andrea Köhler

Kunde am Kiosk
- *kiosk customer*

Kioskbesitzer
- *kiosk owner*

Herzlich Willkommen!

Lernpunkte

Saying 'Hello' and 'Goodbye'

Learning the basics of German pronunciation

Using numbers from 0 – 20

Hallo Deutschland!

Hallo Österreich!

Hallo Schweiz!

Saying 'Hello' and 'Goodbye'

This is one of the first things you will need to say when in a German speaking country!

● **During the day you can say:**

Hallo, Guten Tag or simply *Tag*

● **In the morning you can say:**

Guten Morgen or just *Morgen*

● **...and from early evening onwards:**

Guten Abend or the short form *N'abend*

● **And to say 'goodbye':**

Auf Wiedersehen or just *Wiedersehen* or use the colloquial *Tschüs*

1 Imagine you are meeting German-speaking people at the following times. Tick the greeting you would use.

	Guten Tag	Guten Abend	Guten Morgen
1 8 a.m.			
2 5.30 p.m.			
3 2 p.m.			

○ SPRACHTIP

Note that in German, people often address each other by name when saying 'Hello' and 'Goodbye', for example:

| *Guten Morgen, Herr Schiller!* | Good morning, Mr Schiller. |
| *Wiedersehen, Frau Maier!* | Bye, Mrs Maier. |

2 ►1 1 Switch on your tape recorder/CD player and listen to these phrases.

3 ►1 2 Now it's your turn to practise saying 'Hello' and 'Goodbye'.

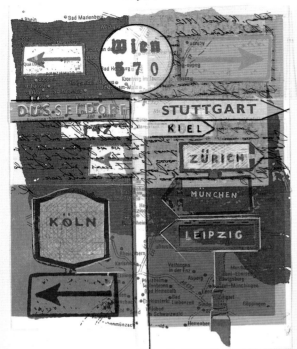

4 ►1 3 Look at some names of towns in Germany, Austria and Switzerland. Turn on your tape recorder/CD player, listen to how they are pronounced and practise some of the basic sounds of the German language.

Wissenswert!

Did you know that German is spoken as a native language by more than 100 million people? Outside Germany, it is spoken in Austria, Liechtenstein, large parts of Switzerland, Northern Italy (South Tyrol), some parts of Eastern France (Alsace) and some parts of Luxembourg as well!

5 Match each fact file opposite to the right German-speaking country. Find the right capital for each country.

a Switzerland   d Bern
b Berlin   e Austria
c Germany   f Wien (Vienna)

1 Fact file

Size:	357 000 sq km
Population:	80 million
Population per sq km:	222
Federal structure:	16 Bundesländer (federal states)
Capital	....

2 Fact file

Size:	83 855 sq km
Population:	7.64 million
Population per sq km:	91
Federal structure:	9 Bundesländer
Capital	....

3 Fact file

Size:	41 293 sq km
Population:	6.67 million
Population per sq km:	162
Federal structure:	26 Kantone (cantons)
Capital	....

6 ►1 4 Switch on your tape/CD and listen to numbers 0 to 20. Then it's your turn to practise saying them.

0	null	7	sieben	14	vierzehn
1	eins	8	acht	15	fünfzehn
2	zwei	9	neun	16	**sech**zehn
3	drei	10	zehn	17	**sieb**zehn
4	vier	11	elf	18	achtzehn
5	fünf	12	zwölf	19	neunzehn
6	sechs	13	dreizehn	20	zwanzig

7 ►1 5 You are now ready to start unit 1! Listen and join in the countdown.

Und wer sind Sie?

Wie heißen Sie?

Mein Name ist Nico Antonescu.

Lernpunkte

Saying your name

Saying where you live

Saying where you come from

Saying where you work and what you do...

...and asking the same of others

Nico is a young Romanian who has just started a job as a *Volontär*, a trainee at the television station *Deutschland Plus*.

Woher kommen Sie, Herr Antonescu?

Ich komme aus Rumänien.

Ich bin Volontär.

On his first day at work, he meets lots of new people, so he needs to introduce himself, to say where he comes from...

...what his job is and to ask what others do.

This is how you introduce yourself:

I am	*ich bin*
I'm called	*ich heiße*
my name is	*mein Name ist*

And this is how you ask somebody their name:

Who are you?	*Wer sind Sie?*
What are you called?	*Wie heißen Sie?*
What (literally 'How') is your name?	*Wie ist Ihr Name?*

Saying where you live and come from:

I am from	Ich bin aus Ich komme aus	Berlin. Sydney. London.
I live in	Ich wohne in	Deutschland. Australien. England.

● How to ask somebody else where they live:

Where are you from?	Woher sind Sie?
Where do you come from?	Woher kommen Sie?
Where do you live?	Wo wohnen Sie?

1 ▶1 6 Now listen to these phrases and practise them.

2 Match the questions with the correct answers. The first one is done for you.

1 Wo wohnen Sie?   a Mein Name ist Nico Antonescu.

2 Woher kommen Sie?   b Ich wohne in England.

3 Wie ist Ihr Name?   c Ich komme aus London.

4 Wer sind Sie?   d Ich bin Claudia Bauer.

○ SPRACHTIP

Note the different German endings for verbs (words like 'to live', 'to come' etc.):

ich	wohne komme heiße	I	live come am called
Sie	wohnen kommen heißen	you	live come are called

3 Now look at the notes below. Imagine you are Nico. Read and answer the questions.

> name: Nico Antonescu
> comes from: Romania
> lives in: Cologne

1 Wie ist Ihr Name, bitte? ....
2 Woher kommen Sie? ....
3 Wo wohnen Sie? ....

How to say where you work:

I work in	Cologne. Berlin. Munich.	Ich arbeite in	Köln. Berlin. München.

How to say what you do:

I am	a teacher. a sales assistant. a journalist.	

	(man)	(woman)
Ich bin	Lehrer. Verkäufer. Journalist.	Lehrerin. Verkäuferin. Journalistin.

4 Have you spotted the difference between the male and female words for jobs? Fill in the grid.

(man)	(woman)
1 Architekt	....
2	Studentin
3	Ingenieurin
4 Manager	....
5	Polizistin

How to ask where someone works and what their job is:

Where do you work?	*Wo arbeiten Sie?*
What do you do? (Lit. 'What are you by profession?')	*Was sind Sie von Beruf?*

5 ▶1 7 Turn on the tape/CD and practise these and similar phrases.

6 Now you can complete the text below.

> Lehrer   Potsdam   wohne   Name

Mein .... ist Theodor Meisemann. Ich .... in Berlin, und ich arbeite in .... Ich bin .... von Beruf.

7 What would the following people say? Look at the notes and write down the phrases, following the model in activity 6.

1
Claudia Lemke
lives in Dortmund
works in Essen
journalist

2
Richard Sauer
lives in
  Sutton Coalfield
works in Birmingham
architect

Wissenswert!

THE FOUR LARGEST GERMAN CITIES (POP.).

Berlin	3 438 000
Hamburg	1 661 000
München	1 237 000
Köln	1 004 000

8 Can you remember the German for all these question words? Write them down.

MODELL Where? *Wo?*

1 Where... from? ....
2 Who? ....
3 What?   , ...

SPRACHTIP

1 Note that in German, the article 'a' is not used when saying what you do for a living.

Q In German, as in English, the names of people and places start with a capital letter. But have you noticed that other words start with a capital as well? See how many you can find in activity 2 on page 4, excluding words at the beginning of a sentence.

A In German, all nouns (i.e. people, places and things) start with a capital letter. The formal words for 'you' *(Sie)* and 'your' *(Ihr)* start with a capital as well.

2 The German *w* in words like *wo?* or *wer?* is pronounced like the English 'v' in 'very'. The German 'v' in words like *Verkäufer* or *von* is pronounced like the English 'f' in 'fast'.

3 Q Have you noticed any unfamiliar letters in this unit?

A ß is sometimes used in place of 'ss'. There are also some words which contain the letters *ä, ö, ü* (they are called *Umlaut* in German) .

9 List all the words you can find in this unit with an *Umlaut.*

1 ä ....
2 ö ....
3 ü ....

10 ▶1 8 For the remainder of the unit, use the book and the audio together. Look for any phrases or words you don't understand in the *Speichern* list on page 6.

▨▨▨ SPEICHERN ▨▨▨

...aus dem Sudetengau (-land)	from the Sudetenland (a former German settlement in the Czech Republic)
Germanist	German specialist
Redakteur	editor
Sind Sie aus Jena?	Are you from Jena?
Ich bin neu hier.	I'm new here.
Sie müssen zu Büro 312.	You must go to office number 312.
Woher sind Sie denn?	So where are you from?
Wie bitte?	Pardon?
Ich verstehe nicht.	I don't understand.

1

KATJA *Wie ist Ihr Name, bitte?*
ANNA KOS *Mein Name ist Anna Kos.*
KATJA *Wie bitte?*
ANNA KOS *Anna Kos.*
KATJA *Und woher kommen Sie?*
ANNA KOS *Ich komme aus dem Sudetengau.*

2

ANJA *Wie ist Ihr Name, bitte?*
HERR IGNASIAK *Ich heiße Detlef Ignasiak.*
ANJA *Sind Sie aus Jena?*
HERR IGNASIAK *Nein, ich komme aus Berlin.*
ANJA *Und was sind Sie von Beruf?*
HERR IGNASIAK *Ich bin von Beruf Germanist, Journalist, Redakteur.*

▶1 8 **Now listen to these two dialogues. Tick the right information you hear.**

1 Frau Kos comes from...
  a ☐ South Germany.
  b ☐ the Czech Republic.

2 Herr Ignasiak comes from...
  a ☐ Berlin.
  b ☐ Jena.

  His job is...
  a ☐ a teacher, journalist and architect.
  b ☐ a German specialist, journalist and editor.

11 ▶1 9 **Now it's your turn to ask questions. You will be asking:**

1 What's your name?
2 Where do you come from?
3 Where do you live?
4 What are you called?
5 Where do you work?
6 What do you do?

12 ▶1 10 **It's your turn again. Listen to the prompts and answer. You may like to prepare by looking at the notes below.**

1	2	3
Sandra Merz architect lives in Berlin comes from Berlin	Jens Schreiber journalist lives in Munich comes from Austria	Susan Ross teacher lives in Dresden comes from London

Quiz

1 You are talking to a German person, but don't understand everything he or she is saying. How would you say 'Pardon' in German?
2 There are several ways of asking someone's name. Can you remember two of these?
3 Tell a German friend that you are from Sydney.
4 Write down the correct ending for the following verbs: *ich komm... Sie komm...*
5 Can you make a question with these words? sind/von Beruf/Sie/was?
6 Which German words start with a capital letter?

Der zweite Tag

Ihr Name, bitte?

episode 2

Nico A-N-T-O-N-E-S-C-U.

It is Nico's second day at work and he needs an *Ausweis* (company pass). So he needs to give his personal details and spell his name.

Lernpunkte

Giving your personal details...

...and spelling your name

Asking people how they are...

...and saying how you are

Accepting a cup of coffee...

...and offering a cup of coffee to someone else

HAUSAUSWEIS
Deutschland Plus Television

Antonescu
Name
Nicolai
Vorname
Gabelsberger Str. 25 Köln
Anschrift
K23419/N0043070
Personal-Nr.:
Nico Antonescu 20.5.95
Unterschrift   **Datum**

1 Look at Nico's *Ausweis* on the right and fill in his personal file *(die Personalakte)* at *Deutschland Plus*.

2 Now complete the word list below.

MODELL *der Name/Nachname* surname

1 der	first name
2 das	date of birth
3 der Geburtsort	....
4 die Anschrift/Adresse	....
5 das	country
6 der Beruf	....

Nachname, Vorname		Telefon
Postleitzahl	**Anschrift(en)**	
55407		
Geburtsdatum		**Geburtsort**
Beruf		

● SPRACHTIP

Q Is there more than one word in German for the article 'the'?

A Yes, German has three words for 'the':
die for feminine nouns, for example, *die Adresse;*
der for masculine nouns, for example, *der Name;*
das for neuter nouns, for example, *das Land.*

These are the German words for the article 'a':
eine for feminine nouns: *eine Adresse*
ein for masculine nouns: *ein Name*
ein for neuter nouns: *ein Land.*

3 Fill in the correct article *die, der* or *das* for each word.

MODELL .... Ausweis   *der* Ausweis

1 .... Nachname
2 .... Anschrift
3 .... Beruf
4 .... Land

How to ask someone to spell his/her name:

How do you write that?	*Wie schreibt man das?*
How do you spell that?	*Wie buchstabiert man das?*

● **Possible answers are:**

It's written...	*Das schreibt man...*
It's spelt...	*Das buchstabiert man...*

● **What to say if you didn't catch it the first time round:**

Could you repeat that, slowly?	*Bitte wiederholen Sie das, langsam.*
Say that again, please. Slowly!	*Noch mal, langsam bitte.*

4 ▶1 *11* Now listen to the German alphabet.

5 ▶1 *12* For the next two activities, use the book and audio together. First, listen to people spelling their names. Tick the ones you hear.

1 ☐ Jens Brajer   4 ☐ Frank Mentz
2 ☐ Susanne Kirchmeyer   5 ☐ Susane Höller
3 ☐ Jan Gassel   6 ☐ Sabine Ziebell

6 ▶1 *13* Now look at the photos of some German-speaking actors and work out how to pronounce the letters of their surnames, then listen to hear the answers.

Klaus-Maria...
Marlene...
Kurt...
Hanna...

Eine Tasse Kaffee?

Ja, gerne.

Most people are friendly at *Deutschland Plus*. Nico manages some small talk and gets invited for coffee.

How to ask someone how he/she is:

How are you?	*Wie geht es Ihnen?*
	Wie geht's Ihnen?
	(or the short form: *Wie geht's?*)

How to say that you are well:

Very well, thank you.	*Danke, sehr gut.*
Fine, thank you.	*Gut, danke.*
Great, thank you.	*Prima, danke.*

NOTE   The word *danke* can either go at the beginning or at the end of the phrase.

● **And you may want to finish your conversation by wishing someone a nice day or evening:**

Have a nice day!	*Schönen Tag noch!*
Have a nice evening!	*Schönen Abend noch!*

7 ▶1 *14* **Turn on the tape/CD and practise using these and similar phrases.**

8 Complete the dialogue below.

FRAU SCHNEIDER	Hallo, Herr Antonescu, ... geht's?
HERR ANTONESCU	Gut, danke, Frau Schneider. Und wie geht's .... ?
FRAU SCHNEIDER	Prima, ...
HERR ANTONESCU	.... Abend noch!

Wissenswert!

Did you know that coffee is the most popular drink in Germany? Germans drink around 178 litres of *Bohnenkaffee* (real coffee) per capita a year as opposed to 138 litres of beer, the second most popular drink. *Tee* (tea) only ranks 7th with 23 litres, after *Erfrischungsgetränke* (soft drinks), *Wasser* (water), *Milch* (milk) and *Fruchtsäfte* (fruit juices).

How you accept or decline a cup of coffee:

Yes, please.	*Ja, bitte.*
Yes, I'd like some.	*Ja, gern(e).*
No, thank you.	*Nein, danke.*

● **Saying how you would like your coffee:**

with milk and sugar	*mit Milch und Zucker*
black without sugar	*schwarz, ohne Zucker*
a little milk, no sugar	*ein bißchen Milch, keinen Zucker*

How to offer a cup of coffee to someone else:

Coffee?	*Kaffee?*
Would you like a coffee?	*Möchten Sie einen Kaffee?*
A cup of coffee?	*Eine Tasse Kaffee?*

9 ▶1 15 For the remainder of this unit, use the book and audio together.

1

FRAU DANIELS	*Hallo, Herr Antonescu. Eine Tasse Kaffee?*
HERR ANTONESCU	*Oh ja, danke.*
FRAU DANIELS	*Milch und Zucker?*
HERR ANTONESCU	*Nein, danke.*
FRAU DANIELS	*Schwarz?*
HERR ANTONESCU	*Ja, schwarz.*

2

FRAU MENDRA	*Möchten Sie eine Tasse Kaffee?*
KATJA	*Ja, gern.*
FRAU MENDRA	*Mit Milch?*
KATJA	*Ja, mit Milch und Zucker, bitte.*
FRAU MENDRA	*Ja, bitte.*
KATJA	*Dankeschön.*

Listen to the two dialogues. Tick the correct information for each person.

	mit Milch	Zucker	schwarz
Herr Antonescu			
Katja			

10 ▶1 16 Imagine you're Herr Preuss asking Frau Richter how she is and offering her a coffee. Here are her answers. What were your questions? Prepare them before you switch on your tape/CD.

HERR PREUSS	Tag, Frau Richter, ...?
FRAU RICHTER	Sehr gut, danke, und Ihnen?
HERR PREUSS	Prima, danke. ....?
FRAU RICHTER	Oh ja, gern.
HERR PREUSS	Mit .... und ....?
FRAU RICHTER	Mit Milch, ohne Zucker.

○**LERNTIP**

When you learn new nouns, try to learn them with the correct article *die, der, das*. Why not keep a list of new words, like Nico does in our story, with the three types in different columns? It should help you to remember them correctly.

11 ▶1 17 You are now going to take part in a short dialogue similar to the ones in activity 9. Prepare the role of Frau Richter by looking at the notes below.

HERR PREUSS	*Tag, Frau Richter, nehmen Sie Platz. Wie geht es Ihnen?*
FRAU RICHTER	Say you're very well and ask him how he is.
HERR PREUSS	*Prima, danke. Möchten Sie einen Kaffee?*
FRAU RICHTER	Say yes, you'd like some.
HERR PREUSS	*Mit Milch und Zucker?*
FRAU RICHTER	With milk, no sugar.
HERR PREUSS	*So, bitte schön.*
FRAU RICHTER	Thank you.

Quiz

1 What is the German word for 'surname'?
2 What is another word for *Adresse* which you often find on official forms?
3 How would you ask someone 'Would you like a coffee?'
4 A German acquaintance has just given you her name. Ask her/him in German 'How do you spell that?'
5 How would you reply if someone asked you *Wie geht's Ihnen?*
6 Is the word *Vorname* feminine *(die)*, masculine *(der)* or neuter *(das)*?
7 How does someone like his/her drink if the answer is *ein bißchen Milch, keinen Zucker*?
8 How do you wish someone a 'nice day'?
9 What are the German words for the article 'a' (feminine, masculine and neuter)?
10 Which is the most popular drink in Germany: *Bier? Tee? Kaffee? Wasser?*

Wo ist Studio A?

Asking where something is...

Asking your way to a particular place...

Finding your way around town...

...and understanding the answers

Wo finde ich das Büro 420?

At *Deutschland Plus*, Nico spends the whole day running errands...

Kein Geld.

Keinen Kaffee?

A few days later, Nico is at his local kiosk (*der Kiosk*) reading the paper *Der Kölner Stadt-Anzeiger*. A dubious looking individual comes in and talks to Nico. Nico suddenly realises the time and rushes off to work.

Sie gehen den Gang entlang...

Noch mal langsam bitte.

...so he has to be able to understand directions.

How to ask where something is:

Where is	the vending machine?	Wo ist	der Automat?
	the milk?		die Milch?
	the kiosk?		der Kiosk?
	my coffee?		mein Kaffee?
Where are	the toilets?	Wo sind	die Toiletten?
	the studios?		die Studios?
	the offices?		die Büros?

● **Possible answers are:**

The studio is	on the right.	Das Studio ist	rechts.
The kiosk is	on the left.	Der Kiosk ist	links.
The coffee is	over there.	Der Kaffee ist	dort drüben.
The studios are	on the right.	Die Studios sind	rechts.
The offices are	on the left.	Die Büros sind	links.
The toilets are	over there.	Die Toiletten sind	dort drüben.

1 ▶1 *18* Now listen to these phrases on the tape/CD and practise them.

2 You need to go to various places. What do you ask?

MODELL   the kiosk   *Wo ist der Kiosk?*

1 the vending machine ....
2 the studio   ....
3 the toilets   ....
4 the office   ....

● Useful words to do with the workplace:

die Rezeption	the reception
der Computer	the computer
der Aufzug	the lift
der Ausgang	the exit
das Telefon	the telephone
das Restaurant	the restaurant
die Etage/der Stock	the floor/storey
die Treppe	the stairs/the staircase

3 Now read the exchanges below and tick the right illustration for each one.

1 NICO   *Wo sind die Toiletten, bitte?*
   ELKE   *Die Toiletten sind links.*

a ☐    b ☐

2 NICO   *Wo ist der Automat?*
   HERR S *Der Automat ist dort drüben.*

c ☐    d ☐

3 NICO   *Wo ist das Studio?*
   ANNA   *Das Studio ist rechts.*

e ☐    f ☐

● Other questions to use for asking the way:

Excuse me,	*Entschuldigen Sie bitte,*
where can I find...	*wo finde ich...*
the lift?	*den Aufzug?*
the reception?	*die Rezeption?*
the restaurant?	*das Restaurant?*

4 Now it's your turn to ask *Wo finde ich...?* Look at the photos and make questions.

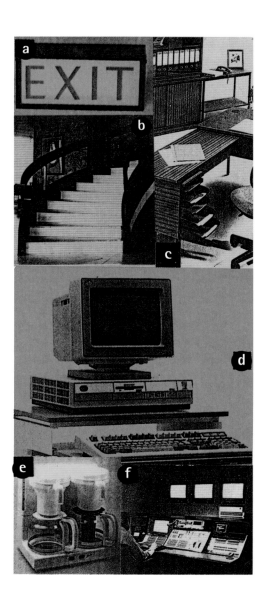

To ask how to get to a particular place, you say:

How do I get...	*Wie komme ich...*
to the lift?	*zum Aufzug?*
to the reception?	*zur Rezeption?*
to the office?	*zum Büro?*

Possible answers are:

straight on	*geradeaus*
up the stairs	*die Treppe rauf*
you go down	*Sie gehen*
the stairs	*die Treppe runter*
along the corridor	*den Gang entlang*
around the corner	*um die Ecke*

● SPRACHTIP

Q What is the German plural for 'the'?

A The German words for 'the' *der, die, das* all become *die* in the plural. (All German plurals are given in the vocabulary list.)

Q What is different about the words for 'the' in the phrases like *Wo finde ich...?*

A The word *der* in *der Aufzug* changes to **den** after such phrases as:

Wo ist...	*Wo finde ich...*
der Aufzug?	*den Aufzug?*

Q What are the different words for 'to the' in the phrases above?

A to the reception ➡ **zur** *Rezeption (die)*
to the lift ➡ **zum** *Aufzug (der)*
to the office ➡ **zum** *Büro (das)*

Q What is the word order in German for phrases like 'along the corridor'?

A It's 'the corridor along' *den Gang entlang*.

5 ▶1 19 **Now turn on your tape/CD and listen to these phrases. You will then practise them.**

Useful words for finding your way around town:

die Stadtmitte	the centre
die Bank	the bank
die Mozartstraße	(the) Mozart Road
an der Ampel	at the lights
der Bahnhof	the station

die erste/zweite/ dritte Straße	the first/second/ third road
der Marktplatz	the market square
der Dom, die Kathedrale	the cathedral
das Museum	the museum
das Theater	the theatre
das Hotel Kaiser	the hotel Kaiser

Wissenswert!

If you need to find your way around in German cities or towns, look for the tourist office (*das Fremdenverkehrsbüro*); the staff there will be able to tell you directions, and they will also provide you with a map.

ᒪ **You have found your way to *der Marktplatz* (the market square). Read the directions you are given. Where will they lead you to?**

1 Sie gehen geradeaus und dann links. Die erste Straße rechts und dann die erste Straße links.

2 Sie gehen rechts und dann die erste Straße links dann geradeaus bis zur Ampel und dann rechts.

3 Sie gehen links und dann an der Ampel rechts. Dann die erste Straße links und geradeaus.

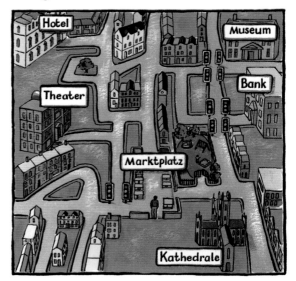

7 ▶1 20 Now use the book and the audio together. You will find any phrases or words you don't understand in the additional *Speichern* box below.

B Now listen to the second dialogue. Look at the map below and draw in Nico's route.

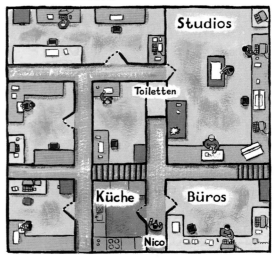

🔒 ▶1 21 Now you'll be able to ask for and give directions. Work out how you would say the phrases below, then listen to see if you got it right.

1 Excuse me!
2 Where is the town centre?
3 Where can I find the station?
4 Could you repeat that?
5 How do I get to the market square?
6 Pardon? I don't understand.

▨▨▨ SPEICHERN ▨▨▨

beim Bahnhof	at/near the station
Ich weiß.	I know.
Am Ende nochmals rechts um die Ecke.	Turn right again at the end of the road.
Da ist die Bibliothek.	That's where the library is.
also	so
Alles klar?	OK?

TOURIST	*Entschuldigen Sie bitte.*
PASSER-BY	*Ja bitte?*
TOURIST	*Wo finde ich das Hotel Union?*
PASSER-BY	*Das Hotel Union?*
TOURIST	*Ja, beim Bahnhof.*
PASSER-BY	*Ach, ja, beim Bahnhof - ich weiß... Sie gehen links und dann geradeaus. An der Ampel links und dann die zweite Straße rechts. Dort ist das Hotel Union.*
TOURIST	*Ah - links, geradeaus - und dann an der Ampel links - dann die zweite Straße rechts. Danke!*
PASSER-BY	*Bitte.*

A Now listen to the first dialogue. Which of the directions below do you hear? Tick them as you listen.

1 ☐ ←   4 ☐ ⏎
2 ☐ →   5 ☐ ⤵
3 ☐ ↑   6 ☐ ⋮↑⋮

Quiz

1 What sign would you look for in the theatre when it's time to go?
2 What is a *Fremdenverkehrsbüro*?
3 What is the German word for 'the' in the plural?
4 In which of the following couldn't you get a meal?
  a *das Hotel Kaiser*
  b *das Restaurant*
  c *die Rezeption*

Was darf es sein?

e
p
i
s
o
d
e

4

Ulli liebt Elke. Elke liebt Dieter.

Ulli, the unit manager, is in love with Elke, but Elke prefers sound recordist Dieter. Nico is not aware of what is going on.

Lernpunkte

Shopping for food

Asking how much something costs...

...and understanding the answer

Using numbers 21 – 100

Ich möchte ein Pfund Kaffee.

Then Nico is sent out to buy coffee...

Questions you may be asked when shopping:

Yes, please?	*Bitte schön?*
Yes?	*Bitte sehr?*
What would you like?	*Was darf es sein?*
You'd like... ?	*Sie wünschen?*
Anything else?	*Sonst noch etwas?*
Is that all?	*Ist das alles?*
A little more?	*Ein bißchen mehr?*

Wir duzen uns.

He makes friends with Anna and goes out with her and Ulli in the evening.

● **Possible answers are:**

	a pound of coffee.		ein Pfund Kaffee. (das Pfund)
	a litre of milk.		einen Liter Milch. (der Liter)
I'd like	a kilo of bananas.	*Ich möchte*	ein Kilo Bananen. (das Kilo)
	half a white loaf.	*Ich hätte gerne*	ein halbes Weißbrot.
I'll have	200 gr. of salami.	*Ich nehme*	200 Gramm Salami.
	a piece of cheese.		ein Stück Käse.
	six slices of ham.		sechs Scheiben Schinken.

SPRACHTIP

Q Did you notice anything unusual in the phrases on page 15?

A The word *ein* for masculine nouns (*ein Liter*) changes to *einen* after phrases like *ich möchte*, *ich hätte gerne* or *ich nehme*:
Ich nehme einen Liter Milch.

How to ask for the price of something:

How much does that come to?	*Was macht das?*
What does it cost?	*Was kostet das?*

Possible answers are:

That costs five marks.	*Das kostet fünf Mark.*
They cost eight marks per kilo.	*Sie kosten das Kilo acht Mark.*
That comes to...	*Das macht...*
marks and... pfennig.	*Mark und... Pfennig.*

1 ▶1 22 Now switch on your tape/CD and practise these phrases.

2 Match the pictures to the words. The first one has already been done for you.

a 3   1 Ein Liter Milch.

b ☐   2 200 Gramm Käse.

c ☐   3 Ein Stück Butter.

d ☐   4 Ein Kilo Tomaten.

e ☐   5 Ein Pfund Zucker.

How to say numbers from 21 to 100:

21	einundzwanzig	30	dreißig
22	zweiundzwanzig	31	einundreißig
23	dreiundzwanzig	40	vierzig
24	vierundzwanzig	50	fünfzig
25	fünfundzwanzig	60	sechzig
26	sechsundzwanzig	70	siebzig
27	siebenundzwanzig	80	achtzig
28	achtundzwanzig	90	neunzig
29	neunundzwanzig	100	hundert/einhundert

SPRACHTIP

Q Did you notice any difference in how to make numbers above 20 in German?

A You say 1+20 (one and twenty), 2+20 (two and twenty) etc., instead of the English 'twenty-one', 'twenty-two'. The numbers from 30 to 99 are made in the same way:
2+30 *zweiunddreißig*, 3+40 *dreiundvierzig*.

3 Write out the following numbers.

23	....	59	....
38	....	72	....
61	....	84	....

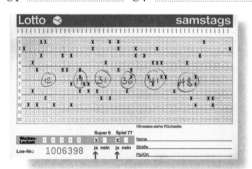

4 Look at the numbers on your lottery ticket. This is what the announcer says:

sieben, zwölf, siebzehn, einunddreißig, einundvierzig, sechsundvierzig

Have you won the German lottery?

5 ▶1 23 Listen. You will hear some numbers, in German, then it's your turn to say them in English.

● **Useful words for shopping for fruit:**

the pear(s)	die Birne(-n)
the orange(s)	die Apfelsine(-n)/die Orange(-n)
the banana(s)	die Banane(-n)
the peach(es)	der Pfirsich(-e)
the apple(s)	der Apfel(-̈)
the grape(s)	die Weintraube(-n)

6 Look at the phrases below and tick the right illustration for each phrase.

1 Die Apfelsinen kosten eine Mark zwanzig das Stück.

a ☐   b ☐

2 Die Weintrauben kosten das Kilo sechs Mark.

 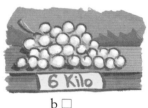

a ☐   b ☐

3 Ich hätte gerne drei Birnen.

 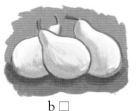

a ☐   b ☐

4 Ich möchte ein Kilo Äpfel, bitte.

a ☐   b ☐

● **LERNTIP**

1 Plurals are formed in German in a variety of different ways. It's always a good idea to learn each new noun with its plural form. The plural of *die, der, das* is always *die*.

2 Try to study a little every day. It's better to do 20 minutes a day than two hours all at once.

7 Read the text and answer the questions.

Hier ist Nico. Er ist Volontär. Er wohnt jetzt in Köln, aber er kommt aus Rumänien. Er lernt Deutsch.
Hier ist Anna. Sie ist Sekretärin. Sie wohnt in Köln, aber sie kommt nicht aus Köln. Sie arbeitet bei Deutschland Plus.

1 Was ist Nico von Beruf?
2 Wo wohnt er?
3 Woher kommt er?
4 Lernt er Englisch?
5 Was ist Anna von Beruf?
6 Wo wohnt sie?
7 Kommt sie aus Köln?
8 Wo arbeitet sie?

● **SPRACHTIP**

You have already learnt *Sie*, meaning 'you'. *Du* is the word to use for 'you' when you get to know someone closely as a friend, or when you're talking to a member of your family or a child.

Wissenswert!

There is an amazing choice of different breads and rolls to choose from in Germany. Most people start their day with coffee and rolls, *Brötchen* 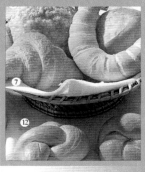 or *Semmel* (southern Germany). Especially popular are *Vollkornbrötchen* made from wholemeal flour and *Mohnbrötchen* (with poppy seeds). Wholegrain bread is very much the order of the day for das *Abendbrot*, the evening meal, which usually consists of a choice of breads, cold meats and cheese. Some of the best-known breads are shown here, and they are all quite delicious!

8 ▶1 *24* Use the book and audio together for the rest of this unit. You will find any unfamiliar language in the *Speichern* list.

▨▨▨ SPEICHERN ▨▨▨

welchen?	which one?
im Angebot	on special offer
gemahlen	ground
ist das recht?	is that all right?
das reicht	that's enough
das ist in Ordnung	that's all right
das Wiener Würstchen	small cooked sausage
wie teuer sind die?	how much are they?
sonst noch etwas?/	
kommt noch	
etwas dazu?	anything else?
wunderbar	wonderful
das war's	that was it (that's all)
ich geb' das einmal	I'll just give it to the
zur Kasse	cashier

a Listen to the first dialogue. Then read the similar dialogue below. All the sentences - except the first one - are in the wrong order. Put them in the right order.

VERKÄUFERIN ☐ *Was darf es sein?*
NICO ☐ *Das ist alles.*
VERKÄUFERIN ☐ *Welchen?*
NICO ☐ *Was macht das?*
VERKÄUFERIN ☐ *Sonst noch etwas?*
NICO ☐ *Ich möchte ein Pfund Kaffee.*
VERKÄUFERIN ☐ *Das macht sieben Mark fünfundneunzig.*
NICO ☐ *Die Feine Milde.*

b Listen to the second dialogue. What did Andrea buy? Write out her shopping list and note down how much she got of each item and how much each item cost. (You won't hear the price of one item.)

9 ▶1 *25* Now you are going to take part in a dialogue similar to the ones in activity 8. Here is what you will have to say:

1 I'd like a kilo of sugar, please.
2 No, I'd like a litre of milk and 200 grammes of cheese.
3 And a piece of sausage.
4 That's OK. How much does that come to?
5 10, 12, 15 marks.
6 Thank you and goodbye.

Quiz

1 Unravel the following sentence:
  Darf/sein/es/was?
2 Which is the odd one out?
  a *Pfirsiche*   c *Pfennige*
  b *Weintrauben*   d *Birnen*
3 Which of the two answers is right?
  Sonst noch etwas?
  a *Nein, ich möchte ein Pfund Tomaten.*
  b *Ja, ein Pfund Tomaten, bitte.*

Kein Problem! 1

1 Match the questions with the answers.

1 ☐ Woher kommen Sie?   a Ich heiße Helga.

b Gut, danke.

2 ☐ Wo wohnen Sie?   c Ich wohne in Köln.

3 ☐ Was sind Sie von Beruf?   d Ich komme aus Mainz.

4 ☐ Wie heißen Sie?   e Ich bin Verkäufer.

5 ☐ Wie geht's?

☐ /5 POINTS

2 Read the passage and answer the questions in English.

Hallo! Ich heiße Mentz. Mein Nachname ist Mentz und mein Vorname ist Frank. Ich komme aus Leipzig, aber ich wohne jetzt in Jena. Ich bin Lehrer von Beruf. Ich trinke Kaffee mit Milch, aber keinen Zucker. Meine Telefonnummer ist drei null acht vier sieben neun.

1 What is his first name?

2 Where does he live?

3 What is his job?

4 How does he like his coffee?

5 What is his telephone number? (Write it out in numerals.)

☐ /5 POINTS

3 Separate out the sentences below, then write out what each one means in English.

bittewiederholensiedaswiebuchstabiertmandasnocheinmallang
sambittewieschreibtmandaswiebitte

☐ /10 POINTS

4 Write down the missing numbers to complete the sums.

1 elf   + ...   = achtzehn

2 zehn   + dreizehn = ...

3 ....   + zwanzig = zweiundsechzig

4 siebzehn + vierunddreißig = ...

5 eine Mark fünfzig   + ...   = acht Mark neunzig

☐ /5 POINTS

5 Match the German with the English.

1 ☐ Entschuldigen   a Over there.
    Sie bitte!   b Where can I find
2 ☐ An der Ampel   the library?
    links und dann   c Round the corner.
    geradeaus.   d Excuse me!
3 ☐ Wo ist der   e Left at the lights
    Ausgang?   and then
4 ☐ Die dritte Straße   straight on.
    rechts.   f How do I get to
5 ☐ Die Treppe   the lift?
    runter.   g The third street
6 ☐ Den Gang   on the right.
    entlang.   h Where is the exit?
7 ☐ Um die Ecke.   i Down the stairs.
8 ☐ Dort drüben.   j Along the corridor.
9 ☐ Wie komme
    ich zum Aufzug?
10 ☐ Wo finde ich
    die Bibliothek?

☐ /10 POINTS

6 Which are the odd ones out?

1 Apfelsinen   Birnen
  Angebot   Weintrauben
2 Schinken   Käse   Tschüs   Würstchen
3 Liter   Kilo   Stück   Pfennig
4 Rappen   Pfennige   Anschrift   Franken
5 Tasse   Kaffee   Milch   Bier

☐ /5 POINTS

7 You are on holiday with friends in the Black Forest and decide to go for a picnic. You volunteer to do the shopping. Here is your shopping list. Write it out in German so that you will be prepared when you go into the shop.

8 rolls
1 pound of cheese
butter
500 grammes of ham
4 oranges and 2 apples
a litre of water
beer
a loaf of bread

☐ /9 POINTS

8 The following conversation at the grocer's is in the wrong order. Can you sort it out?

1 ☐ Hier ist der Zucker. Sonst noch etwas?
2 ☐ Und fünfundzwanzig Pfennig zurück.
3 ☐ Das macht sieben Mark 75 bitte.
4 ☐ Danke. Auf Wiedersehen.
5 ☐ Ja. Was macht das?
6 ☐ Fünf, sechs, sieben, acht Mark.
7 ☐ Ich möchte ein Pfund Zucker bitte.
8 ☐ Danke schön. Auf Wiedersehen.
9 ☐ Und ein Kilo Karotten bitte.
10 ☐ Bitte sehr. Ist das alles?
11 ☐ Guten Tag. Was darf es sein?

☐ /11 POINTS

9 Fill in the gaps in the following with the appropriate present tense forms.

MODELL Ich _____ in Köln. (arbeiten)
      Ich arbeite in Köln.
1 Ich _____ Deutsch. (lernen)
2 Sie (*you*) _____ immer geradeaus. (gehen)
3 Wir _____ uns. (duzen)
4 Wie _____ es Ihnen? (gehen)
5 Wo _____ Sie? (arbeiten)

☐ /5 POINTS

TOTAL   ☐ /65 POINTS

Wie spät ist es?

episode 5

Danke. Um wieviel Uhr?

Heute abend gehe ich in die Kneipe - 'Petersberger Hof'. Kommen Sie mit?

Ulli arranges to meet Nico and Anna in the evening at the *Kneipe*, the pub.

Lernpunkte

Telling the time

Asking what time it is

Ordering food and drink

Was hätten Sie gerne?

Ich hätte gerne ein Malzbier.

In the evening, Nico orders food and drink at the *Kneipe*.

Wie spät ist es?

Es ist 17 Uhr.

Nico is looking forward to an evening in the *Kneipe*.

How to tell the time

As Nico has made arrangements to meet Anna and Ulli, he needs to be able to ask for and tell the time in German.

1  Neun Uhr.

2 Halb elf.

3 Viertel vor vier.

4 Zwanzig nach sechs.

1 Now match the clocks below with the captions on the right.

1 ☐ a Fünf vor acht.

2 ☐ b Viertel nach drei.

3 ☐ c Fünf Uhr.

4 ☐ d Halb zwei.

2 ▶1 26 Listen to the exchange between Nico and Herr Schiller. Then read the following statements. Are they true (*richtig* - R) or false (*falsch* - F)?

*Was machen Sie   What are you doing
heute abend?   this evening?
das Wochenende   weekend*

	R	F
1 Es ist Viertel vor fünf.	☐	☐
2 Nico trifft heute abend Michael und Anna.	☐	☐
3 Sie treffen sich um halb sieben in einer Kneipe.	☐	☐
4 Heute ist Dienstag.	☐	☐

● **LERNTIP**

When you listen to someone speaking to you in German, it is initially easier to understand the gist of what is being said than to try to understand every word. You will be able to listen for particular details more and more as your listening skills develop.

3 ▶1 27 Listen to a stallholder talking about her working day and fill in the gaps below.

*jeden Tag   every day
eine Stunde   an hour
von... bis   from... to*

STALLHOLDER   Ja, jeden _____ . Acht _____ .
INTERVIEWER   _____ Stunden jeden Tag. Und von wann bis wann?
STALLHOLDER   Von _____ um zehn bis abends um _____ .

How to ask for the time:

Wie spät ist es?
Wieviel Uhr ist es?   What time is it?
Wann...   When...
...beginnt die Arbeit?   ...does work begin?
Um wieviel Uhr...   (At) what time...
...treffen wir uns?   ...are we meeting?

● **SPRACHTIP**

Q What's unusual about the word order in the phrases above?

A In questions which have a question word or phrase (*wann?, um wieviel Uhr?, wie?* etc.), the question word (or phrase) goes at the beginning of the sentence followed by the verb:
Wann *beginnt die Arbeit?*

How to say what time it is:

Es ist...

ein Uhr

zwölf Uhr   Mittag

Mitternacht   Viertel nach drei
                         3 Uhr 15

Viertel vor fünf   fünf vor sieben
4 Uhr 45   6 Uhr 55

halb neun   zwanzig nach zehn
8 Uhr 30   10 Uhr 20

● In Germany, the 24-hour clock is often used:

16.40	19.20
sechzehn Uhr vierzig	neunzehn Uhr zwanzig

13.30	21.50
dreizehn Uhr dreißig	einundzwanzig Uhr fünfzig

4 Look at the following pictures and match them with the right time. The first one is done for you.

1 ☐e☐ Es ist fünf   a
vor vier.

2 ☐ Es ist Viertel   b
vor neun.

3 ☐ Es ist zehn   c
nach eins.

4 ☐ Es ist halb sieben. d

5 ☐ Es ist zwanzig   e
nach elf.

5 ▶1 28 Now turn on the tape/CD to listen and practise telling the time.

6 ▶1 29 For the next two activities, use the book and audio together. First, look at the following times. Say 'At...' in two different ways and check your answers on tape/CD.

1	9.30	4	8.05
2	11.50	5	6.15
3	2.45		

7 ▶1 30 Look at Nico's diary. When is he meeting Anna and Ulli? Listen and answer the questions.

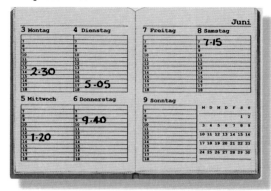

When you go to *die Kneipe*, as Nico, Anna and Ulli do in our story, you need to know the necessary vocabulary.

Ich möchte bestellen.	I'd like to order.
Bedienung, bitte!/	
Herr Ober!	Service, please!
Und für Sie?	And for you?
Und zu trinken?	
Und zum Trinken?	And to drink?
Was essen Sie?	What are you eating?
Schmeckt das?	Does it taste good?
Guten Appetit! Mahlzeit!	Enjoy your meal!
Zum Wohl! Prost!	Cheers!
Ich möchte (be)zahlen!	I'd like to pay.
Haben Sie noch einen	Have you got a free
Tisch frei für mich?	table for me?
Kann ich die	Can I have
Speisekarte haben?	the menu?
Wir möchten	We'd like something
(et)was essen.	to eat.
Möchten Sie	Would you like
(et)was trinken?	something to drink?

8 ▶1 *31* Now listen to some of these phrases and practise them.

9 ▶1 *32* Listen to some people ordering food and drink. Then fill in the grid below.

Hähnchen mit Kartoffeln und Salat	chicken with potatoes and salad
ein Glas Weißwein	a glass of white wine
Schweinesteak(-s) mit Pommes frites	pork fillet with French fries
die Ananas(-)	pineapple
der Fisch(-e)	fish
die Scholle(-n)	plaice
der Reibekuchen(-)	potato rosti (cake)

KUNDE   *Ich möchte bestellen.*
KELLNER *Ja, was hätten Sie gern?*
KUNDE   *Ich möchte Hähnchen mit Kartoffeln und Salat, bitte.*
KELLNER *Ja... Und zu trinken?*
KUNDE   *Ein Glas Weißwein bitte.*
KELLNER *Bitte sehr.*
KUNDE   *Danke.*

to drink	to eat
1	....
2	....
3 Anna	....
Nico	....
Ulli	....

10 ▶1 *33* You are now going to take part in a short dialogue similar to the one from activity 9. Prepare your role by looking at the notes below. Then switch on your tape/CD.

1 Ask if they have a table free.
2 Ask for the menu.
3 Call the waiter over and say you'd like to order.
4 Say you'd like fish.
5 Say you'd like a beer.
6 Say you'd like to pay.
7 Say thank you and ask what time it is.
8 Say thank you and goodbye.

Wissenswert!

WIE MACHT MAN REIBEKUCHEN?

Zutaten	Ingredients
ein kg Kartoffeln	1 kilo potatoes
zwei Eier	2 eggs
etwas Salz	pinch of salt
zwei geriebene Zwiebeln	2 onions, grated
Öl zum Braten	oil for frying
zwei Eßlöffel Mehl	2 tablespoons of flour
Apfelmus	apple sauce

Peel the potatoes, grate them and squeeze the liquid through muslin. Add salt, grated onions and eggs and mix with two tablespoons of flour. Heat up oil in a pan and fry small thin pancakes crisply on both sides. Serve with freshly made apple sauce.

Quiz

1 *Wie spät ist es?*
MODELL 8.45   *Es ist Viertel vor neun.*
9.20   1.55   4.30   17.50
2 What can you say before you start to eat your meal?
3 Write two ways of saying 'Cheers' when having a drink.
4 Which is the odd one out?
Wein   Bier   Reibekuchen

Daniels am Apparat

Prima Plus Büro, Daniels am Apparat.

Lernpunkte

Answering the telephone

Making a call and getting through to the right person

Prima Plus is a very busy office at *Deutschland Plus* where the phones are never silent for long.

Für dich!

Könnte ich bitte Frau Maier sprechen?

Frau Maier ist nicht hier.

Elke Schneider, the video editor at *D Plus*, practises answering the phone with him.

Nico worries about having to answer the phone and avoids it whenever he can.

How to answer a phone call:

At home...	Simply say your surname or *Hallo?*
In a company...	*Siebert & Co., guten Morgen.*
	Prima Plus Büro, Daniels am Apparat.
	Produktionsbüro, Koch am Apparat.

● **What to say if someone is not there:**

Tut mir leid. Herr/Frau... ist (im Moment) nicht da/hier.

Asking for the caller's name...	*Wer spricht da, bitte?*
	Wer ist am Apparat?
...and telephone number:	*Wie ist Ihre Telefonnummer?*

1 ▶1 *34* Now listen to these phrases and practise them.

2 ▶1 *35* Listen to a short telephone call and write down the different numbers.

3 Complete the gaps in the following telephone conversations.

1 FRAU MAIER   .... *Morgen, Maier am* .... *. Wer spricht da? Ach, guten Morgen Herr Schloemer. Nein, tut mir* .... *Sie* .... *nicht da.*

2 RECEPTIONIST *Siebert & Co., guten Tag. Wer* .... *da, bitte? Und* .... *ist Ihre Telefonnummer? Und die Vor* .... *für Jena?*

4 ▶1 *36* Listen to three people answering the telephone. Then match the three phrases with the correct telephone dialogues below.

1 □ Frau Tauscher, bitte.
2 □ Kann ich bitte Frau Maier sprechen?
3 □ Mein Name ist Sorge.

a FRAU DANIELS *Prima Plus Büro, Daniels am Apparat. Tut mir leid, sie ist nicht da. Wer ist am Apparat?*

b HERR MICHEL *Guten Morgen, Michel am Apparat. Wer spricht da? Oh, guten Morgen Herr Sorge. Tut mir leid...*

c RECEPTIONIST *Siebert & Co., guten Tag. Tut mir leid, Frau Tauscher ist im Moment nicht da. Wer spricht da, bitte? Und wie ist Ihre Telefonnummer? Danke.*

5 ▶1 *37* Now listen to these and similar phrases and practise them.

Wissenswert!

STÄDTEPORTRÄT: JENA

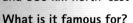

Where is Jena?
Jena has around 100,000 inhabitants and is situated in East Germany in the state of Thüringen (Thuringia), 300 km south-west of Berlin and 350 km north-east of Frankfurt.

GOETHE

What is it famous for?
Jena boasts one of Germany's oldest universities, founded in 1548. The great German classical writers, Goethe and Schiller, as well as the famous philosophers Fichte, Schelling and Hegel are inextricably linked with the university's history and tradition. Close cooperation between university scientists and the entrepreneur Carl Zeiss has put Jena on the map for world class optical instruments.

What to say to get through to the right person on the telephone:

Frau/Herrn... , bitte.	Mrs/Mr... , please.
Kann/Könnte ich bitte (mit) Frau/Herrn... sprechen?	Can/Could I speak to Mrs/Mr... ?
Könn(t)en Sie mich mit Frau/Herrn... verbinden?	Can/Could you put me through to Mrs/Mr...?

● What to say if the person is not there:

Wann ist er/sie wieder da?	When is he/she back?

● SPRACHTIP

Q What's unusual about the sentence *Kann/Könnte ich bitte Herrn Meier sprechen?*

A There are two verbs: *kann* (can)/*könnten* (could) and *sprechen* (to talk to). Verbs like *kann* are modal verbs. You will learn more about them in Unit 3. All you need to remember for now is that the main verb always goes at the end of the sentence: *Kann ich bitte Herrn Meier sprechen?*

6 You can also ask questions with *können,* but make sure you use the correct form for *ich* (I), *er/sie* (he/she) and *Sie* (formal you). Fill in the gaps below.

ich   kann
er, sie   kann
Sie   können

...... Sie um 9.30 Uhr in mein Büro kommen?
...... er um 4 Uhr noch mal anrufen?
...... ich Sie heute abend sprechen?

7 Rewrite the following questions in the correct word order. The first word in each sentence is correct.

1 Könnten/Sie/verbinden/mich/mit Herrn Schloemer?
2 Kann/bitte/sprechen/Maier/ich/Frau?
3 Können/in mein Büro/kommen/Sie?
4 Könnte/Klein/sprechen/Herrn/ich?

8 ▶1 38 First, listen to the two telephone conversations. Then you can practise these and other phrases.

9 ▶1 39 For the last three activities, use the book and audio together. First, listen to Nico practising his telephone skills with Elke.

▧▧▧ SPEICHERN ▧▧▧

Achje	Oh dear
können Sie ihr sagen...	can you tell her...
Sie möchte mich zurückrufen.	She should call me back.
Sind Sie noch da?	Are you still there?

NICO   *Antonescu, Apparat Frau Schneider. Guten Tag.*

ELKE   *Guten Tag. Hier ist Frau Hilger, könnte ich bitte mit Frau Maier sprechen?*

NICO   *Frau Maier? Frau Maier ist nicht da.*

ELKE   *Achje, können Sie ihr sagen, sie möchte mich zurückrufen - vierundvierzig sechsunddreißig? Sind Sie noch da, Herr Antonescu?*

NICO   *Ja, ja... ich verstehe Sie nicht...*

ELKE   *Sagen Sie ihr, Sie möchte Frau Hilger anrufen.Die Telefonnummer ist vierundvierzig...*

NICO   *Wiederholen Sie bitte.*

ELKE   *Vierundvierzig...*

NICO   *Vier vier?*

ELKE   *Ja, vier vier, drei sechs.*

NICO   *Vier vier, drei sechs.*

ELKE   *Danke, Herr Antonescu. Auf Wiederhören.*

NICO   *Auf Wiederhören.*

Are the following statements *richtig* (R) or *falsch* (F)?

	R	F
1 Frau Hilger möchte Nico sprechen.	☐	☐
2 Frau Maier ist nicht am Apparat.	☐	☐
3 Nico ruft Frau Hilger an.	☐	☐
4 Ihre Telefonnummer ist vierundvierzig sechsunddreißig.	☐	☐

10 ▶1 39 Listen to the exchange again and fill in the grid with the information you hear.

Name of caller and number:	Message for:	Message:

Quiz

1 You pick up the phone, but it's for someone else. How do you say, 'It's for you' in German, both informally and formally?

2 How do you say 'I'm sorry'?

3 What do you say if someone asks on the telephone *Wer spricht da?* or *Wer ist am Apparat?*

4 Can you make a question with these words? Sie/können/mich/Frau Maier/mit/ verbinden?

5 How do you say 'goodbye' on the telephone?

6 What do you do if you hear *ich verbinde* on the telephone?

   a Hang up
   b Hold the line
   c Say *Auf Wiederhören!*

11 ▶1 40 Now it's your turn to make telephone calls. Prepare what you want to say by looking at the notes below. Choose an appropriate response for each situation. Then turn on your tape/CD.

Situation

1 You are ringing Mr Klein's office at Henkel, but someone else answers. Ask to speak to Mr Klein.

2 Give your name and your telephone number.

3 Ask the receptionist at Siebert & Co. to put you through to Mrs Wolf.

Responses

a Können Sie mich bitte mit Frau Wolf verbinden?

b Guten Tag, kann ich bitte Herrn Klein sprechen?

c Mein Name ist Haase. Meine Telefonnummer ist 60 20 321.

Ich muß einen Termin machen

episode 7

Ich muß ein Paket aus Amsterdam holen, aber ich kann nicht nach Amsterdam fahren.

Lernpunkte

Talking about the days of the week

Talking about what you can, must, or want to do

Talking about the year

Arranging a meeting

Nico is asked to collect a parcel from Amsterdam.

3 Montag   **4 D:**

7	7
8	8
9 9-15 Dr. Strauff	9
⑩ Sitzung	10
11 11-30 Besprechung mit W. Koch	11
12	12
13	13
⑭ Konferenz	14
15	

It's another busy day at *Deutschland Plus*, with meetings, conferences and appointments to arrange.

Was essen Sie denn?   *Currywurst.*

Frau Weiß is preparing a programme about eating habits in Germany and she interviews some young people on the street.

1 ▶1 *41* For the next two activities, use the book and audio together. Listen to Nico going through the monotonous routine of his week. First, look at his diary below. Then listen. Which day of the week does he not mention?

● SPRACHTIP

There are two words for 'Saturday' in German: *Samstag* and *Sonnabend*.

Terminkalender : Nico Antonescu   **Juni**

3 Montag	4 Dienstag	7 Freitag	8 Samstag
7 ⑧ Arbeit 9	8 ⑧ Arbeit 9	8 ⑧ Arbeit 9	7 8 9
10 11 12 13 14	10 11 12 13 14	10 11 12 13 14	10 ⑪ Aufstehen, 12 Deutsch Lernen 13 14
15 ⑯ Feierabend 17 18	15 ⑯ Feierabend 17 18	15 ⑯ Feierabend 17 18	15 16 17 18

5 Mittwoch	6 Donnerstag	9 Sonntag	
7 ⑧ Arbeit 9	8 ⑧ Arbeit 9	7 8 9	M D M D F S S
10 11 12 13 14	10 11 12 13 14	10 ⑪ Aufstehen, 12 Fernsehen 13 14	1 2 3 4 5 6 7 8 9 10 11 12 13 14 15 16
15 ⑯ Feierabend 17 18	15 ⑯ Feierabend 17 18	15 16 17 18	17 18 19 20 21 22 23 24 25 26 27 28 29 30

2 ▶1 42 Frau Maier, unlike Nico, has a hectic schedule. She shows her diary to Ulli. Listen to the dialogue and then look at the sentences below. Are they *richtig* (R) or *falsch* (F)?

(an)schauen (sep.)	to look (at)
der Termin(-e)	appointment
eine Sitzung(-en)	meeting
zwischendurch	in between
immer pünktlich	always punctual

	R	F
1 Um 10 Uhr ist eine Sitzung.	☐	☐
2 Um 8 Uhr hat sie eine Konferenz.	☐	☐
3 Um 11 Uhr 30 hat sie eine Besprechung.	☐	☐
4 Frau Maier ist nie pünktlich.	☐	☐

3 ▶1 43 Now turn on the tape/CD and practise these and similar phrases.

● SPRACHTIP

Q How do you talk about what you must, can or want to do?

A You use modal verbs:

must	can	want to
ich muß	ich kann	ich will
sie/er/es muß	sie/er/es kann	sie/er/es will
Sie müssen	Sie können	Sie wollen

Remember that after using modal verbs, the other verb must go to the end of the sentence. (See page 173 of the grammar section.)

In our story, the villain tells Nico *Ich muß ein Paket aus Amsterdam holen*, 'I must fetch a parcel from Amsterdam'; *Ich kann nicht nach Amsterdam fahren*, 'I can't go to Amsterdam'; *Jemand muß das Paket holen*, but 'someone must fetch the parcel'. Look out for more examples of what you can or must do in what follows!

4 Put the right form of 'I/you must/can/want' in the gaps:

MODELL Ich .... nach Berlin fahren. (must)
Ich muß nach Berlin fahren.

1 Sie .... heute zum Markt gehen. (can)

2 .... Sie eine Tasse Kaffee trinken? (want)

3 Ich .... Deutsch lernen. (must)

4 Sie .... um 10 Uhr telefonieren. (can)

5 Ich .... Reibekuchen essen. (want)

5 Put the words in the right order.

MODELL Englisch/er/sprechen/kann.
Er kann Englisch sprechen.

1 machen/ich/Reibekuchen/muß.
2 trinken/Sie/wollen/was?
3 Plus/bei/arbeiten/will/Deutschland/ich.
4 muß/gehen/ich.
5 Schinkel/muß/Liste/Nico/zu/bringen/die/Herrn.

How to talk about the year:

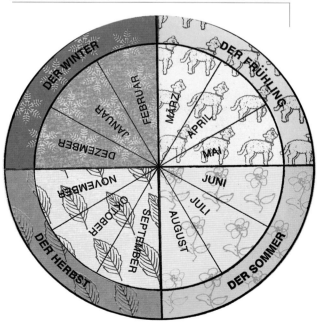

6 Now read the text describing the year. Then match the definitions on the left with those on the right.

Das Jahr hat 12 Monate. November ist ein Monat. Es gibt vier Jahreszeiten in einem Jahr. Ein Monat hat 30 oder 31 Tage (aber der Februar hat 28 Tage). Es gibt vier Wochen in einem Monat und 52 Wochen in einem Jahr. Eine Woche hat sieben Tage, ein Tag hat 24 Stunden. Eine Stunde hat 60 Minuten, und eine Minute hat 60 Sekunden.

1 ☐ das Jahr   a 60 Sekunden
2 ☐ der Monat   b 24 Stunden
3 ☐ die Jahreszeit   c 60 = eine Minute
4 ☐ der Tag   d 60 Minuten
5 ☐ die Woche   e vier Wochen
6 ☐ die Stunde   f vier in einem Jahr
7 ☐ die Minute   g 52 Wochen
8 ☐ die Sekunde   h sieben Tage

7 ▶1 44 Now turn on the tape/CD and practise these and similar phrases.

8 ▶1 45 Now use the book and audio for the rest of the unit. First, listen to the dialogue at the *Fremdenverkehrsbüro*. Then complete the grid below (you might want to listen to the dialogue several times).

geschlossen   closed

JENA FREMDENVERKEHRSBÜRO

Opening times

Summer

Months	days of week	opening hours
From _____	Monday-Friday	_____
till _____	Saturday	_____
	Sunday	_____

Winter

Months	days of week	opening hours
From _____	Monday-Friday	_____
till _____	Saturday	_____
	Sunday	_____

9 ▶1 46 In the next dialogue, Frau Biechele rings Herr Kellermann to arrange a meeting. Listen to the recording and then tick the right information.

einen Termin vereinbaren to arrange a meeting
der Vorschlag   suggestion
ungefähr   about, approximately

1 Herr Kellermanns Vorschlag ist...
  a ☐ Montag   b ☐ Donnerstag
2 Sie treffen sich am...
  a ☐ Freitag   b ☐ Donnerstag
3 Sie treffen sich...
  a ☐ um fünf Uhr   b ☐ um 15 Uhr
4 Sie treffen sich in...
  a ☐ Frau Biecheles   b ☐ Herr
       Büro   Kellermanns
                               Büro

Wissenswert!

STÄDTEPORTRAIT: COLOGNE

Köln (Cologne), the capital of the Rhineland, is one of the most important cultural and commercial centres in Germany, dating back to Roman times when it was known as Colonia. The city's most prominent feature is its cathedral, a masterpiece of Gothic architecture. Its construction commenced in the 13th century but it was not completed until 1880.

There are many attractions for the art enthusiast: over 30 art galleries, four theatres and an opera house.

Attractively stretching along both banks of the Rhine, with the *Altstadt* to the left, Köln is a lively, bustling commercial centre which houses some of the world's biggest trade fairs. It is an important centre for a number of radio and television channels and, on the outskirts, home to a major Ford car production plant.

10 ▶1 47 Now listen to the conversation between Nico and the villain in the kiosk and make notes for the following questions.

holen	to fetch
krank	ill
wenn	if
geben	to give
schon	already

1 Was muß der Mann holen?
2 Woher muß er es holen?
3 Wann muß er es holen?
4 Warum kann er nicht nach Amsterdam fahren?
5 Wieviel Geld will er Nico geben?

11 ▶1 48 You are now trying to make an appointment over the phone. Prepare what you have to say before you turn on the tape/CD.

1 Hello. Can I speak to Frau Müller?
2 I want to make an appointment.
3 I can't come on Tuesday.
4 I must go to Frankfurt.
5 Wednesday or Thursday.
6 At what time?
7 Good. We'll meet on Wednesday at one o'clock. Where?
8 In the pub round the corner!
9 Thank you. Goodbye.

Quiz

1 The computer has lost the second half of the following list of words. They are all days of the week or months. Complete the words.

Feb _____	*Ap* _____	*Dien* _____
Jan _____	*Sept* _____	*Mon* _____
Sonna _____		

2 Which is the odd one out?
*Besprechung   Konferenz   Geschlossen
Sitzung   Termin*

3 Put the dialogue in the right order.
a ☐ *Um elf Uhr.*
b ☐ *Frau Köhler, wann hatten Sie den Termin vereinbart?*
c ☐ *Guten Tag. Bitte schön.*
d ☐ *Um 11 Uhr. Ich schau mal eben nach. Frau Hess ist in einer Besprechung.*
e ☐ *Guten Tag.*
f ☐ *Mein Name ist Andrea Köhler, und ich habe einen Termin mit Frau Hess vereinbart.*

Ich fahre nach Amsterdam

Lernpunkte

Buying a ticket on public transport

Asking people to help you...

...and revising understanding directions

Im Bahnhof ist das Reisezentrum.

Entschuldigen Sie, bin ich hier richtig? Ich will nach Amsterdam.

Also – das Reisezentrum.

episode 8

Nico will be travelling to Amsterdam this weekend and needs to buy a ticket. There are quite a few words to add to his computer database.

Nächster Zug 11.17 Uhr.

At the station, Nico is asking for help.

---

1 ▶2 *1* Nico is a little apprehensive about going abroad by train and asks Elke to help him with some basic expressions. Use the book and audio together. Listen to the dialogue and match 1–4 with a–d opposite.

da kaufst du   there you buy
 deine Fahrkarte   your ticket
der Zug   train
die schnellen Züge   the fast trains

ELKE *Da kaufst du deine Fahrkarte.*
NICO *Die Fahrkarte...*
ELKE *Dann gehst du zum Bahnsteig...*
NICO *Bahnsteig?*
ELKE *Ja. Und dann kommt der EuroCity...*
NICO *Der... EuroCity?*
ELKE *Ja, der EuroCity oder EC. Das sind die schnellen Züge, die ins Ausland fahren.*

1 to buy a ticket
2 to go to the platform
3 to take the EuroCity train
4 to go abroad

a □ *eine Fahrkarte kaufen*
b □ *zum Bahnsteig gehen*
c □ *ins Ausland fahren*
d □ *den EuroCity nehmen*

2 Which is the odd one out? Tip: check the gender, *die, der, das.*

*Bahnhof   EuroCity   Bahnsteig
Fahrkarte   Zug*

3 Imagine you are going to take the train from Cologne to Amsterdam. You need to go from *Universitätsstraße* to *Neumarkt* and continue by the underground *(die U-Bahn)* to the main railway station *(der Hauptbahnhof)*. Write down questions using *Wie komme ich zum/zur...?**

Modell   *Wie komme ich zur Stadtmitte?*
          (die Stadtmitte)

1 ....?
   (die Universitätsstraße)
2 ....?
   (der Neumarkt)
3 ....?
   (die U-Bahn)
4 ....?
   (der Hauptbahnhof)
5 ....?
   (das Reisezentrum)

* Remember to use *zum* with masculine and neuter nouns (*der Bahnhof, das Reisezentrum*) and *zur* with feminine nouns (*die Bibliothek*).

4 ▶2 2   Now use the book and audio together. Listen to five short conversations. First, tick each question from activity 3 as you hear it. Then tick each direction below given in reply to each question.

Note   Some people ask *Wie komme ich am besten zum/zur...?* (What's the best way to...?)

PASSER-BY 1   *Gehen Sie hier gleich links in die Hohe Straße, dann immer geradeaus bis zur Schildergasse.*
PASSER-BY 2   *Nehmen Sie die erste Straße links, das ist die Luxemburger Straße. Dann an der Ampel gleich rechts.*
PASSER-BY 3   *Das ist hier gleich um die Ecke.*
PASSER-BY 4   *Am besten nehmen Sie die 1 oder 2 von hier.*
PASSER-BY 5   *Am besten fahren Sie zum Neumarkt und steigen da um.*

SPRACHTIP

Q Are *steigen... um* and *umsteigen* one and the same verb?
A Yes, some verbs in German, such as *umsteigen* (to change), *aussteigen* (to get out) and *ankommen* (to arrive) are so-called separable verbs. When a separable verb is used in one of the simple tenses (present or past), the prefix (the first part of the verb) is normally separated from the verb and placed at the end of the sentence:

Steigen Sie am Neumarkt **um.**
Change at Neumarkt.

Wann kommt der nächste Zug **an?**
When does the next train arrive?

5 Make phrases with these separable verbs.

1 (umsteigen):
   Bitte .... Sie am Bahnhof ....
2 (aussteigen): Wo .... ich .... ?
3 (einsteigen):
   Bitte .... Sie in die Nummer 27............ .
4 (ankommen): Wann .... der Bus .... ?

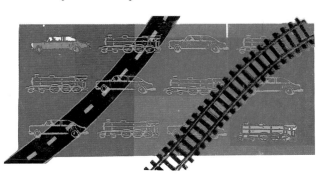

Wissenswert!

Before you use public transport in Germany, buy your ticket either from a machine (labelled *Fahrausweise*) or a ticket desk (*der Fahrkartenschalter*) to avoid incurring a heavy fine. Your ticket is only valid if you have stamped it before you start your journey. This machine is called an *Entwerter* and can often be found on the top or at the bottom of staircases leading to the platform rather than on the platform itself. Most trams and buses have an *Entwerter* inside.

Buying a ticket...

Entschuldigen Sie, wo bekomme ich eine Fahrkarte?	Excuse me, where can I get a ticket?
Entschuldigen Sie, wo ist das Reisezentrum?	Excuse me, where is the travel centre?
Wo sind die Fahrpläne?	Where are the timetables?

...and asking people to help you:

Können Sie mir helfen?	Can you help me?
Wo ist Bahnsteig fünf?	Where is platform 5?
Entschuldigen Sie, bin ich hier richtig?	Excuse me, is this right?
Ich will nach Amsterdam.	I want to go to Amsterdam

6 ▶2 3 Now turn on the tape/CD and practise these and similar phrases.

7 ▶2 4 *Nico ist im Reisezentrum am Kölner Hauptbahnhof.* Listen to him buying a ticket. Then listen again and fill in the grid with the information you hear.

Amsterdam, hin und zurück bitte.	A return ticket to Amsterdam, please.
Amsterdam, bitte, einfach.	A single to Amsterdam, please.
Erster Klasse oder zweiter?	First or second class?
bleiben	to stay
zurückkommen (sep.)	to come back
billiger	cheaper

destination	single/return	first/second class
price (DM)	supplement total (DM)	total (DM)

Wissenswert!

Did you know that a *BahnCard* from the *Deutsche Bundesbahn* (German Rail) entitles you to 50% reduction on the entire German rail network and on most regional buses for the duration of one year? It's worth thinking about if you use public transport frequently or if you are travelling long distances.

Ankunft? Nein, Abfahrt. Amsterdam? Amsterdam? Da! 11.17, Gleis 3.

8 ▶2 5 Turn on the tape/CD and practise some more phrases you need when travelling.

9 ▶2 6 Now listen to Andrea buying a ticket using her BahnCard. Check the following and correct them where necessary.

nur eine einfache Fahrt	a single ticket only
die zweite Person	the second person
sie hat keine BahnCard	she has no BahnCard
unter/über 26	under/over 26
insgesamt	in total

1 Andrea kauft zwei Fahrkarten nach Amsterdam - einfach.
2 Sie kauft die Fahrkarten mit BahnCards.
3 Die andere Person ist unter 26.
4 Die Fahrkarte kostet mit BahnCard DM 40,30, die Fahrkarte ohne BahnCard kostet DM 61,40.
5 Es gibt keinen InterCity-Zuschlag.

10 ▶2 7 Now it's your turn to buy a ticket. You might like to prepare what you have to say first.

die Abfahrt(-en)	departure
die Ankunft(-̈e)	arrival
das Gleis(-e)	platform

1 A return ticket to Vienna.
2 A single to Cologne. Second class, please.
3 Two tickets to Berlin, please.
4 How do I get to platform 9?

Leipzig Hbf → Stuttgart Hbf   DB

Fahrplanauszug – Angaben ohne Gewähr –
Gültig: 25.9.94 bis 27.5.95

513 km

ab	Zug		Umsteigen	an	ab	Zug		an	Verkehrstage
0.55	D 476	☎	Halle(Saale)Hbf	1.21	1.25	D 350			Mo - Fr ①
			Frankfurt(M)	6.20	6.31	ICE 993	✕		
			Mannheim Hbf	7.08	7.13	IR 361	⊗	8.00	
0.55	D 476	☎	Halle(Saale)Hbf	1.21	1.25	D 350			täglich
			Frankfurt(M)	6.20	6.40	ICE 271	✕		
			Mannheim Hbf	7.23	7.27	ICE 995	✕	8.06	
0.55	D 476	☎	Halle(Saale)Hbf	1.21	1.25	D 350			täglich
			Heidelberg Hbf	7.22	8.07	EC 15	✕	8.50	
4.13	E 4361		Zwickau(S)	5.27	5.42	IR 2068			Mo - Sa ②
			Hof Hbf	7.14	7.31	IR 2562	⊗	11.53	
6.04	IC 554	✕	Fulda	9.37	9.43	ICE 591	✕	12.06	täglich ③
6.04	IC 554	✕	Frankfurt(M)	10.35	10.51	EC 54	✕		täglich ③
			Mannheim Hbf	11.44	11.55	EC 115	✕	12.50	
7.15	EC 11	✕	Nürnberg Hbf	11.18	11.45	IR 2560	⊗	13.53	täglich
8.04	IC 556	✕	Fulda	11.37	11.43	ICE 593	✕	14.06	täglich
8.04	IC 556	✕	Mannheim Hbf	13.44	13.55	IC 513		14.50	täglich

ICE = INTER CITY EXPRESS   D = SCHNELLZUG
IR = INTER REGIO   IC = INTER CITY
EC = EURO CITY   ICN = INTER CITY NIGHT

Quiz

1 How would you ask the way to the underground?
2 What does *Fahrkarten entwerten!* mean?
3 The assistant at the ticket desk says *Ab Berlin kostet der InterCity 6 Mark pro Person Zuschlag.* Translate for your friend.
4 The assistant wants to make sure he has understood you correctly and says *Nur eine einfache Fahrt?* What is he enquiring about?
5 Ask the assistant where the timetables are.

Wie war's?

> *Na Nico, erzähl mal, wie war Amsterdam?*

> *Amsterdam war schön. Ich war aber nur kurz da.*

episode 9

Back at work, Nico is asked about his short trip to Amsterdam.

> *Die Fotos waren zu spät bei Herrn Koch.*

Nico is being told off by Frau Maier because he was late for an appointment with Herr Koch.

8 Samstag   9 Sonntag

Amsterdam		Amsterdam	
7		7	
8		8	
9		9	
10		10	
11		11	
12		12	
13		13	
14		14	
15		15	
16		16	
17		17	
18		18	

10 Montag

7	
8	9.15 Besprechung mit Frau Schneider
9	9.30 in Postraum
10	9.40 in Frau Daniels Büro
11	11.30
12	12.15 Termin mit Herrn Koch
13	12.45 in Frau Schneiders Büro
14	13.10 Mittagspause

> *Ich habe viel zu erledigen!*

It's a hectic Monday morning. Nico has to cover for his colleagues and answer the phones.

1 ▶2 8 *Wie war's?* Anna is asking about Nico's trip to Amsterdam and his appointment with Herr Koch in the morning. Listen to the dialogues and find out the German for the phrases 1–4 on page 38.

wie war…?	How was…?	*du fährst wieder mal dahin*	you'll go there again
wie war's?	How was it?	*sicher*	sure
ich war aber nur kurz da	but I was only there for a short time	*zu spät*	too late
		sauer	annoyed (lit. 'sour')
vielleicht	perhaps	*böse*	angry, annoyed

1 ANNA   *Na Nico, wie war Amsterdam?*

NICO   *Amsterdam... Amsterdam war schön. Ich war aber nur kurz da.*

ANNA   *Na, vielleicht fährst du wieder mal dahin.*

NICO   *Oh ja, sicher...*

2 ANNA   *Warst du denn bei Herrn Koch?*

NICO   *Um... äh... zwölf Uhr.*

ANNA   *Oh Nico! Das war zu spät! Nico, Frau Maier ist sauer...*

NICO   *Sauer? Was bedeutet das?*

ANNA   *Böse! Die Fotos waren zu spät bei Herrn Koch.*

1 I was only there for a short time.
2 Were you with Herr Koch?
3 It was nice.
4 Herr Koch received the photos too late.

●SPRACHTIP

Q You already know most of the present tense forms for the verbs *haben* (to have) and *sein* (to be). But what about their past tense forms? Do they take the same endings?

A No, their past tense forms are different; both verbs are irregular:

Present		haben	sein
Singular	ich	habe	bin
	du	hast	bist
	er, sie, es	hat	ist
Plural	wir	haben	sind
	ihr	habt	seid
	sie, Sie	haben	sind
Past			
Singular	ich	hatte	war
	du	hattest	warst
	er, sie, es	hatte	war
Plural	wir	hatten	waren
	ihr	hattet	wart
	sie/Sie	hatten	waren

---

2 ▶2 9 | Not everything went according to schedule on this hectic Monday morning. Frau Maier wants a detailed account of what Nico has been doing. Listen to the account and read the statements below. Are they *richtig* (R) or *falsch* (F)?

	R	F
1 Um 9 Uhr war Nico im Postraum.	☐	☐
2 Um halb zehn hatte er eine Besprechung mit Frau Schneider.	☐	☐
3 Um 11.15 Uhr hatte er einen Termin mit Herrn Koch.	☐	☐
4 Um 12.30 Uhr war er in Frau Daniels Büro.	☐	☐
5 Um 12.45 Uhr war er in Frau Schneiders Büro.	☐	☐
6 Um 13.10 Uhr hatte er Mittagspause.	☐	☐

3 ▶2 10 | Turn on the tape/CD and practise talking about past events.

4 ▶2 11 | Now take Nico's role. Prepare what to say by looking at the diary entries below. Then listen and answer Frau Maier's questions using *war* (was) or *hatte* (had).

MODELL Um 9 Uhr im Büro (war)
           Um 9 Uhr war ich im Büro.

1 Um 9.15 Uhr	eine Besprechung mit Frau Schneider (hatte)
2 Um 9.30 Uhr	im Postraum (war)
3 Von 9.40 Uhr bis 11.30 Uhr	in Frau Daniels Büro (war)
4 Um 11.15 Uhr	einen Termin mit Herrn Koch (hatte)
5 Um 12.45 Uhr	in Frau Schneiders Büro (war)
6 Um 13.10 Uhr	Mittagspause (hatte)

5 ►2 12 Now you can talk about your schedule for yesterday morning. Look at your diary entries and decide whether you need to use *hatte* or *war*.

MODELL   Wo waren Sie um 8.30 Uhr?
  Um 8.30 Uhr war ich im Büro.

8.30   im Büro
9.15   im Postraum
10.30   bei Herrn Schiller
10.40   einen Anruf von Frau Weiß
11.15   den Termin mit Herrn Blüm
12.00   in der Kantine

6 *War/en* or *hatte/n* ? Complete the sentences with the correct verb form.

1 .... Sie einen Termin mit Herrn Koch um 11.15 Uhr?
2 Ja, aber ich .... zwei Stunden am Telefon und .... um 12.00 Uhr bei Herrn Koch.
3 Dann .... Sie nicht pünktlich?
4 Nein, er .... schon Mittagspause.
5 .... Sie um 12.45 Uhr in Frau Schneiders Büro?
6 Ja, aber sie .... nicht da.

7 Anna rings in on Monday morning to see how Nico is coping in the office. Nico says:

Ich bin im Büro. Es ist total hektisch. Ich habe einen Termin mit Herrn Koch um 11.15 Uhr. Ich habe viel zu erledigen. Es ist schon 11.30 Uhr. Ich bin nicht pünktlich. Frau Maier ist sauer!

Take Nico's role and write about your day in the office by using the same words as above but in the past tense. The first and last sentences have been done for you.

Ich war im Büro. Es ....
....
....
.... *Frau Maier war sauer!*

8 ►2 13 Nico has taken an important phone call for someone else. Listen to the call and, using Nico's notebook, draft his message.

ich weiß nicht, wann er wieder da ist	I don't know when he's back
es ist dringend	it is urgent

9 ►2 14 Talking about past events is, of course, not only restricted to work! Listen to Frau Fritz from Lübeck talking about her last holiday and fill in the grid below.

Wo haben Sie Ihre letzten Ferien verbracht?	Where did you spend your last holiday?
Wie lange?	How long?
Hat es Ihnen gefallen?	Did you like it?
das Wetter	the weather

wo?	
wann?	
wie lange?	
Wetter?	

10 ►2 15 Now turn on the tape/CD and practise these and similar phrases.

Wissenswert!

STÄDTEPORTRÄT: LÜBECK

The medieval Hanseatic city of Lübeck, about 50 km north-east of Hamburg, is well worth a visit. The most impressive way to enter Lübeck's old town centre is through the arch of the magnificent twin towers of the Holstentor. The *Altstadt* is surrounded by water and there are several delightful old buildings, excellent shops and cosy restaurants. The coffee houses for your afternoon *Kaffee und Kuchen* are second to none in Lübeck, as this is the home of the famous *Lübecker Marzipan*.

TWO FAMOUS SONS OF LÜBECK

Thomas Mann (1875–1955): German novelist born in Lübeck. His best-known works are Buddenbrooks, Death in Venice, The Magic Mountain and Doctor Faustus. Mann opposed Nazism and was forced to emigrate to Switzerland in 1933 before going to live in the USA. He was awarded the Nobel Prize for literature in 1929 for his novel Buddenbrooks.

Heinrich Mann (1871–1950): Brother of Thomas Mann, also a novelist and born in Lübeck. His best-known works include Professor Unrat (The Blue Angel) and Der Untertan (Man of Straw).

Quiz

1 Complete this sentence with *war* or *waren*:
   Dieter und Susanne .... zu Hause.
2 Put the sentence in the correct order. Start with *Um 15.30 Uhr...*
   mit Frau Schneider/Termin /ich/hatte/um 15.30 Uhr/einen
3 What does *sie ist sauer* mean?
4 Heute bin ich im Büro. Gestern .... ich in Amsterdam.

Die gefällt mir gut

episode 10

Na, wie ist es mit diesem?

Ja, dieses Hemd gefällt mir gut. Ich nehme das.

Lernpunkte

Saying what you like and don't like

Finding your way around a
department store

Nico goes shopping with Anna in the *Kaufhaus*
(department store). He buys a new shirt.

*Was für Musik magst du
denn? Ich höre gerne Pop.*

*Ich finde klassische
Musik gut.*

While they're looking at CDs, Anna and Nico
begin to realise that they like each other.

Meanwhile, Frau Weiß and Anna – who are
making a film about drug dealing *(der
Drogenhandel)* – meet the police inspector *(der
Kommissar)* at the police station, and are
horrified to see a photograph of the drug
dealer and Nico in the cemetery.

---

1 ▶2 *16* Nico says 'I like this shirt a lot'
(dieses Hemd gefällt mir gut) . Listen and
find three more examples of this expression
as Nico chooses a present *(das Geschenk)*
for his mother. And what does he choose?

ein (das) Armband(-̈er)	a bracelet
eine (die) Brosche(-n)	a brooch
dies(-er, -e, es)	this/these
vielleicht	perhaps
anschauen	to look at
hübsch	pretty

NICO   *Ich möchte ein Geschenk für
meine Mutter.*

ASSISTANT   *Was darf es denn sein? Ein
Armband, eine Brosche?*

NICO   *Eine Brosche.*

ASSISTANT   *Gefällt Ihnen hiervon etwas?
Diese vielleicht?*

NICO   *Nein, die gefällt mir nicht.*

ASSISTANT   *Oder diese?*

NICO   *Ja, die gefällt mir besser, aber...*
ANNA   *Nico, schau dir diese Broschen an.*
NICO   *Ach, die sind hübsch!*

● SPRACHTIP

Note how the verb *gefallen* is used:

Wie gefallen Ihnen diese?	How do you like these?
Wie gefällt Ihnen diese Brosche?	How do you like this brooch?

Feminine *Diese Brosche gefällt mir.*   I like this brooch.
             Die gefällt mir.   I like it.

Masculine *Dieser Film gefällt mir.*   I like this film.
             Der gefällt mir.   I like it.

Neuter   *Dieses Armband*
             gefällt mir besser.   I prefer this bracelet.
             Das gefällt mir besser.   I prefer it.

Plural   *Diese Hemden*
             gefallen mir nicht.   I don't like these shirts.
             Die gefallen mir nicht.   I don't like them.

Q Can you work out how to say ('I like it')?

A Use *der/die/das* depending on whether the item is masculine,
feminine, neuter or plural.

2 ▸2 17 There are several ways of talking about what you like
and don't like in German. Listen to Andrea's friends, Anja
Dewers and Ingo Kluge, talking about what music they like.
Listen out for these phrases:

Ich mag Popmusik.	I like pop music.
Ich finde klassische Musik gut.	I like classical music.
Ich höre gern Musik.	I like listening to music.
Ich höre lieber Popmusik.	I prefer listening to/I'd rather listen to pop music.

Are the statements below *richtig* (R) or *falsch* (F)?

	R	F
1 Anja und Ingo mögen Musik.	☐	☐
2 Ingo hört gern Musik.	☐	☐
3 Ingo findet Popmusik gut.	☐	☐
4 Anja hört lieber klassische Musik.	☐	☐

SPRACHTIP

Mögen is another modal verb, like *können*, *müssen* and *wollen* (see Unit 3, page 30). Unlike other modal verbs, however, it is usually used on its own and means 'to like':
Ich mag klassische Musik (I like classical music).
Here are all the verb endings:

mögen	to like
ich	mag
du	magst
er, sie, es	mag
wir	mögen
ihr	mögt
sie, Sie	mögen

Ich möchte, meaning 'I would like', also comes from *mögen*, but it can be used with or without another verb. When no verb follows, it means 'I would like to (have)...':
Ich möchte diese CD.
Ich möchte Kaffee trinken.

3 Match the questions 1–4 with the answers a–d.

1 Magst du klassische Musik?
2 Gefällt Ihnen diese Brosche?
3 Ich möchte dieses Hemd.
4 Ich finde diese CD gut.

a ☐ Gern - es kostet 65 Mark.
b ☐ Ich auch - ich mag Popmusik!
c ☐ Nein, diese gefällt mir besser.
d ☐ Ja, ich höre gern klassische Musik.

4 ▶2 18 Now turn on the tape/CD and practise these and similar expressions.

Finding your way around a department store:

If you want to buy something in a German department store, you need to find your way around. Here are some useful words.

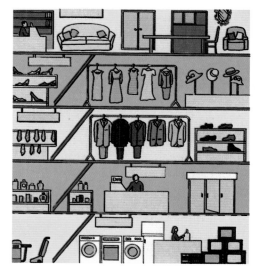

die Rolltreppe(-n)	the escalator
das Erdgeschoß(-sse)	ground floor
das Kellergeschoß(-sse)	basement
der erste Stock (sing.)	first floor
die erste Etage(-n)	
der zweite Stock	
die zweite Etage	second floor
der dritte Stock	
die dritte Etage	third floor
die Kasse(-n)	the cash desk
die Herrenbekleidung (sing.)	the men's department
die Damenbekleidung (sing.)	the ladies' department
die Elektroabteilung(-en)	the electrical department

NOTE There are often two words in German for the same thing, for example *der Stock* and *die Etage* (from French). Both mean 'floor' or 'storey'.

5 ▶2 19 Listen to the sales assistant answering customers' queries and fill in the store guide with the information you hear.

basement ....
ground floor ....
first floor ....
second floor ....

6 ►2 20 Listen to Andrea in Karstadt, a large department store, asking where she can buy a toothbrush. She asks *Wo kann ich eine Zahnbürste kaufen?* Then answer the questions below.

1 Which department are they in?
2 On which floor?
3 How should she get there?
4 Is the department on the left or on the right?

7 ►2 21 Now listen and practise finding your way around a department store.

Wissenswert!

GERMAN SHOPPING HOURS

German consumers have long been frustrated by some of the world's most restrictive shopping hours. Under *das Ladenschlußgesetz* (the shop closing hours act) of 1956, shops were not allowed to stay open beyond 6.30 p.m. on weekdays and 2 p.m.  on Saturdays (with longer opening hours on Thursdays and on *langer Samstag*, the first Saturday of each month).

The German government has agreed that in future shops will be allowed to extend shopping times until 8 p.m. on weekdays and 4 p.m on Saturdays, although the states (*die Länder*) will be able to change Saturday closures by two hours either way. Sunday opening has not been under discussion. So watch out for German shops displaying their new *Öffnungszeiten* (opening hours):

Öffnungszeiten	
Montag bis Freitag	9.00 - 20.00 Uhr
Samstag	9.00 - 16.00 Uhr

8 ►2 22 Now listen to Nico and Anna in the department store buying a shirt for Nico. Then answer the questions in German.

schau mal	just look, look here
das Sonderangebot(-e)	special offer
Welche Größe hast du?	What size are you?
Wie ist es mit diesem?	What about this one?

1 Was will Nico kaufen?
2 Wo ist die Herrenbekleidung?
3 Welche Größe hat Nico?
4 Was kostet das Hemd?

9 ►2 23 Now have a go at buying something yourself. Here are some guidelines:

A1 You'd like to buy a shirt.
A2 Size 39.
A3 No, you don't like this shirt.
A4 But you like these.
A5 Yes, you prefer this one.
A6 Where is the escalator?

B1 Where is the electrical department?
B2 Where can you find CDs?
B3 No, you like classical music.
B4 How much is the CD?
B5 Where is the cash desk?
B6 Where are the toothbrushes?

Quiz

1 Unravel the following:
Ichhöregernmusikdiesecdgefälltmirichmagdiese hemdenichfindepopmusiknichtgut
2 You want to buy some soap. What department do you look for?
  a *Restaurant*   b *Parfümerie*   c *Bäckerei*
3 Which is the odd one out?
  gut   finden   gefallen   mögen

Ich möchte Geld abholen

Darf ich Ihren Ausweis sehen?

episode 11

Nico collects some foreign currency at *die Stadtsparkasse* (the local savings bank) on behalf of Frau Maier.

Lernpunkte

Numbers 101 – 999

Asking someone to do something

Changing and taking out money at a bank

Numbers 101–999

When changing and taking out money at a bank, you need to say the amount in German. This is how you say numbers over 100:

101	(ein)hundertundeins
200	zweihundert
212	zweihundertundzwölf
300	dreihundert
333	dreihundertdreiunddreißig
400	vierhundert
500	fünfhundert
600	sechshundert
700	siebenhundert
800	achthundert
900	neunhundert

● SPRACHTIP

Numbers above 100 are combined in the same way as numbers above 20 *(dreiundzwanzig)*. All you do is add the word for 100, 200 etc in front:
8 + 40 = *achtundvierzig*
700 + 8 + 40 = *siebenhundertachtundvierzig*

1 You want to change pounds into D-Mark. Can you work out how to say the amount in German?

MODELL £200 *Zweihundert Pfund in D-Mark, bitte.*

1	£400	3	£836	5	£557
2	£250	4	£999	6	£120

2 ▶2 24 Now turn on the tape/CD to practise numbers above 100.

3 ▶2 25 *Tun Sie mir einen Gefallen?* Nico needs to take some documents with him in order to collect some foreign currency for Frau Maier. Read the phrases below and put them in the most logical order. Then listen to check if you got it right.

Tun Sie mir einen Gefallen?	Can you do me a favour?
der Ausweis(-e)	identity card
die Scheckkarte(-n)	cheque card
zeigen	to show

1 ☐ Das müssen Sie der Bank zeigen.
2 ☐ (Nehmen Sie) Ihren Ausweis.
3 ☐ Tun Sie mir einen Gefallen?
4 ☐ Gehen Sie für mich zur Bank.
5 ☐ Nehmen Sie meinen Ausweis und meine Scheckkarte.

4 ▶2 25 Now listen to the conversation again. Are these phrases *richtig* (R) or *falsch* (F)?

	R	F
1 Frau Maier fährt morgen nach London.	☐	☐
2 Sie hat deutsches Geld bestellt.	☐	☐
3 Nico geht für sie zur Sparkasse.	☐	☐
4 Frau Maier hat 200 Mark bestellt.	☐	☐
5 Die Sparkasse ist links um die Ecke.	☐	☐

5 Look at the words and phrases below and match the German 1–5 with the English a–e. Can you guess the meaning of the words you don't know?

1 Tun Sie mir einen Gefallen?
2 ich habe bestellt
3 im Werte von
4 sich ausweisen
5 schaffen

a ☐ to identify yourself
b ☐ to the value
c ☐ I have ordered
d ☐ to manage (to do something)
e ☐ Can you do me a favour?

SPRACHTIP

Tun Sie mir einen Gefallen? is a very useful phrase if you want to ask someone a favour; make sure you remember it! If you want to be even more polite, you can use it with the modal verb *können*:
Können Sie mir einen Gefallen tun?

6 ▶2 26 *In der Sparkasse.* Nico is having a few misunderstandings at the bank. Listen to the dialogue with the bank clerk. Tick the information 1– 4 that you hear.

Geld abholen	to collect money
ein Konto eröffnen	to open an account
der Auslandsschalter(-)	foreign exchange desk

CLERK *Ja, bitte schön?*
NICO *Ich möchte Geld abholen, für Frau Maier.*
CLERK *Haben Sie ein Konto bei uns?*
NICO *Ich? Nein.*
CLERK *Sie möchten ein Konto eröffnen?*
NICO *Konto... eröffnen? Ich verstehe nicht. Ich möchte nur das englische Geld für Frau Maier abholen.*
CLERK *Ach so, Sie möchten englisches Geld. Dann müssen Sie bitte zum Auslandsschalter - das ist hier drüben bitte.*

1 Nico möchte...
  a ☐ Geld abholen.
  b ☐ Frau Maier abholen.
2 a ☐ Er möchte ein Konto eröffnen.
  b ☐ Er hat kein Konto bei der Sparkasse.
3 Er muß...
  a ☐ zum Auslandsschalter gehen.
  b ☐ ein Konto eröffnen.

SPRACHTIP

Note that there are different endings for the German words for 'my' (*mein*) and 'your' (*Ihr*). Such words are called possessive adjectives. They follow the same pattern as the definite articles *die, der, das*:

Hier ist   der Ausweis   die Scheckkarte   das Geld
*   mein Ausweis   meine Scheckkarte   mein Geld*

But:

Nehmen Sie   meinen Ausweis   meine Scheckkarte   mein Geld

The masculine adjective changes slightly if it's the object of the sentence (the part that receives the action of the verb). The endings for *Ihr* and *dein* follow the same pattern.

(See grammar section on page 168/169.)

7 Fill in the correct endings for *mein* and *Ihr*. Leave a blank if there is no change to the ending.

1 Nehmen Sie mein____ Ausweis und mein____ Scheckkarte und Ihr____ Ausweis und holen Sie mir das Geld bitte. Hier ist Ihr____ Vollmacht.
2 Ich möchte mein____ englisches Geld abholen.
3 Darf ich Ihr____ Ausweis sehen und Ihr____ Scheckkarte, bitte.
4 Danke schön, hier ist Ihr____ Ausweis und Ihr____ Geld.

SPRACHTIP

There are two words for 'me' in German, *mich* and *mir*. Some verbs always take *mir* meaning, literally, 'to me'.

Können Sie mir helfen?   Can you help me? (Lit. 'Can you give help to me?')

Das gefällt mir.   I like it. (Lit. 'It is pleasing to me.')

Kannst du mir sagen, wie spät es ist?   Can you tell (to) me what time it is?

Similarly, 'to you' is *dir* or *Ihnen*.

8 How would you say the following sentences in German?

1 Can I help you? (formal form)
2 I like this brooch.
3 Can you tell me where the bank is?
4 Can you do me a favour?

9 ▶2 *27* Now turn on the tape/CD and practise these and other banking terms.

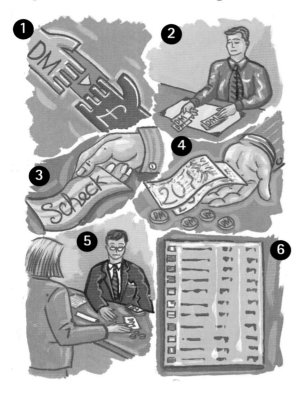

a ☐ der Kurs (der Wechselkurs)
b ☐ umtauschen
c ☐ mit Bargeld bezahlen
d ☐ mit Scheck bezahlen
e ☐ auf's Konto einzahlen
f ☐ vom Konto abheben

10 Match the phrases with the illustrations above. Then translate the following banking terms into English.

1 mit Scheck bezahlen
2 der Kurs (der Wechselkurs)
3 Geld vom Konto abheben

11 ▶2 *28* Listen to Andrea changing some cash and traveller's cheques at a bank and fill in the gaps in the dialogue below.

unterschiedliche Kurse   different exchange rates

CLERK   Englische Pfund – in .... oder in Travellerschecks?
ANDREA Ich habe beides. Ich habe Traveller-schecks und Bargeld.
CLERK   Ja, da haben wir .... Kurse. Für Bargeld ist der .... , einen Moment, sage ich Ihnen sofort... Sie .... heute für ein englisches Pfund .... DM.
ANDREA Ja, das ist in Ordnung.
CLERK   Ja, und wieviel möchten Sie .... ?
ANDREA Ich habe .... Bargeld und 100 Pfund in Travellerschecks.
CLERK   So der Kurs für die Travellerschecks wäre .... : für ein englisches Pfund bekommen Sie ....

12 ▶2 *29* Now it's your turn to change some money and some traveller's cheques. Listen and answer the bank clerk's questions.

1 I'd like to change money.
2 I'd like £200 in German marks.
3 I have £50 in cash.
4 I have £150 in traveller's cheques.
5 Here's my passport.

Quiz

1 How would someone at the bank ask you for your ID card or passport?
2 Add any appropriate endings: *Hier ist mein .... Scheck und mein .... Scheckkarte.*
3 What have the verbs *helfen*, *gefallen* and *sagen* got in common?
4 How do you say 'I'm paying by cheque' in German?
5 You'd like to change £500 into Deutschmarks. What do you say?

Ich habe keine Wohnung mehr

Morgen suchen wir dir eine neue Wohnung.

Lernpunkte

Reporting something that's happened

Asking about someone's family...

...and talking about your own family

≡ Nico has been thrown out of his flat. Anna tells him that tonight he can sleep on her sofa, and tomorrow they will look for a new flat.

Wer ist das?

Das ist mein Bruder. Hast du Geschwister?

In Anna's flat, Nico looks at photographs of Anna and her family.

| Datei | Speichern | Neu | Finden |

Der Hausmeister hat gesagt... *"RAUS!"*

sagen	Er hat gesagt
fragen	Er hat gefragt
lachen	Er hat gelacht
machen	Er hat gemacht

The next day at work, Nico tells Elke that the caretaker has thrown him out of his flat.

 1 ▶2 *30* Nico is rehearsing his past tenses so that he can tell his colleagues what happened to him the day before. Listen to what he says - what happens with the verbs?

der Hausmeister(-)	the caretaker
fragen	to ask
lachen	to laugh

NICO · *Der Hausmeister **hat** gesagt...*
*sagen... er **hat** gesagt...*
*fragen... er **hat** gefragt...*
*lachen... er **hat** gelacht...*
*machen... er **hat** gemacht...*
*Der Hausmeister **hat** gesagt...*
ELKE · *Na, was **hat** er gesagt?*
NICO · *"Raus!"*

2

▶2 31 Now listen to three people - Frau Heinemann and two children, Stephanie and Sebastien - talking about what they did last summer. Then read the sentences below. Are they *richtig* (R) or *falsch* (F)?

spielen	to play
wandern	to go walking, ramble, hike
besuchen	to visit
Spaß haben	to have fun, enjoy yourself

	R	F
1 Stephanie hat im Sommer Fußball gespielt.	☐	☐
2 Stephanie hat Schokolade gekauft.	☐	☐
3 Sebastien hat in London Englisch gelernt.	☐	☐
4 Sebastien hat Deutsch gelernt.	☐	☐
5 Frau Heinemann hat mit ihrer Freundin Deutschland besucht.	☐ ☐	☐ ☐
6 Sie haben viel Spaß gehabt - sie haben viel gelacht.	☐	☐

Wissenswert!

FEIERTAGE - PUBLIC HOLIDAYS

1.1	Neujahr	New Year
1.5	Maifeiertag	Labour Day
3.10	Tag der Deutschen Einheit	German unification
25.1	1. Weihnachtstag	Christmas Day
26.12	2. Weihnachtstag	Boxing Day

Feste von 1996 bis 2000

Jahr	Ostern Easter	Himmelfahrt Ascension Day	Pfingsten Whitsun
1996	7. April	16. Mai	26. Mai
1997	30. März	8. Mai	18. Mai
1998	12. April	21. Mai	31. Mai
1999	4. April	13. Mai	23. Mai
2000	23. April	1. Juni	11. Juni

● SPRACHTIP

The perfect tense, *das Perfekt*, is the most commonly used German past tense. These are the rules for most verbs:

part of 'haben' +	ge.........(e)t (Past participle)
ich habe	gemacht (machen)
er hat	gelernt (lernen)
wir haben	gesagt (sagen)
sie haben	gearbeitet (arbeiten)

The past participle always goes at the end of the sentence. However, there are some exceptions in the way it is formed:

besuchen (to visit)	Wir haben Deutschland besucht.
telefonieren (to phone)	Nico hat telefoniert.
verkaufen (to sell)	Die Verkäuferin hat Brot verkauft.

(See page 171/172 of the grammar section.)

3

▶2 31 *Was haben Sie gemacht?* Listen to the interview again and make a note of what each person said. Here are some phrases to help you.

STEPHANIE	Tennis spielen, Geschenke kaufen
SEBASTIEN	Englisch lernen
FRAU HEINEMANN	Österreich mit meiner Familie besuchen, lachen, Spaß haben

4 *Noch einmal... Was haben Sie Sonntag gemacht?* Try a few more similar expressions:

1 Musik hören
2 Fußball spielen
3 Französisch lernen
4 im Büro arbeiten
5 ein Museum besuchen
6 eine Radtour machen

5 ▶2 *32* Turn on the tape/CD and practise using the perfect tense.

6 ▶2 *33* Now let's talk about the family. Back at her flat, Anna and Nico are looking at photographs and talking about their families. Listen and look at the two photos below. Can you guess which relative is Anna's and which one is Nico's?

NICO   *Bist du das auf dem Foto?*
ANNA   *Ja - mein kleiner Bruder und ich.*
NICO   *Du hast einen Bruder?*
ANNA   *Ja, und eine Schwester. Und du?*
NICO   *Ich habe zwei Brüder.*
ANNA   *Sind sie noch in Rumänien?*
NICO   *Ja.*

7 ▶2 *34* In Lübeck, Andrea interviewed some children about their families. She made some notes about Patrick, but they don't correspond exactly with what he said. Listen and correct them.

> Patrick : 10 Jahre alt
>
> Er hat einen Bruder, der heißt Jakob.
>
> Seine Mutter heißt Ruth.
>
> Sein Vater heißt auch Patrick.
>
> Sein Vater ist nicht Deutscher, - er ist Ire.
>
> Patrick spricht ein bißchen Englisch.

8 Many of the words to describe a family are similar in German and in English. Try to work out how to translate the following list; some have been done for you. Check any words you are not sure of in the glossary. When you have finished, try to memorise them. Note how long it takes you. Can you say them and write them accurately from memory?

GERMAN	ENGLISH
Haben Sie Geschwister?	Have you any brothers or sisters?
der Bruder (die Brüder)	
die Schwester (die Schwestern)	
Haben Sie Kinder?	Have you got any children?
das Kind	
der Sohn (die Söhne)	
die Tochter (die Töchter)	
die Eltern	parents
der Vater (die Väter)	
die Mutter (die Mütter)	
der Mann (die Männer)	husband, man
die Frau (die Frauen)	wife, woman
der Partner(-)	
die Partnerin (die Partnerinnen)	

9 Match the phrases on the left with the illustrations on the right.

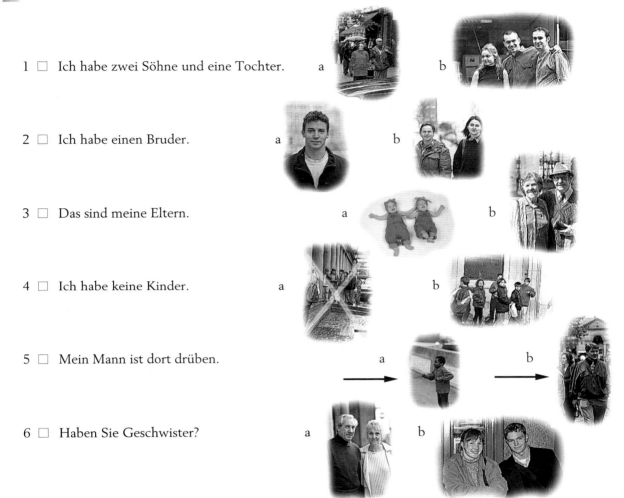

1 ☐ Ich habe zwei Söhne und eine Tochter.   a   b

2 ☐ Ich habe einen Bruder.   a   b

3 ☐ Das sind meine Eltern.   a   b

4 ☐ Ich habe keine Kinder.   a   b

5 ☐ Mein Mann ist dort drüben.   a   b

6 ☐ Haben Sie Geschwister?   a   b

10 ▶2 35 Now turn on the tape/CD and practise similar phrases.

11 ▶2 36 Now talk about the family. This is what you'll have to say:

1 Yes, one brother + two sisters
2 Yes, you've got children - two sons and one daughter
3 Sons: 11 and 13; daughter: nine
4 Your parents live in London
5 Have you got brothers and sisters?
6 What's your sister called?
7 Have you got any children?
8 How old is your son?

Quiz

1 Put the words in the right order:
Sommer/gelernt/ich/im/habe/Deutsch
2 What's the word for 'female partner'?
3 Which one is the odd one out?
   a *gesagt*   b *machen*   c *gearbeitet*
4 Somebody asks you *Haben Sie Geschwister?*
   What do you answer?
   a *Nein, ich habe keine Kinder.*
   b *Ja, eine Schwester und zwei Brüder.*

1 How would you say the following times in German?

10.30 7.50 1.45 6.05 18.15 21.40

☐ /6 POINTS

2 Fill in the gaps in the following questions.

1 .... *beginnt die Arbeit?*
   When does .... begin?
2 *Wie* .... *ist es?*
   What time .... ?
3 *Wieviel* .... *ist es?*
   What time .... ?
4 .... *wieviel* .... *treffen wir uns?*
   What time are we .... ?
5 .... *neun* .... *elf Uhr,* ....

   From .... to .... this evening.

☐ /10 POINTS

3 Anna's friend Petra has left Anna a note asking if she'd like to go shopping one day this week and out for a drink one evening. Here is Anna's reply. Will they be able to get together, and if so, when?

Petra, diese Woche habe ich nicht viel Zeit. Ich arbeite von Montag bis Donnerstag von acht bis fünf, und Freitag bis zwei Uhr. Samstag und Sonntag besuche ich meine Eltern. Ich muß Dienstag und Donnerstag abend arbeiten, Mittwoch abend spiele ich Tennis mit meiner Schwester und Freitag abend gehe ich mit Nico ins Restaurant.

☐ /2 POINTS

4 Fill in the gaps below.

1 .... hat 12 Monate.
2 Es gibt vier .... in einem Jahr.
3 September bis November - das ist
   ....
4 Ein Monat hat 30, 31 oder 28 ....
5 Eine .... hat sieben Tage.

☐ /5 POINTS

5 Match the German and the English.

1 ☐ Kann ich die   a I'd like to order.
    Speisekarte haben? b Enjoy your meal!
2 ☐ Wir möchten   c Can I have
    etwas trinken.   the menu?
3 ☐ Haben Sie noch   d We'd like
    einen Tisch frei?   something
                           to drink.
4 ☐ Schmeckt das?   e Have you got a
5 ☐ Ich möchte   table free?
    bestellen.   f Does it taste
6 ☐ Guten Appetit!   good?

☐ /6 POINTS

6 Separate out the following words, then write them out with the correct article and their translation.

fahrplanfahrkartebahnsteighauptbahnhofank
unftabfahrt

☐ /7 POINTS

7 Put the following sentences in the right order.

1 umsteigen ich wo muß?
2 fährt Zug der wann ab nächste?
3 helfen Ihnen ich kann?
4 an Bus wann der kommt?
5 aus in steigen Sie Bremen.

☐ /5 POINTS

8 Put the following verbs in the imperfect form into the gaps.

hatte   waren   warst   war   hatte

1 Ich .... letzte Woche in Amsterdam.
2 Da .... ich viel zu erledigen.
3 Sie (*they*) .... böse.
4 Frau Weiß .... einen Termin mit Herrn Koch.
5 Wo .... du um 7 Uhr?

/5 POINTS

9 Match the questions with the answers.

1 ☐ Wie gefällt dir dieses Hemd?
2 ☐ Mögen Sie klassische Musik?
3 ☐ Fahren Sie lieber mit dem Zug oder mit dem Bus?
4 ☐ Möchten Sie etwas trinken?

a Lieber mit dem EuroCity.
b Oh ja, gerne!
c Es gefällt mir gut.
d Nein, die mag ich nicht.

/4 POINTS

10 Here are some words which a) you might use when talking about your family, and b) which you would find useful in a department store. Separate them out into two lists.

Rolltreppe Sonderangebot Geschwister
Vater Kasse Sohn Parfümerie Größe
Eltern Etage Schwester
Herrenbekleidung Kinder Tochter
Erdgeschoß Bruder

/8 POINTS (1/2 each)

11 How would you say the following numbers in German?

563   928   102   497

/4 POINTS

12 In which of the sentences a–j can you find the German for the words or expressions 1–10?

1 ☐ exchange rate
2 ☐ still there
3 ☐ collect money
4 ☐ I'm sorry
5 ☐ exchange desk
6 ☐ pay by cheque
7 ☐ a favour
8 ☐ cash
9 ☐ to put through
10 ☐ speaking

a Wer ist am Apparat?
b Es tut mir leid.
c Ich möchte Geld abholen.
d Wo ist der Auslandsschalter?
e Wie ist der Kurs heute?
f Könnten Sie mich mit Nico verbinden?
g Sind Sie noch da?
h Tun Sie mir einen Gefallen?
i Kann ich mit Scheck bezahlen?
j Ich habe 100 Pfund Bargeld und 100 Pfund in Travellerschecks.

/10 POINTS

13 Answer the following questions in the perfect tense, using the prompts given in brackets.

1 Was hat Erika im Herbst gespielt? (Handball)
2 Wo hast du Deutsch gelernt? (in London)
3 Was haben die Kinder gekauft? (Schokolade)
4 Wann haben Sie Köln besucht? (im Sommer)
5 Was hat Nico gesagt? (Hallo!)
6 Wer hat telefoniert? (Ulli)
7 Was hast du gekauft? (Geschenke)
8 Was hast du gestern gemacht? (Tennis gespielt)

/8 POINTS

TOTAL   /80 POINTS

Zimmer zu vermieten

Zimmer... Wohnung zu vermieten...

Nico, Anna and Ulli are looking through *Der Kölner Stadt-Anzeiger* for some inexpensive accommodation.

Lernpunkte

Understanding small ads for accommodation

Enquiring about a bedsit

Talking about family relationships

Understanding and saying dates

Möblierte Vermietungen

Möbliertes Zimmer

Seperates möbliertes Zimmer in Pößneck, gute Wohnlage (5 min. Fußweg zum Stadtzentrum) zu vermieten, Zentralheizung, Kühlschrank, Fernseher, fließend warm u. kaltes Wasser. Anfragen bitte an Baumbach oder Landgraf ab 17.00 Uhr

Von Privat
Vermiete in Eisenach möbl. 1-R.-Whg m. TV/SAT, ab 400,- DM incl. aller NK.

ZIMMER, 30 m², Köln Zentrum - 600 Mark kalt,Tel. 31 77 44 (abends).
ZIMMER, 22 m², zu vermieten, 250 Mark,Tel. (0221) 46 39 41.
2-ZIMMER-WOHNUNG, 63 m², 790 Mark - warm, Tel. (0221) 92 34 78.

Möblierte Mietgesuche

1-2 Zi. App./-Whg. teilmöbl./möbl. mit integrierter Kü. bzw.

Günstige Neubau-Eigentumswohnungen
in Schleiz zu erwerben, 60-80 m², 180.000 - 240.000 DM. Erstbezug Herbst '95. Zuschr. u. T21-Z-22137, an die Gesch.-st. d. Zeitung

Erfurt, Wohnungen für Anspruchsvolle, Erstbezug, Schweriner Str. 23, 2-Zi.-Whg., 63 m², 950,- + NK, 2-Zi.-Whg., 66,5 m², 1000,- + NK, von Priv.
Erfurt, 2-Zi.-Whg., 50 m², 165 000,- u. 2-Zi.-Whg., 71 m², 180 000,-, in ruhiger Stadtlage, sehr schön renov., v. Priv.

Ländliche Anwesen

Kl. Bauernhaus, Nähe Probstzella zu verk. o. zu vermieten. Zuschr. unt. T20-A-69792 an die Gesch.-Stelle dieser Zeitung.

Verkaufe 4-Seiten-Hof mit
1400 m² Grundstück im Kr. Schmölln. Zuschr. u. 84-A-62101 a d GST d Ztg

---

1 Read the ads for accommodation that Nico has found. Then look at the words below. Can you match the German with the English equivalent?

1 das Zimmer   a ☐ warm (heating costs included)
2 kalt   b ☐ flat
3 zu vermieten   c ☐ room
4 die Wohnung   d ☐ cold (heating costs not included)
5 warm   e ☐ to let

Enquiring about a bedsit:

Having found some interesting ads, as Nico did, you need to follow these up with a phone call. Here are some useful phrases when enquiring about a bedsit:

Ich suche ein Zimmer.	I'm looking for a room.
Ist das Zimmer noch frei?	Is the room still available?
Was kostet das Zimmer?	How much is the room?
Wie groß ist das Zimmer?	How big is the room?
Wann könnte ich das Zimmer sehen?	When could I see the room?
Wie ist Ihre Adresse?	What is your address?

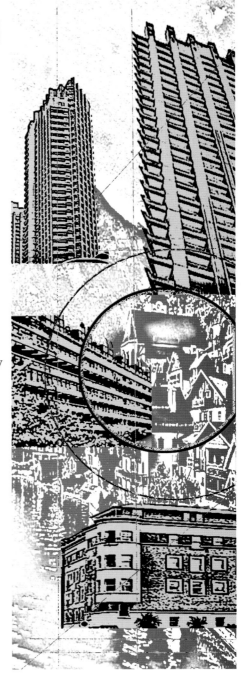

2 ▶2 *37* **Listen to Anna's telephone enquiry for Nico about the second advertisement. Then answer the questions below.**

Ich rufe wegen des Zimmers an.   I'm calling about the room.

1 What sort of accommodation is she inquiring about?
2 Is it still available?
3 What is she arranging and when?
4 What is the address?

3 ▶2 *38* **Now listen to Uwe Bayer making a telephone enquiry about accommodation. Then tick the right statements below.**

1 Uwe sucht...
 a ☐ ein Zimmer.
 b ☐ eine Wohnung.

2 Das Zimmer ist...
 a ☐ 36 qm groß.
 b ☐ 63 qm groß.

3 Es kostet 495 Mark im Monat...
 a ☐ kalt.
 b ☐ warm.

4 Er kann das Zimmer...
 a ☐ heute abend um 20 Uhr sehen.
 b ☐ morgen abend um 22 Uhr sehen.

5 Die Adresse ist...
 a ☐ Maystraße 2.
 b ☐ Goldstraße 3.

6 Das Zimmer ist im...
 a ☐ zweiten Stock.
 b ☐ ersten Stock.

4 ▶2 *39* **Now turn on the tape/CD and practise asking these and similar questions.**

Wissenswert!

There is a housing shortage in Germany, although house-building has increased steadily since 1989. People who live with friends or relatives, in bed and breakfast accommodation, emergency shelters and asylums are classified as homeless, as well as those on the streets.

The reasons for the housing shortage include the sharp increase in Germany's population by about four million people between 1988 and 1993.

5 ▶2 40 Over dinner, Nico and Anna talk about themselves and their families. Before you listen, read the phrases and the activity below. Try to work out if each of the statements is *richtig* (R) or *falsch* (F). Listen as many times as you like to identify and check the right answers.

das muß ich mir merken	I must make a note of that
ich bin geboren	I was born (lit. 'I am born')
aufwachsen	to grow up
auf dem Land	in the country
das Dorf(¨er)	village
die Mitte(-n)	middle
zur Schule gehen	to go to school
in die Stadt fahren	to go into town

	R	F
1 Nico hat zwei Brüder - sie sind 24 und 17 Jahre alt.	☐	☐
2 Er ist 23 Jahre alt.	☐	☐
3 Nico hat am 12. Juli Geburtstag.	☐	☐
4 Anna ist am 4. September geboren.	☐	☐
5 Nico und Anna sind in der Stadt groß geworden.	☐	☐
6 Die Stadt gefällt Anna besser.	☐	☐
7 Nico ist mit dem Bus zur Schule gefahren.	☐	☐
8 Anna ist mit dem Zug zur Schule gefahren.	☐	☐

SPRACHTIP

Some verbs use *sein* in the past tense and not *haben*, often those verbs expressing exchange of place or state: 'to go', 'to come', 'to travel' etc.

part of *sein* + ge..........en (past participle)

ich bin	geboren
du bist	gefahren
wir sind	gegangen

Note also:

haben	+ ge..........en
ich habe	gesprochen

Watch out for similar verbs in the past tense. (See page 171-2 for more information.)

Different ways of expressing birthdays:

Wann ist Ihr/ dein Geburtstag?	When is your birthday?
Wann bist du geboren?	When were you born?
Mein Geburtstag ist am zwölften Juli.	My birthday is on the twelfth of July.
Ich bin am zwölften Juli geboren.	I was born on the twelfth of July.

6 Complete Anna's mini-biography with the words below.

gefahren Geburtstag mein geboren
habe geworden Schwester bin

Ich bin im Winter .... Mein
.... ist am 4. Dezember. Ich ....
24 Jahre alt. Ich .... einen Bruder und
eine Schwester. .... Bruder ist 27
Jahre alt, und meine .... ist 29 Jahre
alt. Ich bin auf dem Land groß ....
Ich bin jeden Tag mit dem Bus zur
Schule ....

7 ▶2 41 Turn on the tape/CD and practise these and similar phrases.

8 ▶2 42 Now it's your turn. Here is an outline script for the interview you're about to take part in. On this occasion prepare what to say, then play the part written for you. Afterwards, you might like to work out what you would really say in the same situation to describe yourself.

geboren?	am 10. Februar
wie alt?	32
Geschwister?	1 Bruder, 1 Schwester
wie alt?	mein Bruder 29, meine Schwester 34
groß geworden?	in der Stadt

Quiz

1 You read in an advertisement:
   Zimmer zu vermieten, 340, - DM warm.
   What does *warm* refer to?
2 You want to enquire whether the room is still available. What do you say?
3 Which is the odd one out?
   gemacht gelacht gesehen gesagt gefragt
4 How would you say
   'I was born on 15th November'?
5 Tell your friend that you have two brothers and one sister.

Ich zeig' Ihnen mal das Haus

episode 14

Hallo Georg. Das ist mein Kollege Nicolai Antonescu.

Freut mich! Kommt rein!

Ulli introduces Nico to his friend, Georg, who
has offered Nico accommodation in his
family home.

Also, dies ist unser Wohnzimmer... Hier ist die Küche.

Nico is impressed with the spacious
house and the friendly atmosphere.

1 Study the plan of Georg's house below and
opposite. Then fill in the missing rooms on
the plan in the list opposite.
Write your answer.

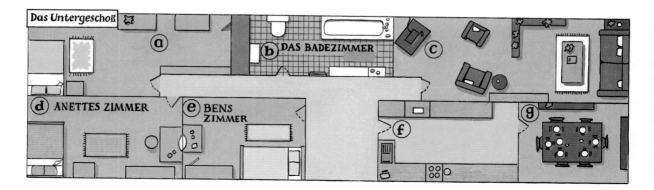

Das Untergeschoß

(a)

(b) DAS BADEZIMMER

(c)

(d) ANETTES ZIMMER

(e) BENS ZIMMER

(f)

(g)

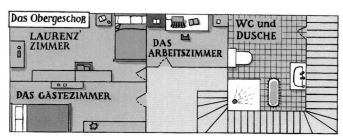

Das Obergeschoß		
LAURENZ' ZIMMER	DAS ARBEITSZIMMER	WC und DUSCHE
DAS GÄSTEZIMMER		

das Erdgeschoß: — **the ground floor:**

a .... bedroom
b das Badezimmer — bathroom
c .... living room
d Annettes Zimmer — daughter's room
e das Zimmer
  von Ben — son's room
f .... kitchen
g das Eßzimmer — dining room

das Obergeschoß: — **the first floor:**

Laurenz' Zimmer — 2nd son's room
das Gästezimmer — guest room
das Arbeitszimmer — study
WC und Dusche — toilet/shower room

2 Now revise all the names for the different rooms in Georg's house by completing the word list.

1 das Arbeitszimmer — study
2 .... — dining room
3 das Gästezimmer
4 die Küche — kitchen
5 das Bad(ezimmer) — ....
6 .... — bedroom
7 .... — WC and shower
8 das Wohnzimmer — ....

3 ▶2 43 Listen to Georg showing his guests round the ground floor of his house. Tick all the rooms which Georg shows them on the plan. There is one room which he doesn't show them. Write it down.

---

zeigen	to show
tagsüber	during the day
das Frühstück(-e)	breakfast
losgehen (sep.)	to start
schlafen	to sleep

GEORG *Ich zeig' Ihnen mal das Haus. Also, dies hier ist unser Wohnzimmer. Hier spielen die Kinder tagsüber und abends sitzen wir hier und lesen und hören Musik. Hier ist die Küche.*

NICO *Schön!*

GEORG *Hier essen wir auch. Schon um sieben Uhr geht es mit Frühstück los!*

NICO *Sehr früh!*

GEORG *Richtig! So, hier sind unsere Schlafzimmer - Marlene und ich schlafen da. Hier ist die Toilette, das Badezimmer, hier schläft Annette. Das ist Bens Zimmer.*

4 Match each room with its correct description.

1 das Schlafzimmer a ☐ Abends sitzen wir hier und lesen.
2 das Wohnzimmer b ☐ Hier essen wir. Um sieben Uhr geht es mit dem Frühstück los.
3 die Küche c ☐ Da schlafen wir.

5 ▶2 43 Now listen to Georg showing Nico the first-floor rooms. Then read the statements below. Are they *richtig* (R) or *falsch* (F)?

höher	higher
ein schönes Zimmer	nice room
die Miete(-n)	rent

                R F

1 Nicos Zimmer ist eine Etage höher. ☐ ☐
2 Nicos Zimmer ist das Arbeitszimmer. ☐ ☐
3 Die Miete kostet 200 Mark. ☐ ☐
4 Die Miete ist mit Heizung. ☐ ☐
5 Das Zimmer gefällt Nico nicht. ☐ ☐

Here are some useful phrases to describe your house or flat:

Ich habe	ein	Haus. Einfamilienhaus. Doppelhaus. Apartment.	I have a	house. detached house. semi-detached. studio flat.
	eine	(Miet)Wohnung.		(rented) flat.

Ich wohne	in einem	Haus. Einfamilienhaus. Doppelhaus. Apartment.	I live in a...
	in einer	(Miet)Wohnung.	

Mein Haus/Meine Wohnung	hat	vier Zimmer. 40 qm.
	ist	40 qm groß. (nicht) sehr groß.

Ich habe	einen (keinen)	Garten. Balkon.	I (don't) have	a garden. a balcony.

And how to ask about someone else's house or flat:

Haben Sie	ein	Haus oder eine Wohnung?
Wohnen Sie	in einem	Haus oder in einer Wohnung?

Wie viele Zimmer hat Ihr Haus/Ihre Wohnung?   How many rooms does your
                                              house/flat have?

Wie groß ist Ihr Haus/Ihre Wohnung?   How big is your house/flat?
Haben Sie die Wohnung gemietet oder gekauft?   Have you rented or bought the flat?

6 ►2 44 Now turn on the tape/CD and practise these and similar phrases.

7 ►2 45 Practise listening for gist. Whilst in Lübeck, Andrea has interviewed three people about their homes. First read the three statements below, then listen to the three interviews and decide which statement 1–3 belongs to whom.

1 Mein Apartment ist sehr klein. Ich habe einen Balkon.
2 Ich habe keinen Garten. Meine Wohnung hat zweieinhalb Zimmer.
3 Mein Haus ist sehr groß – ich habe viele Zimmer.

a ☐ Interview 1
b ☐ Interview 2
c ☐ Interview 3

Wissenswert!

In Germany, you don't refer to the number of bedrooms in flats and houses, but to square meters of floor space or by the total number of rooms (excluding the kitchen and bathroom). The majority of people live in rented accommodation. Only 39% live in their own house or flat, compared to countries like France (55%), Great Britain (60%) and the United States (64%). Whilst people might be keen to own their own home, renting is cheaper and more flexible. Obtaining a mortgage in Germany is still complicated and house prices are high.

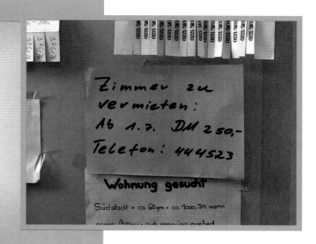

8 ▶2 45 This time, try to listen out for more detailed information in each of the interviews. Look at the grid below to help you and make brief notes as you listen. Listen again to confirm that you have understood all the details.

	Haus	Wohnung (Apartment)	Wie groß?	Wie viele Zimmer?	gekauft	gemietet	Garten	Balkon
1								
2								
3								

9 ▶2 46 Using your notes from activity 8, try to play the part of each of the people interviewed. The questions are on tape/CD, and the first one is written out below.

1   Wohnen Sie in einem Haus oder in einer Wohnung?
    (Ich wohne) in einer Wohnung.
    Wie viele Zimmer hat Ihre Wohnung?
    (Meine Wohnung hat) zweieinhalb Zimmer.
    Haben Sie auch Bad und Küche?
    (Ja, ich habe auch Bad und Küche.)
    Haben Sie einen Garten?
    (Nein, ich habe) keinen Garten.

2   ....

3   ....

Quiz

1   *Meine Wohnung hat vier Zimmer.* That means:
    a   four bedrooms.
    b   four rooms altogether.
    c   four rooms (excluding bath and kitchen).
2   How do you say, 'I have bought my flat'?
3   *Dort spielen die Kinder, und wir hören abends Musik.* Which room is being described?
4   In Germany, the majority of people own their house or flat. True or false?

Waren Sie schon mal in Amsterdam?

Das ist nicht meine Tasche.

Pech! Wir haben alles auf Video.

As Nico hands over the parcel to Mr X, two detectives arrest them and Frau Weiß records it all on film.

Lernpunkte

Talking about where you've been and what you have done

Describing things

Asking questions

Practising more telephone language

Und dann?

Dann hat mir eine junge Frau das Paket gegeben. Und dann bin ich zurückgekommen.

At the police station, Nico has to recount what happened when he went to Amsterdam.

Ich möchte ein Taxi bestellen.

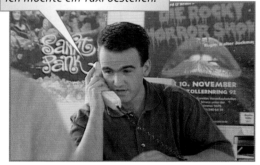

Back at work, Nico has to carry on with his usual routine as a *Volontär*. He orders a taxi for Frau Weiß, then sends a fax for Ulli.

---

1 ▶2 47 Listen to Nico being interviewed at the police station. Then answer the questions below.

genau exactly
geben (gegeben) to give (given)
zurückkommen (sep.) to come back

1 When did he go to Amsterdam?
2 Who gave him the parcel?
3 How many times has he been there?

2 ▶2 47 Now listen again and then read the statements below. Are they *richtig* (R) or *falsch* (F)?

	R	F
1 Nico ist mit dem Bus gefahren.	☐	☐
2 Er war in der Kneipe.	☐	☐
3 Ein junger Mann hat ihm das Paket gegeben.	☐	☐
4 Dann ist er zurückgekommen.	☐	☐
5 Er war schon dreimal in Amsterdam.	☐	☐

3 ▶2 *48* Listen to Andrea's interview with Frau Witt in Lübeck about how she spent her last free weekend. Then look at the pictures and tick those which apply to Frau Witt.

ein schönes Wochenende   a nice weekend
die Landschaft(-en)   countryside

1 ☐   4 ☐

2 ☐   5 ☐

3 ☐   6 ☐

● SPRACHTIP

Words like *schön (ein schönes Wochenende)* are called adjectives; they describe a noun. Compare the following endings:

die junge Frau   *der große Mann*   *das schöne Wochenende*
eine junge Frau   *ein großer Mann**   *ein schönes* Wochenende*
But:
Die Frau war jung. Der Mann ist groß.   Das Wochenende war schön.

When the adjective is separated form the noun, there is no ending. But when it sits between *ein/eine/ein* or *die/der/das* and the noun, it usually adds an *-e*. (*Other changes can be made to the spelling, too. (See page 166/167 in the grammar section.)

4 Fill in the gaps, adding the correct adjective endings where appropriate.

MODELL Die .... Frau heißt Frau Kos. (alt)
     Die alte Frau heißt Frau Kos.

1 Anna ist .... (nett)
2 Das .... Café "Die Schwarze Tulpe" ist in Amsterdam. (billig)
3 Amsterdam war .... (schön)
4 Der .... Film gefällt mir. (neu)

5 Das Programm von Deutsch Plus ist .... (aktuell)
6 Der .... Zug nach Amsterdam fährt von Gleis 11. (schnell)
7 Mir gefällt .... Musik. (klassisch)

Wissenswert!

Rügen with its 570 kms of coastline, its long stretches of sandy beaches, picturesque fishing villages and the steep chalk cliffs is Germany's largest island. It is north-east of Mecklenburg-Vorpommern in the Baltic Sea. Since Rügen was part of the former German Democratic Republic (East Germany), you'll find that the prices in many of the seaside resorts are still quite reasonable. Travelling on the Intercity from Hamburg takes just over 4 hours.

5 Choose the correct words to complete each phrase from the interview with Frau Witt. (You could listen to the interview again.)

1 Was haben Sie
2 Wir waren
3 Dort haben wir ein schönes Wochenende
4 Wir sind auf Rügen
5 Wir haben auch
6 Wir sind
7 Es war

a ☐ umhergefahren.
b ☐ ein schönes Wochenende.
c ☐ gewandert.
d ☐ am Wochenende gemacht?
e ☐ auf Rügen.
f ☐ verbracht.
g ☐ die Landschaft angeschaut.

6 You are the person interviewed in the dialogue. You wrote a postcard to a friend, but it rained and the writing got smudged. Copy it out, filling in the smudged bits.

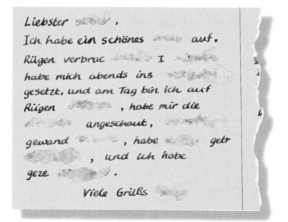

Liebster ~~~~,
Ich habe ein schönes ~~~~ auf.
Rügen verbrac ~~~~ I ~~~~
habe mich abends ins ~~~~
gesetzt, und am Tag bin ich auf
Rügen ~~~~, habe mir die
~~~~ angeschaut, ~~~~
gewand ~~~~, habe ~~~~ getr
~~~~, und ich habe
geze ~~~~.
        Viele Grüße ~~~~

7 ▶2 49 Now it's your turn to talk about where you've been and what you've done. You are being interviewed for local TV about what you've been doing as a tourist in Lübeck. Prepare your answers using the information below.

1 You've already been here three times.
2 You have spent a week in Lübeck.
3 You have been camping.
4 You have been hiking.
5 You have had a lot of fun.

SPRACHTIP

Asking questions: a summary

1 A sentence or a statement can be turned into a question using the appropriate intonation:

Sie kommen morgen?
Sie kommen morgen, nicht wahr?

2 If there is no question word such as *wo?* or *wann?*, the verb goes at the beginning of the sentence:

Waren Sie schon mal in Amsterdam?
Kannst du zum Telefax gehen?
Bist du krank?

3 If there is a question word, it goes before the verb:

Wann waren Sie in Amsterdam?

8 Here are some useful question words. Can you match the German with the English equivalent?

1 ☐ Wann sind Sie geboren?		a	Where... from?
2 ☐ Warum lernen Sie Deutsch?		b	Where?
3 ☐ Wer ist das?		c	How much?
4 ☐ Was haben Sie gemacht?		d	When?
5 ☐ Wie geht es dir?		e	Why?
6 ☐ Wie ist die Nummer?		f	Who?
7 ☐ Wieviel kostet das?		g	Where (to)?
8 ☐ Wo waren Sie in Amsterdam?		h	What?
9 ☐ Woher kommen Sie?		i	How?
10 ☐ Wohin fahren Sie?		j	What?

● LERNTIP

To try to learn new words and expressions, cover up the German or the English and see what you can remember.

9 Choose the right question word to complete the questions.

1 _____ ist Feierabend?
Feierabend ist um 4 Uhr.
2 _____ alt bist du?
Ich bin 10 Jahre alt.
3 _____ fahren Sie am Wochenende?
Wir fahren nach München.
4 _____ sind Sie?
Ich bin Frau Schneider.

10 Here are the answers. What were the questions?

1 Ich komme aus der Schweiz.
2 Wir trinken Tee.
3 Es ist acht Uhr.
4 Das ist meine Schwester.
5 Mir geht es gut.

11 ▶2 50 Listen as Frau Weiß asks Nico to make a phone call for her. Can you follow their conversation and Nico's phone call? Test your listening skills. Note how many times you need to listen to the conversation before you can complete the exercise below. Then go back over the tapescript and check you understand it all.

FRAU WEISS   So, Herr Antonescu, bestellen Sie mir bitte ein Taxi für ein Uhr.
NICO   Ein Taxi. Wie _____ ich ein Taxi?
ANNA   Ruf' die Taxizentrale _____.
NICO   Wie ist die _____ ?
FRAU WEISS   Schauen Sie doch ins _____, Herr Antonescu!
NICO   Hallo. Ich _____ ein Taxi bestellen. Deutschland Plus. Um _____ Uhr. _____ Frau Weiß. Danke.

12 ▶2 51 Now it's your turn to order a taxi. Study the prompts below before you turn on the tape/CD.

1 Ask for the telephone number.
2 Say you'd like to order a taxi.
3 In front of the station.
4 7 o'clock.
5 To the theatre.
6 Thank you and goodbye.

Quiz

1 Unjumble the following questions:
  a Fußball/wahr/Sie/gespielt/haben/nicht?
  b Sie/Taxi/haben/wann/ein/möchten?
  c September/gefahren/wohin/Sie/sind/im?
2 *Richtig oder Falsch?*
  a *Rügen ist eine Nordseeinsel.*
  b *Sie ist die größte deutsche Insel.*
  c *Man kann Rügen von Hamburg in vier Stunden erreichen.*

Ich muß zum Zahnarzt gehen

Lernpunkte

Talking about what you must do, can do and want to do

Making an appointment at the dentist's

Saying what's wrong with you...

...and asking the same of others

episode 16

> Dann mußt du zum Zahnarzt.

> Ich habe furchtbare Zahnschmerzen.

Anna has terrible toothache and Ulli insists that she make an appointment to go to the dentist's.

> Wir müssen hunderttausend Mark einsparen. Notieren Sie das bitte, Herr Antonescu.

Nico has to take notes during a meeting because Anna is at the dentist's.

> Was ist denn los, Nico?

> Komm rein - schnell!

On his way home with Anna, Nico is horrified to see the man from the Rheinpark...

---

1 ▶2 52 Anna has terrible toothache. Ulli asks her 'What's the matter?' *(Was ist los?)* and wonders if she is ill *(Bist du krank?)*. Before you listen to her conversations with Ulli and then the dentist, read the sentences a–f. As you listen, number them in the order you hear them. The first one is done for you. Then listen again to check.

a ☐ Aber ich will nicht zum Zahnarzt.

b ☐ Haben Sie einen Termin frei?

c ☐ Um zwölf Uhr?

d ☐ Ich habe Angst vor dem Zahnarzt.

e 1 Aber ich habe Zahnschmerzen - furchtbare Zahnschmerzen.

f ☐ Ja, guten Morgen, Daniels am Apparat.

2 ▶2 52 Now match each of the German sentences a–f with its English equivalent below. The first one is done for you. After that, listen again to check your answers.

ⓔ But I've got toothache, terrible toothache.

☐ Yes, good morning, this is Frau Daniels speaking.

☐ But I don't want to go to the dentist's.

☐ Have you got an appointment free?

☐ At 12 o'clock?

☐ I'm scared of going to the dentist's.

3 Complete the gaps with either *muß* (must) or *will* (wants to).

1 Anna .... zum Zahnarzt - sie hat Zahnschmerzen.

2 Aber sie hat Angst - sie .... nicht zum Zahnarzt gehen.

3 Ulli sagt, sie .... sofort einen Termin machen.

4 Sie .... Herrn Steffens sehen.

5 Anna .... um 12 Uhr beim Zahnarzt sein.

4 ▶2 53 Now it's your turn to make an appointment at the dentist's. In our story, Nico practises modal verbs. First, look at Nico's computer graphics which show how to use them. Can you complete the phrase?

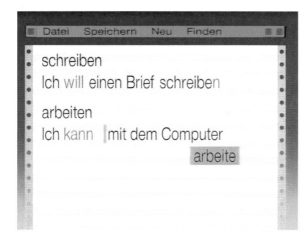

SPRACHTIP

Modal verbs: a summary

ich muß	I must	müssen	to have to
ich kann	I can	können	to be able to
ich mag	I like	mögen	to like
ich darf	I may	dürfen	to be allowed to
ich soll	I should	sollen	to be to
ich will	I want	wollen	to want to

Remember that when modal verbs are used together with another verb, they push the second verb to the end of the sentence.

5 *Und jetzt Sie!* Now you try. Put these sentences in the right order. They will tell us quite a lot about Nico's day!

MODELL Hause will gehen er nach.
Er will nach Hause gehen.

1 Taxi er bestellen ein soll.

2 Notizen muß machen er.

3 Anna Waffeln will mit essen er.

4 Kaffee soll holen er.

5 zur gehen er Bank muß.

6 arbeiten mit er Computer kann dem.

7 will nach gehen er Hause früh.

8 Akten Frau bringen er muß zu Weiß.

6 Nico has made a note of some of the things that he expects to do during the day. He wants to do some things, but some things he will have to do. Rewrite his notes with the appropriate modal verb from the list below. Watch out! One of the verbs used is irregular, and two are separable verbs.

müssen   wollen   können

MODELL Ich mache einen Termin.
Ich muß einen Termin machen.

1 Ich trinke eine Tasse Kaffee.

2 Ich esse in der Kantine zu Mittag.

3 Ich stehe um 7 Uhr auf.

4 Ich gehe mit Anna in die Kneipe.

5 Ich helfe Elke im Videoraum.

6 Ich bin um 8 Uhr im Büro.

7 If you are feeling ill, you need to describe your symptoms to the doctor. Look at the illustration below and fill in the labels.

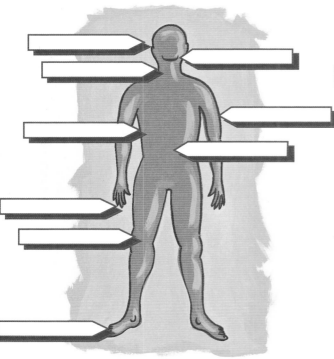

1 *der Kopf(÷ e)* head
2 *der Hals(÷ e)* throat, neck
3 *der Zahn(÷ e)* tooth
4 *der Arm(-e)*
5 *der Finger(-)*
6 *der Rücken(-)* back
7 *das Bein(-e)* leg
8 *der Fuß(÷ e)*
9 *der Bauch(÷ e)* stomach

Saying what's wrong with you:

Ich habe (einen) Schnupfen.	I've got a cold (headcold).
Ich bin erkältet.	I've got a cold/chill.
Ich habe eine Erkältung.	
Ich habe (die) Grippe.	I've got flu.
Ich habe Fieber.	I've got a temperature.

● Schmerzen (plural) and weh (singular) both indicate pain:

Es tut weh.	It hurts.
Mein Finger tut weh.	My finger hurts.
Meine Ohren tun weh.	My ears hurt.
Ich habe Halsschmerzen.	I've got a sore throat.

Asking someone what's wrong with them:

Was ist los?	What's the matter?
Was fehlt Ihnen?	What's wrong?
Wo tut es weh?	Where does it hurt?
Haben Sie Fieber?	Have you got a temperature?

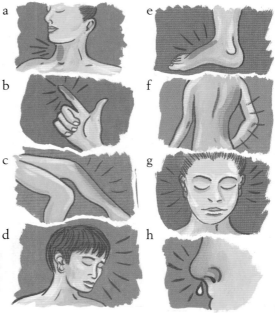

1 ☐ Ich habe Grippe.
2 ☐ Mein Fuß tut weh.
3 ☐ Mein Kopf tut weh.
4 ☐ Mein Bein tut weh.
5 ☐ Ich habe Rückenschmerzen.
6 ☐ Mein Finger tut weh.
7 ☐ Ich habe Halsschmerzen.
8 ☐ Ich habe Ohrenschmerzen.

8 ▶2 54 *Wo tut es weh?* Now listen to some patients describing their symptoms. Look at the illustrations above. Which picture goes with which phrase? Join them up as you hear them.

Wissenswert!

In cases of acute illness or emergencies, medical treatment is given free at doctors' surgeries and hospitals upon presentation of the E111 form which you should take with you (it is normally available from your local post office.) Germans need to take their *Versichertenkarte*, a small plastic card which proves they are a member of the national health insurance scheme (*die Krankenkasse*).

9 ▶2 55 Now turn on the tape/CD and practise saying some of these expressions.

10 ▶2 56 Andrea is making an appointment at the doctor's. Listen to the conversation and decide if the sentences below are *richtig* (R) or *falsch* (F).

der Arzt(-̈e), der Doktor	the doctor
die Arzthelferin(-nen)	doctor's assistant
(einen Termin) vereinbaren	to make (an appointment)
die Untersuchung(-en)	examination, check-up
der Behandler(-)	doctor
die Behandlung(-en)	treatment
die Versicherung(-en)	insurance
privatversichert	insured privately

                   R   F

1 Andrea will einen Termin beim Arzt vereinbaren. ☐ ☐
2 Sie hat Schmerzen. ☐ ☐
3 Es ist eine Kontrolluntersuchung. ☐ ☐
4 Der Termin ist am Montag, den 14. Dezember. ☐ ☐
5 Sie muß um 16.30 Uhr beim Arzt sein. ☐ ☐

11 ▶2 56 Fill in the card *die Arzthelferin* completes as she talks to Andrea.

Herr Doktor Rudolf Henkel	☐
Herr Doktor Hans König	☐
Herr Doktor Anton Berger	☐
Kontrolluntersuchung? (ja)	☐
(nein)	☐
privatversichert? (ja)	☐
(nein)	☐
Name:	
Termin:	

12 ▶2 57 You've been taken ill whilst in Germany and decide to phone the doctor for an appointment. Prepare what you are going to say using the phrases below, then turn on the tape/CD and have a go.

1 Have you got an appointment free?
2 I have flu.
3 My head hurts.
4 And I have a terrible sore throat.
5 With Dr. Schumann.
6 This afternoon at quarter to five? Good.

Quiz

1 Unravel the scarf to sort out different questions.

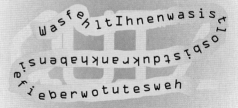

2 Find the odd one out.
   a *Ich habe Kopfschmerzen.*
   b *Ich habe Versicherung.*
   c *Mein Hals tut weh.*
   d *Ich habe Grippe.*

Wir finden Sport sehr wichtig

Lernpunkte

Talking about the sports you play and watch

Asking what sports others play and watch

Saying how often you do something

Making comparisons

Nico moves into his new digs. But the man in the BMW is following him...

Wir finden Sport sehr wichtig.

Pah! Joggen ist so langweilig!

Later, Nico and the others talk about the sports they like.

Ich liebe dich.

The next day, Nico meets Anna outside the tennis club and they go swimming. Afterwards, Nico tells Anna he loves her.

1 Nico and Anna like swimming. Here are some of Germany's most popular sports. Which do you think are the most popular? And are they the ones you would expect?

Sportarten

Fußball		Skisport	
Turnen		Schwimmen	
Tennis		Reiten	
Leichtathletik		Jogging/Joggen	
Tischtennis		Radfahren	

Talking about the sports you play:

Ich spiele	Fußball. Tennis.	I play	football. tennis.
Ich mache	Leichtathletik.	I do	athletics.
Ich fahre	Ski.	I ski.	
Ich fahre	Rad.	I cycle.	
Ich schwimme.		I swim.	
Ich reite.		I ride.	

Ich mache / treibe	Sport.	I do sport.
Ich mache	viel	Sport.	I do a lot of sport.
Ich treibe	keinen	Sport.	I don't do any sport.

And how to ask others which sports they play:

Machst	du		
Machen	Sie		
Treibst	du	Sport?	Do you do any sport?
Treiben	Sie		

		machst du?	Which sport
Welchen	Sport	machen Sie?	do you do?
Was für	Sport	treibst du?	What kind of
		treiben Sie?	sport do you do?

2 ▶3 1 Listen to two people from Mainz talking about the sports they play. How many sports does Ralf mention? And which sport does Herr Schulz do?

3 ▶3 2 Nico and his friends are talking about sports. First, read the sentences below. Then listen and decide if the sentences are *richtig* (R) or *falsch* (F). Correct the ones that are false, then listen again to check your answers.

	R	F
1 Marlene will nie Sport machen.	☐	☐
2 Sie findet nie genug Zeit.	☐	☐
3 Georg geht jeden Morgen joggen.	☐	☐
4 Die Kinder fahren Rad, sie schwimmen und spielen Fußball.	☐	☐
5 Nico mag Fußball nicht.	☐	☐

How to say how often you do something:

dreimal die Woche	three times a week
jeden Morgen/Tag/	every morning/day/
jede Woche/jedes Jahr	week/year
zwei Stunden am Tag	two hours a day

4 Here are some more phrases indicating how often you do things. Can you match up the German with the English translation?

1 einmal am Tag	a ☐ only at the weekend
2 nur am Wochenende	b ☐ once a month
3 zweimal in der/ die Woche	c ☐ three times a year
4 einmal im Monat	d ☐ one and a half hours
5 dreimal im Jahr	e ☐ once a day
6 eineinhalb Stunden	f ☐ twice a week

5 ▶3 3 Now listen to three students at Mainz University. How often do they play sport? Complete the sentences.

der Verein	
der Verband/der Klub	club
die Mannschaft	team
das Mitglied	member
trainieren	to train

1 Katrin macht .... die Woche Sport.
2 Katya macht .... die Woche Sport.
3 Ralf macht .... die Woche Sport.

6 ▶3 3 Now listen again for more details and complete the sentences below.

1 Katrin ist Mitglied in einem ....klub und in einem Tennis ....
2 Katya macht dienstags, ..., donnerstags und freitags Sport.
3 Sie macht eineinhalb .... Sport.
4 Ralf ist in einem ....
5 Er spielt ....

7 *Wie oft in der Woche treibst du Sport?*
Work out how you would say the following.

1 Every day.   4 Five hours a day.
2 Once a week.   5 Four times a year.
3 Every two days. 6 Only twice a month.

8 ▶3 4 Now listen to Andrea's friends, Ina
and Susanna, talking about which sports
they prefer. Then read the questions below.
Are they *richtig* (R) or *falsch* (F)?

lieber	rather
mehr	more
besser	better

	R	F
1 Susanna spielt gern Tennis.	☐	☐
2 Ina spielt lieber Fußball - Tennis ist langweiliger.	☐	☐
3 Ina macht zweimal die Woche Sport.	☐	☐
4 Sie ist Mitglied in einem Verein.	☐	☐
5 Susanna ist auch in einem Verein.	☐	☐
6 Sie spielt jeden Abend um acht Uhr Tennis.	☐	☐
7 Sie spielt mit ihrer Kollegin Sandra.	☐	☐
8 Sandra spielt besser Tennis.	☐	☐

9 Look at the *Sprachtip* to work out the
correct comparatives. Then fill in the gaps.

MODELL   Du wanderst? Jogging ist ....
         (gesund)!
         Du wanderst? Jogging ist gesünder!

1 Ich fahre dieses Jahr .... (gut) Ski - ich
  habe viel trainiert.
2 Mein Fußball war .... (billig), aber
  dein Fußball ist .... (schön).
3 Anna und Elke spielen .... (gern)
  Tennis, aber Elke spielt .... (gut).
4 Ich trainiere im Verein - das ist ....
  (lustig). Ich trainiere dreimal die Woche.
5 Unsere Kinder machen .... (viel) Sport
  - sie sind .... (jung).
6 Die Leute in diesem Verein sind ....
  (nett) - ich bin hier .... (gern).

When you want to make comparisons in
German, you can say the following:

gut ➔ *besser:*
Ich fahre gut Ski.   *Ich fahre besser Rad.*
gern ➔ *lieber:*
Ich reite gern.   *Ich schwimme lieber.*
viel ➔ *mehr:*
Ich spiele viel Tennis. *Ich spiele mehr Fußball.*

Otherwise, you usually just add *-er* to the end
of the adjective (the word describing the
nouns):

Tennis ist anstrengend.
Tennis is exhausting.
Fußball ist anstrengender.
Football is more exhausting.

Some adjectives add an *Umlaut* in their
comparative form:

alt	➝	*älter*	old	➝	older
stark	➝	*stärker*	strong	➝	stronger
oft	➝	*öfter*	often	➝	more often

10 Now you can translate the sentences from
activity 9 into English.

11 ▶3 5 Turn on the tape/CD and practise
these and similar phrases.

12 ▶3 6 Listen to Katya and Katrin talking about the sports they like to watch on TV, and Germans' favourite sports. Then fill in the gaps with the words below.

> guckt Fußball Sportart Tennis
> Leichtathletik Volleyball Frauen gern

angucken (sep.)	to watch
am liebsten	most
fernsehen (sep.)	to watch TV
beliebteste	favourite
anschauen (sep.)	to watch

Katya guckt sich .... Sport im Fernsehen an. Am liebsten guckt sie .... und manchmal Handball. Sie sagt: "Die beliebteste .... der Deutschen ist Fußball und ...." Katrin .... auch Sportsendungen im Fernsehen - am liebsten sieht sie ...., Tennis und Fußball. "Die beliebteste Sportart der deutschen Männer ist .... - und die beliebteste Sportart der .... ist Tennis", sagt sie.

13 ▶3 7 Now Andrea's friend, Thomas, talks about sport. First, read the questions below. Then listen and answer them in German.

am meisten	the most
die Möglichkeit(-en)	opportunity
das Motorradrennen(-)	motorcycle race
denken	to think

1 Was für Sport treibt Thomas?
2 Wie oft macht er Sport?
3 Wo ist er Mitglied?
4 Was macht er dort?
5 Welcher Sport interessiert ihn am meisten?
6 Zu welchen Sportveranstaltungen geht er gern?
7 Was ist die beliebteste Sportart der Deutschen - was denkt er?

14 ▶3 8 Now it's your turn to take part in two similar dialogues. Here are the prompts for what you will have to say. You might like to make notes before you turn on the tape/CD.

A
1 Yes, you do a lot of sports.
2 You are a member of a sports club.
3 You play football twice a month.
4 You go skiing three times a year.
5 You don't like tennis.

B
1 No, you don't do any sports.
2 It's too exhausting.
3 You watch football on TV.
4 You watch football every weekend.
5 You also like watching athletics on TV.

Quiz

1 Make a question with the words below.
für/du/was/treibst/Sport?
2 *Ich bin Mitglied in einem*
　a ☐ *Sport.*　b ☐ *Verein.*　c ☐ *Tennis.*
3 How do you say 'I play tennis every day'?

Ich werde mich bewerben

Willst Du immer Volontär bleiben?

Nein, nein! Ich habe nur Angst.

Elke urges Nico to fill in the application form for a job as a graphic designer at D Plus.

Du mußt zum Friseur!

Anna tells Nico that he'll have to wear a suit and get his hair cut for his job interview.

Lernpunkte

Talking about your education and work experience

Preparing for a job interview

Making plans for the future

Es ist schon Viertel vor neun.

Ich werde die Polizei anrufen.

The Pütz family is worried about Nico, who promised to be back for supper and hasn't returned yet. Georg wants to call the police...

1 Read the advertisement for the graphic designer job that Nico is applying for, then read the words and phrases below. Can you match the German with the English equivalent?

1 Assistent gesucht   a ☐ applications

2 Erfahrung wünschenswert   b ☐ graphic design department

3 freie Stellen   c ☐ experience desirable

4 Grafikabteilung   d ☐ vacancies

5 Bewerbungen   e ☐ assistant wanted

2 Elke has helped Nico fill in his application form. Nico now needs to prepare for his interview and practise talking about himself, his education and work experience. Look at some of his details below and complete the sentences for him.

das Geburtsdatum(-daten)	date of birth
die Aus- und Fortbildung (sing.)	further education
die Kunstakademie(-n)	art college
die Berufserfahrung(-en)	work experience

BEWERBUNG

Name	Antonescu
Vorname	Nicolai
Geburtsdatum	12. Juli 1973
Geburtsort	Bukarest
Adresse	Siebengebirgsallee 19
	50937 Köln
Aus- und Fortbildung	
Schule:	1979-1991 in Bukarest
Studium:	1991-1993 Kunstakademie,
	Bukarest
Berufserfahrung:	1994-1996 Grafikabteilung,
	Fernsehen (Rumänien)

1 Mein _____ ist Nicolai Antonescu.
2 Ich bin am 12. Juli 1973 ge_____ .
3 Ich k_____ aus Bukarest, aber ich w_____ jetzt in Köln.
4 Ich bin von 1979 bis 1991 in Bukarest zur _____ gegangen.
5 Ich habe von 1991 bis 1993 an der _____ studiert.
6 Dann habe ich zwei Jahre beim Fernsehen in der Grafikabteilung ge_____ .

Wissenswert!

TIPS FÜR DAS VORSTELLUNGSGESPRÄCH

Kommen Sie pünktlich und gut gekleidet (well dressed). Bereiten Sie sich auf Fragen zum Lebenslauf (CV) vor. Informieren Sie sich vor dem Vorstellungsgespräch über die die neue Stelle und die Firma. Sprechen Sie nicht negativ über Ihre jetzige Stelle oder Kollegen. Stellen Sie Fragen über die neue Stelle und die Firma. Niemals den Mut verlieren! Never lose courage!

3 ▶3 9 Now listen to our presenters taking the part of Nico in an interview situation. Can you put the questions below in the right sequence?

1 ☐ Woher kommen Sie?
2 ☐ Erzählen Sie uns etwas über Ihre Ausbildung und Berufserfahrung.
3 ☐ Wie ist Ihr Name?
4 ☐ Wie lange und wo sind Sie zur Schule gegangen?
5 ☐ Wann sind Sie geboren?

4 ▶3 10 Listen to the reasons why Nico was hesitant about applying for the new job. Then read the statements below. Are they *richtig* (R) or *falsch* (F)?

wovor	what... of
das Vorstellungsgespräch(-e)	job interview
werden (du wirst...)	will (you will...)
verstehen von	to know about

	R	F
1 Nico is frightened because Frau Weiß may not approve.	☐	☐
2 He thinks his German is still not good enough.	☐	☐
3 Nico really likes his present job.	☐	☐
4 Elke doesn't think he will get the job.	☐	☐
5 She thinks his German is very good now.	☐	☐

SPRACHTIP

Compare the word order of English and German:
Nico hat Angst.
→ *Elke weiß, daß Nico Angst hat.*
Nico is afraid.
→ Elke knows that Nico is afraid.

The effect of *daß* (that) is to send the verb to the end of that part of the sentence. (See page 176 of the grammar section.)

5 Elke is preparing Nico for some potential interview questions. Read the dialogue and write down Nico's answers. The first one is already done for you.

ELKE   Also, Nico, ich bin Herr Schmidt. Meine erste Frage ist: Wie lange sind Sie schon bei Deutschland Plus?

NICO   Ich sage, daß ich seit sechs Monaten bei Deutschland Plus bin.

ELKE   Gut! Zweite Frage: Was machen Sie bei Deutschland Plus?

NICO   Ich sage, daß .... (ich bin Volontär bei D Plus)

ELKE   Und gefällt Ihnen die Arbeit?

NICO   Ich sage, daß .... (mir gefällt die Arbeit sehr gut)

ELKE   Arbeiten Sie dort auch mit Videografiken?

NICO   Ich sage, daß .... (ich arbeite ein bißchen mit Frau Schneider)

ELKE   Gefällt es Ihnen in Köln?

NICO   Ich sage, daß .... (ich wohne gern in Köln)

ELKE   Und machen Sie gern Sport?

NICO   Ich sage, daß .... (ich spiele gern Tennis)

ELKE   Und haben Sie noch andere Hobbys?

NICO   Ich sage, daß .... (ich höre gern klassische Musik.)

6 ▶3 11 Now you can answer some questions using *daß*. You are a tourist being interviewed by a local radio station. Before you start, go through your answers with the interviewer. (You may want to prepare them before you turn on the tape/CD.)

1 Wie finden Sie Köln?
2 Was gefällt Ihnen besonders?
3 Woher kommen Sie?
4 Was machen Sie in Ihrer Freizeit?
5 Wann fahren Sie wieder nach Hause?

   Ich sage, daß...
1 (Köln ist sehr interessant)
2 (der Dom ist sehr schön)
3 (ich wohne in Birmingham)
4 (ich höre gern Musik)
5 (ich fahre morgen nach Hause)

7 ▶3 12 Anna tells Nico *du mußt einen guten Eindruck machen* (you have to make a good impression) in the interview. Listen to the conversation. First, match up the German 1–4 with the English a–d. Then reorder the words in the phrases 1–5 below.

1 einen Anzug borgen
2 einen Schlips brauchen
3 die Haare schneiden lassen
4 Schuhe putzen

a ☐ to clean your shoes
b ☐ to get your hair cut
c ☐ to need a tie
d ☐ to borrow a suit

1 du/haben/einen/Anzug/mußt.
2 dir/Ulli/kann/Anzug/borgen/einen.
3 einen/brauchen/du/wirst/Schlips.
4 Haare/lassen/du/die/schneiden/mußt/dir.
5 putzen/du/deine/mußt/Schuhe.

8 ▶3 13 Anna is inviting Nico to visit her parents on Sunday. First, listen to the dialogue. Then read the statements below. Are they *richtig* (R) or *falsch* (F)?

Hast du Lust...?	Do you feel like...?
zum Mittagessen	
einladen (sep.)	to invite for lunch
hinkommen (sep.)	to get there
das Auto(-s)	car
die Werkstatt(-̈en)	garage
wiederhaben (sep.)	to have back

	R	F
1 Annas Freunde dürfen immer mitkommen.	☐	☐
2 Sie sagt: "Meine Eltern werden dir nicht gefallen!"	☐	☐
3 Nico fragt: "Werde ich deinen Eltern gefallen?"	☐	☐
4 Sie werden mit dem Zug hinfahren.	☐	☐
5 Bis Sonntag wird Anna das Auto wiederhaben.	☐	☐
6 Sie wird Nico um acht Uhr abholen.	☐	☐

der Schlips

der Anzug

die Schuhe

---

9 Read Nico's account of what he'll be doing tomorrow. Complete the sentences using *werden* where appropriate.

1 Morgen früh .... (Ich schlafe länger.)
2 Um acht Uhr .... (Ich gehe zur Arbeit.)
3 Dann .... (Ich trinke Kaffee.)
4 Um elf Uhr .... (Ich helfe Elke im Videoraum.)
5 Danach .... (Ich gehe mit Anna in die Kantine.)
6 Am Nachmittag .... (Ich arbeite am Computer.)
7 Dann .... (Ich gehe nach Hause.)
8 Abends um acht .... (Ich treffe mich mit Ulli in der Kneipe.)

10 ▶3 *14* As your New Year's resolution, you have decided to change your lifestyle! Here are your resolutions (you may want to prepare your answers before you turn on the tape/CD and say them).

1 You will play tennis every weekend.
2 You will not work so much.
3 You will not drink so much beer.
4 You will not eat so much.
5 You will play more football.
6 You will read more.
7 You will listen to more classical music.
8 You will go to the dentist more often.

Quiz

1 Match the right pairs of words:
die Haare - borgen; die Schuhe - schneiden; einen Anzug - putzen.
2 What is similar about the following phrases?
Ich muß nach Hause gehen.
Ich werde nach Hause gehen.
3 What is different about the phrases in 2?
4 You are looking for a job. What section in the newspaper do you have to read?
a *Bewerbungen*
b *freie Stellen*   c *Wohnungen*

● **SPRACHTIP**

Compare the following sentences:
*Ich muß zu meinen   I have to go
 Eltern fahren.   to my parents.*

*Ich werde zu meinen   I will go to
 Eltern fahren.   my parents*

The verb *werden* (will) indicates a future action or event. It is used in exactly the same way as a modal verb. The second verb always moves to the end of the sentence.

werden is only used as the future tense when there is no other indication of time *(am Sonntag, morgen)*. Otherwise, you can simply use the present tense:

Am Sonntag fahre ich zu meinen Eltern.

Note that when a sentence begins with an expression of time, the verb and the subject change place.
(See page 176 of the grammar section.)

Es freut mich sehr

Na, Herr Antonescu, finden Sie den Mann nicht? Oder wollen Sie ihn nicht finden?

Lernpunkte

Buying petrol

Meeting new people

Making social conversation

Nico is summoned to the police station to identify the man who has beaten him up. The police superintendent is suspicious of Nico.

Ich muß tanken.

Bleifrei oder superbleifrei?

Nico and Anna drive out in Anna's car to meet her parents. On the way they buy some petrol, but not too much because Anna is *pleite*, broke!

Und jetzt einen schönen Kaffee?

Sehr gerne. Ich liebe deutschen Kaffee.

Nico impresses Anna and her parents with the level of his German, and they all get on very well together.

Going to the petrol station:

die Tankstelle(-n)	the petrol station	Geben Sie mir bitte Benzin für 50 Mark.	Please give me 50 marks' worth of petrol.
tanken	to get petrol	Prüfen Sie bitte...	Please check...
selbsttanken	self-service petrol	das Öl.	the oil.
bitte volltanken	fill it up	das Wasser.	the water.
das Benzin (sing.)	petrol	die Batterie.	the battery.
bleifrei	unleaded	die Reifen.	the tyres.
superbleifrei	super unleaded		

And how to pay for your petrol:

Wie zahlen Sie? — How would you like to pay?

Ich zahle   *mit Kreditkarte.* — I'll pay   by credit card.
        bar. —   cash.

Hier ist meine Kreditkarte. — Here's my credit card.
Wollen Sie hier bitte unterschreiben? — Can you sign here please?
Unterschreiben Sie hier bitte. — Sign here, please.

1 ▶3 *15* **Anna and Nico stop for petrol. Before you turn on the tape/CD, read the questions below. Then listen and answer them in German.**

1 Was muß Anna tun?
2 Wo tankt man?
3 Nimmt sie bleifrei oder superbleifrei?
4 Wieviel Mark will sie ausgeben?
5 Warum?

2 ▶3 *16* **You will hear another conversation where an attendant is serving petrol. First, try to put the dialogue into the right sequence, then listen and check your answers.**

1 Und können Sie auch das Öl und das Wasser prüfen?
2 Hier ist meine Kreditkarte.
3 Volltanken bitte.
4 Das macht 90 Mark alles zusammen.
5 Was darf es denn sein?
6 Wollen Sie hier bitte unterschreiben?

3 ▶3 *17* **Join in the conversation at the petrol station that you will hear on tape/CD. Here is what you will have to say.**

1 ☐ Good evening.
2 ☐ 80 marks' worth of leaded, please.
3 ☐ Check the oil, please.
4 ☐ Have you got any water?
5 ☐ Where can I check the tyres?
6 ☐ Where must I pay?
7 ☐ Thank you.

Wissenswert!

When driving a car in Germany make sure you have your driving licence with you at all times. If driving a hired car, you also need to have the vehicle registration document (der Kraftfahrzeugschein) with you.

4 Match the labels to the signs.

1 □ One-way street
2 □ No Parking
3 □ Lorry parking
4 □ Exit
5 □ Road blocked
6 □ Garage - car repairs
7 □ Service area
8 □ Motorists' organisation
9 □ Diversion
10 □ Car parking

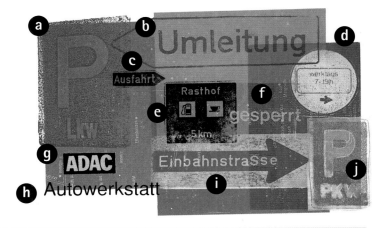

Meeting new people:

Nico meets Anna's parents and has to make conversation with them for the first time. There are a number of expressions which are very useful in this sort of situation, whether in a social or a business context. Some of the basics you have met before.

Freut mich.	
Es freut mich, Sie kennenzulernen.	Pleased to meet you.
(Sehr) angenehm.	
Darf ich vorstellen?	*May I introduce...?*

How to pay compliments / exchange courtesies:

Es ist sehr gemütlich hier/bei Ihnen.	It's very cosy here/at your home.
Das Essen war lecker.	The meal was delicious.
...hat mir viel von Ihnen erzählt.	...has told me a lot about you.
...nur eine Kleinigkeit.	...it's nothing.
Darf ich Ihnen (et)was anbieten?	May I offer you something?
(Sehr) gern(e).	Yes please!

5 ▶3 18 Turn on the tape/CD and practise these expressions.

6 ▶3 19 Now listen to the next two extracts of people being introduced and work out which is the more formal.

7 ▶3 19 Listen again to the first extract and work out how you would say the following in German. (The English is not in the same order as you will hear it!)

1 What can I offer you?
2 Not bad.
3 How are you?'
4 Sit yourselves down.
5 Hello.

8 ▶3 20 Before you listen to the extract, try to match up the German and English phrases.

1 Ich freue mich, daß Sie den Weg hierher gefunden haben.
2 Darf ich Ihnen etwas anbieten?
3 Ich hätte gern ein Glas Bier.
4 Wie wär's mit einem Glas Wein?
5 Das wäre gut.
6 Ich bin sofort wieder da.

a ☐ I'll be right back.
b ☐ That would be nice.
c ☐ Can I offer you something?
d ☐ I'd like a glass of beer.
e ☐ I'm glad you found the way all right.
f ☐ How about a glass of wine?

9 ▶3 21 Now it's your turn. Here are two situations for you to take part in. You might like to prepare what you have to say before you listen. When you've been through it once, try it again without your notes.

A Your name is Helen Marsh. You and your friend Rachel Johnson, who doesn't speak any German, are on a trip to Germany as part of your local twin-town scheme. Arrangements have been made for you to stay with a German couple, Franz and Ingrid Bachmann. You arrive at their house and Ingrid opens the door.

1 Say 'good evening' and what your name is.
2 Say you're pleased to meet her, then introduce your friend, Rachel Johnson.
3 Say it's very cosy at her house.
4 Say yes, please, you'd like a cup of tea.

B You are at the trade fair in Frankfurt with your colleague, Michael Brown. You meet a German acquaintance, Hans Fischer.

1 Say 'hello' and ask him how he is.
2 Say 'not bad'. Then introduce Michael Brown.
3 Ask if you can offer him something, a glass of wine or a beer.
4 Say 'cheers'.

Quiz

1 Here are four expressions to do with meeting people. They are written as one long word. Separate them out and write them down.
esfreutmichsehrangenehmdarfichvorstellenesist sehrgemütlichbeiihnen

2 Join up the beginnings and endings of the following:

Aus	terie
Umle	nstraße
Superb	fahrt
selb	telle
Tanks	sttanken
Autow	leifrei
Bat	itung
Einbah	erkstatt

Das müssen wir aber feiern!

Nico is being interviewed for the job as graphics designer at D Plus.

Viel Glück!

Meanwhile, the office has ground to a halt because of Susanne Weiß' farewell do. Frau Maier is proposing a toast.

Das müssen wir aber feiern!

Nico has been offered the job as graphics designer!

Lernpunkte

Greetings and good-luck wishes

Going to a job interview

Congratulations and celebrations

1 Look at the pictures below and read what people say to wish each other luck or congratulate each other on different occasions. Then match each picture with its corresponding expressions in English.

a

Frohe Weihnachten und ein gutes neues Jahr!

c

Herzlichen Glückwunsch zum Geburtstag!

b
Viel Glück und alles Gute in der neuen Wohnung!

d

Wir gratulieren!

1 ☐ Congratulations!
2 ☐ Happy Birthday!
3 ☐ Merry Christmas and a Happy New Year!
4 ☐ Good luck and all the best in your new home.

Wissenswert!

WEIHNACHTEN IN DEUTSCHLAND

The countdown towards *Weihnachten* starts on
1 December with the *Adventskalender* or *die
Päckchenkette*: 24 lovingly-wrapped little
parcels containing little knick-knacks and
sweets to while away the time for those
impatient children. The most important day for
Germans is *Heiligabend* (Christmas eve). This is
a time for Christmas carols, presents and, for
some, a visit to the *Mitternachtsgottesdienst*
(midnight mass). Christmas is traditionally
spent with the family and the most common
dish on Christmas Day is goose. Some people,
however, feel they'd like to leave all the
consumerism behind – they don't celebrate
Christmas at all, or they fly off to warmer
climates instead.

2 ▶3 22 Now turn on the tape/CD and
practise these and other greetings and good
luck phrases.

3 ▶3 23 Today is the day Nico is to have his
interview for the job as graphics designer.
As he arrives, Herr Schiller greets him.
Read the statements below before you listen
to their conversation. You need to decide if
they are *richtig* (R) or *falsch* (F).

schick	smart
alles Gute	all the best
ich drücke	I'll keep my fingers
Ihnen die Daumen	crossed
toi, toi, toi!	good luck!

HERR S. *Nanu, Herr Antonescu? Sie kommen
         aber heute spät zur Arbeit.*

NICO   *Ja... um zehn Uhr habe ich ein
         Vorstellungsgespräch.*

HERR S. *Achso! Deshalb auch so schick! Wo
         bewerben Sie sich?*

NICO   *In der Grafikabteilung. In Rumänien
         war ich ja Grafiker.*

HERR S. *Dann wünsch ich Ihnen alles, alles
         Gute! Und ich drücke Ihnen die
         Daumen. Das heißt so was wie "toi,
         toi, toi"!*

NICO   *Verstehe. Vielen Dank, Herr Schiller.
         Bis später.*

	R	F
1 Nico kommt zu spät zum Interview.	☐	☐
2 Er sieht nicht schick aus.	☐	☐
3 Er arbeitet jetzt in der Grafikabteilung.	☐	☐
4 In Rumänien war er Grafiker.	☐	☐
5 Die Daumen drücken heißt toi, toi, toi.	☐	☐

● SPRACHTIP

Q Do you remember when to use *zur* and *zum*?

A *Nico kommt heute spät zur Arbeit. (die Arbeit)
Anna kommt pünktlich zum Zahnarzt.
(der Zahnarzt)
Er ist pünktlich zum Vorstellungsgespräch.
(das Vorstellungsgespräch)*

4 You have a busy schedule today. Tell a friend about the things you are going to do. Insert *zum* or *zur* where appropriate.

1 Ich muß um acht Uhr .... Arbeit.
2 Um 9.30 Uhr muß ich .... Zahnarzt.
3 Wir können uns um eins .... Essen treffen.
4 Um zwei muß ich zurück .... Büro.
5 Auf dem Weg ins Büro muß ich noch schnell .... Bank.
6 Am Nachmittag muß ich .... Vorstellungsgespräch bei D Plus.

5 ▶3 24 Nico is well prepared for his interview and has anticipated most of the questions. Look at the flow chart and listen to the interview. Listen again, then renumber the flow chart in the order in which the questions are asked on tape/CD. The first one is correct.

nehmen Sie bitte Platz	please take a seat
der Chef(-s),	
die Chefin (-innen)	boss (m/f.)
Wie kommen	How are you
Sie zurecht?	getting on?
die Leute (pl.)	people
gratulieren (zu)	to congratulate
ich gratuliere	congratulations
Ihnen/dir zu	on your German!
Ihrem/deinem Deutsch!	(polite form/
	du form)
die Sache(-n)	thing

START: Bitte nehmen Sie Platz.

a ☒ Studium an der Kunstakademie: Was?
b ☐ Nach Deutschland - wann?
c ☐ Berufserfahrung als Grafiker?
d ☐ Erfahrung mit Videografik?
e ☐ Köln - kommen Sie zurecht?
f ☐ Kompliment zu Ihrem Deutsch.

ZIEL: Wir rufen Sie gleich wieder.

6 Nico was indeed well prepared for the interview: He got the job! Here are some useful wishes and congratulations. But which is the odd one out?

1 Herzlichen Glückwunsch!
2 Gratuliere!
3 Trinken wir jetzt auf Herrn Antonescu!
4 Frohes Neues Jahr!
5 Alles Gute!

7 ▶3 25 Now listen to Nico and his colleagues. Which of the phrases from activity 6 can you actually hear?

trinken auf	to toast
die Karriere(-n)	career
geholfen (helfen)	to help

8 ▶3 25 Now listen again, then sort out Nico's short speech. The words in the brackets have got muddled up.

1 (ich sagen nur danke schön wollte).
2 Ich danke euch allen, (so daß mir geholfen gut ihr habt).
3 (Geburtstag Sonntag habe am und ich).
4 Ich möchte, (alle Uhr um Bootsparty einer wir zu treffen daß zwölf uns).

9 ▶3 26 Here is a list of things one might take to a dinner or birthday party. Listen to what kind of presents people take with them and practise saying what you would take: *Was nehmen Sie mit, wenn Sie eingeladen sind?* (What do you take when you're invited somewhere?)

1 eine Flasche Wein

2 eine Schachtel Pralinen

3 einen Blumenstrauß

4 Süßigkeiten

5 ein persönliches Geschenk

Liebster Nico,

zu Deinem Geburtstag wünsche ich Dir alles Gute, und natürlich gratuliere ich Dir auch noch mal zu Deinem neuen Job. Hast Du wirklich gut gemacht! Leider werden wir uns bald nicht mehr so oft sehen, weil Du dann in der Grafikabteilung arbeitest. Aber ich werde oft an Dich denken! Und an unser Wochenende in der Eifel!!
Bis später, ich hol Dich ab.
Einen dicken Geburtstagskuß!

Deine Anna X

SPRACHTIP

The word *du* and all its related forms, *dich, dir* and *dein*, are written with an initial capital letter in letters, and only in letters.

Quiz

10 Read this birthday card and highlight the parts that Anna probably wouldn't want you to read!

Liebster	dearest
leider	I'm afraid
weil	because
bald	soon
ich werde	I'll be thinking
an Dich denken	of you

1 You are sending a Christmas card to your German friends. Write 'Merry Christmas and a Happy New Year!' on it in German.
2 What is the German equivalent for 'I'll keep my fingers crossed for you'?
3 You've just heard that a friend of yours has found a new job. Tell him/her that you really have to celebrate.
4 You are invited to a dinner party. A friend asks you what to bring. Say you are taking a bottle of wine and a bunch of flowers.

Kein Problem!

1 Which are the odd words out?

1 Zahnschmerzen Grippe
   Bauch Schnupfen
2 Hals Kopf Bein Termin
3 Reiten Ohren Radfahren Turnen
4 wieder welchen wann wer
5 Verein Klub Mitglied Verband
6 Kunstakademie Anschrift
   Fachschule Fortbildung
7 Rücken Raststätte
   Einbahnstraße Ausfahrt
8 Darf ich vorstellen. Freut mich.
   Sehr angenehm. Ich werde mich
   bewerben.
9 Blumenstrauß Wein
   Süßigkeiten Freizeit
10 jeden Morgen einmal die Woche
   an der Ampel eineinhalb Stunden

/10 POINTS

2 Read about Ulli, then answer the questions below in German.

Mein Name ist Ulli Michel. Ich arbeite bei
Deutschland Plus. Ich bin am 25. März 1972
geboren. Ich bin in Koblenz groß geworden,
aber jetzt wohne ich in Köln. Ich habe zwei
Schwestern, aber keine Brüder. Meine
Schwestern heißen Claudia und Sabine,
und sie sind älter als ich. Claudia ist 30 Jahre
alt und Sabine ist 32 Jahre alt. Sie wohnen
in Koblenz.

1 Wann ist Ulli geboren?
2 Wo ist er groß geworden?
3 Hat er Geschwister?
4 Wie alt sind Claudia und Sabine?
5 Sind sie jünger als Ulli?
6 Wo wohnen sie?

/6 POINTS

3 Fill in the gaps in the word list below.

	DEUTSCH	ENGLISCH
1	....	room
2	zu vermieten	....
3	warm	....
4	....	the address
5	die Wohnung	....

/5 POINTS

4 The sentences below describe activities which take place in certain types of room within a house. Write down the German for each room.

1 Hier waschen wir uns.
2 Gäste schlafen hier.
3 Ich arbeite in diesem Zimmer.
4 Wir essen hier, wenn Gäste kommen.

/4 POINTS

5 What is the German for the following words?

1 A detached house.
2 A semi-detached house.
3 A balcony.

/3 POINTS

6 When preparing for a job interview, which of the following activities are not likely to help?

1 Einen Anzug borgen.
2 Schuhe putzen.
3 Akten zu Herrn Koch bringen.
4 Einen Schlips kaufen.
5 Im Verein trainieren.
6 Die Haare schneiden lassen.

/2 POINTS

7 You are a doctor. Your German patient tells you what's wrong with him. Which of the ailments in English has he not got?

1 Ich habe einen Schnupfen.
2 Ich habe Grippe und Fieber.
3 Ich habe Bauchweh.

a a cold
b a sore throat
c stomachache
d flu
e backache
f a temperature

/2 POINTS

8 Your friend has given you a list of expressions you might find useful at the petrol station but has got the meanings mixed up. Correct the English translation for each German phrase.

1 *Unterschreiben sie hier bitte.*
   Please pay at the cash desk.
2 *Bitte volltanken.*
   Please serve yourself.
3 *Ich brauche Benzin.*
   I need unleaded.
4 *Prüfen Sie bitte die Reifen.*
   Please check the battery.

/4 POINTS

9 Match up the beginnings and endings of these sentences.

1 ☐ Ich habe eine   a angekommen.
   neue Zahnbürste   b das Wochenende
2 ☐ Wir sind nach   auf Rügen
   Amerika   verbracht.
3 ☐ Mein Mann   c gefahren.
   hat mir   d gekauft.
4 ☐ Sie ist Freitag   e ein Geschenk
5 ☐ Dieter und   gegeben.
   Annette haben

/5 POINTS

10 How would you say the following phrases in German?

1 60 marks worth of unleaded, please.
2 Check the oil, please.
3 Where must I pay?
4 Where can I check the water?

/4 POINTS

11 Imagine this is what you did yesterday. How would you say these phrases in German?

1 I went to the market.
2 I bought bread.
3 I went for a walk.
4 I studied.
5 I spoke German.

/5 POINTS

12 Your friend is filling you in on what's happening in the *Deutsch Plus* TV series. But you watch every episode and you already know! Write each sentence out again, starting with *Ich weiß, daß...*

1 Nico fährt nach Amsterdam.
2 Eine junge Dame gibt ihm ein Paket.
3 Er bestellt ein Taxi für Frau Maier.
4 Er liebt Anna.

/4 POINTS

13 You are full of good intentions. Write these sentences out again, starting with the German for the words in brackets.

1 Ich studiere mehr. (I will - future tense)
2 Ich lerne Deutsch. (I must)
3 Ich treibe mehr Sport. (I would like to)
4 Ich schlafe bis zehn Uhr. (I want to)
5 Ich spiele Badminton. (I can)
6 Ich rufe Onkel Peter an. (I will - future tense)

/6 POINTS

TOTAL   /60 POINTS

Kaffee und Kuchen

Lernpunkte

Understanding menus

Discussing eating and drinking habits

Getting to know something about German wine

a ☐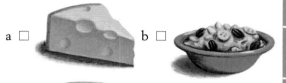

b ☐

c ☐

d ☐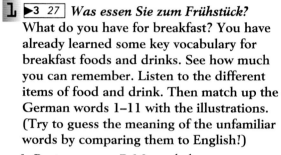

e ☐

f ☐

g ☐

h ☐

i ☐

j ☐

k ☐

1 ▶3 27 *Was essen Sie zum Frühstück?* What do you have for breakfast? You have already learned some key vocabulary for breakfast foods and drinks. See how much you can remember. Listen to the different items of food and drink. Then match up the German words 1–11 with the illustrations. (Try to guess the meaning of the unfamiliar words by comparing them to English!)

1 Brot	7 Marmelade
2 Brötchen	8 Müsli
3 ein Ei	9 Schinken
4 Joghurt	10 Tee
5 Kaffee	11 Toast
6 Käse	

2 ▶3 28 Listen to two people describing what they have for breakfast and identify what items the various people eat from the list 1–11. Be careful, they don't have them all!

3 ▶3 29 Now it's your turn. You are staying in a German hotel and you want to order breakfast in your room. Look at the notes below before you listen.

1 You'd like to order breakfast.
2 You'd like two rolls.
3 No, two rolls with jam.
4 You'd like one egg with bacon.
5 And muesli with yoghurt.
6 You'd like coffee.

4 *Möchten Sie ein Stück Kuchen oder Torte?* Read the menu.
Then match up the German with its English equivalent.

Café Meyer

Gerhard-Rohlfs-Straße 43

Öffnungszeiten:
Montags bis freitags 10 Uhr
bis 13 Uhr; 15 Uhr bis 18 Uhr.
Samstags 10 Uhr bis 13 Uhr.

Alle Torten und Kuchen sind
aus unserer Bäckerei!
(Konditormeister: Konrad
Meyer)

Unsere Spezialität:
Sachertorte
    Stück   DM 4,50
  mit Sahne DM 5.-

Käsekuchen
    Stück   DM 4.-
  mit Sahne DM 4,50

Zitronentorte
    Stück   DM 4.-
  mit Sahne DM 4,50

Marmorkuchen
    Stück   DM 3, 80
  mit Sahne DM 4, 30

Apfelstreuseltorte
    Stück   DM 4,20
  mit Sahne DM 4, 50

Neu im Angebot!
Himbeertorte
    Stück   DM 5.-
  mit Sahne DM 5,50

Kaffee Kännchen DM 5.-
       Tasse   DM 3.-

Tee   Kännchen DM 4,80
      Tasse   DM 2,80

(Tee gibt es auch mit Zitrone)

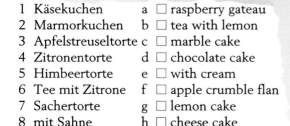

1 Käsekuchen   a ☐ raspberry gateau
2 Marmorkuchen   b ☐ tea with lemon
3 Apfelstreuseltorte c ☐ marble cake
4 Zitronentorte   d ☐ chocolate cake
5 Himbeertorte   e ☐ with cream
6 Tee mit Zitrone   f ☐ apple crumble flan
7 Sachertorte   g ☐ lemon cake
8 mit Sahne   h ☐ cheese cake

SPRACHTIP

Compare the following:

der Käse der Kuchen → *der Käsekuchen*
der Apfel der Streusel → *die Torte*
          → *die Apfelstreuseltorte*

Some German words consist of two or more nouns which are joined together. They are called compound nouns and always take the article *der/die/das* of the last element they consist of.

5 ▶3 30 Listen to and practise these words.

6 ▶3 31 Now listen to Frau Kos, who has invited Katya and Anja for coffee and cakes. Which types of cakes do they mention?

der Mohnkuchen   *poppy seed cake*

7 ▶3 32 André is ordering food and drinks. Listen and answer the questions below.

1 Was bestellt André zu trinken?
2 Was bestellt er zu essen?
3 Wieviel muß er bezahlen?
4 Wieviel Geld bekommt er zurück?

8 ▶3 33 Now it's your turn to order food and drink in a café. Look at the prompts below before you listen.

1 You'd like two teas, please.
2 With lemon.
3 You'd like a piece of poppyseed cake and a piece of chocolate cake, please.
4 Both with cream.
5 How much is that?

9 You have made contact through the Internet with someone who is learning English in Germany. He writes to you in English. Here is the message that you have received. Write the replies you are going to send him in German using the information in brackets.

1 What do you eat for breakfast? (rolls with butter and marmalade, tea with milk)
2 What is your favourite cake? (marble cake with cream)
3 Now ask him the same questions in German.

10 *Deutsche Weine.* How much do you know about German wines? Look at the map opposite and read the information that goes with it. Then answer the questions below.

größte	largest
das Weinanbaugebiet(-e)	wine-growing area
der Fluß (ÿsse)	river
der Sekt(-e)	sparkling wine
der pro-Kopf-Verbrauch	consumption per head

1 How many wine-growing areas are there in Germany?
2 Which one is the largest?
3 Which ones are the newest and where are they?
4 Where are the wine-growing areas located?
5 What is the ratio between German white wine and red wine?
6 How much wine and sparkling wine do Germans consume each year?

11 ▶3 34 Listen to Herr Kern from the Rheinhessen marketing board in Mainz talking to Andrea about the different wine-growing areas in Germany and about German drinking habits. Then read the sentences opposite. Are they *richtig* or *falsch*?

wird angebaut   is cultivated, grown

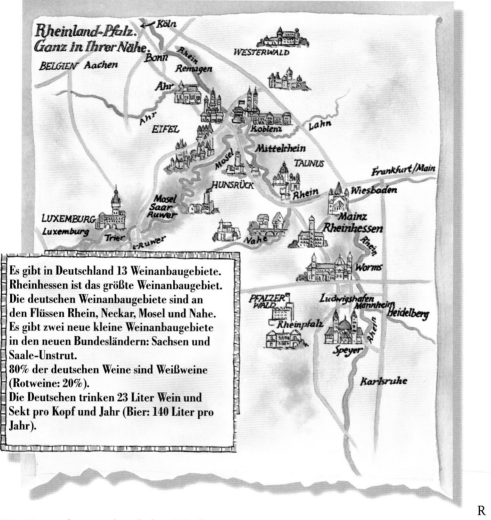

Rheinland-Pfalz.
Ganz in Ihrer Nähe.

Es gibt in Deutschland 13 Weinanbaugebiete. Rheinhessen ist das größte Weinanbaugebiet. Die deutschen Weinanbaugebiete sind an den Flüssen Rhein, Neckar, Mosel und Nahe. Es gibt zwei neue kleine Weinanbaugebiete in den neuen Bundesländern: Sachsen und Saale-Unstrut. 80% der deutschen Weine sind Weißweine (Rotweine: 20%). Die Deutschen trinken 23 Liter Wein und Sekt pro Kopf und Jahr (Bier: 140 Liter pro Jahr).

		R	F
1	Die Deutschen trinken lieber Weißwein.	☐	☐
2	Die Rebsorten Riesling, Silvaner und Müller-Thurgau sind sehr wichtig.	☐	☐
3	In Deutschland wird 80 Prozent Rotwein und 20 Prozent Weißwein angebaut.	☐	☐
4	Die Deutschen trinken mehr Wein als Bier.	☐	☐

Wissenswert!

Labels

Jahrgang	vintage
Weinort und Lage	vineyard
Qualitätswein b.A.	quality wine of a designated region
A.P. Nr.	certification of quality
Alkoholgehalt	alcohol content
Erzeugerabfüllung	own bottling

Checkliste

Can you do the following?

a say what you eat for breakfast

b talk about your eating habits

c order cakes and drinks

d read and understand information about German wines

e understand German drinking habits

Bitte sprechen Sie
nach dem Signalton

Er spricht gerade auf der anderen Leitung.

Sie ist in einer Besprechung.

Sie ist nicht an ihrem Arbeitsplatz.

Er ist zur Zeit nicht im Hause.

Lernpunkte

Receiving and making phone calls

Checking messages on the answerphone

Making enquiries at the tourist office

1 ▶3 35 *Was ist das Problem?* Listen to four callers trying to get through to the right person. Match up each dialogue with the right picture.

Dialogue	1	2	3	4
Picture	☐	☐	☐	☐

da meldet sich niemand	there is no answer
auf der anderen Leitung	on the other line
ich hätte gern	I'd like to speak to
Frau/Herrn... gesprochen	Mrs/Mr...
etwas ausrichten (sep.)	to pass on a message
erreichen	to reach

2 Put the following telephone conversation a–h in the right order. The first one has been done for you.

es geht um   it concerns

a ☐1 Bauer und Co., guten Morgen.

b ☐ Herr Klar ist zur Zeit nicht im Hause. Möchten Sie später noch einmal anrufen?

c ☐ Vielen Dank. Auf Wiederhören.

d ☐ Nein, ich habe später eine Besprechung. Könnte ich eine Nachricht hinterlassen?

e ☐ Das geht in Ordnung, Herr Sauer.

f ☐ Es geht um den Termin am Montag.
Könnte er mich zurückrufen?

g ☐ Guten Morgen, mein Name ist Sauer.
Könnte ich bitte Herrn Klar sprechen?

h ☐ Ja, gern.

3 ▶3 36 Now explain on the telephone why your friend or colleague is unavailable.

4 ▶3 37 If you can't get through to the right person, you often leave a message on *der Anrufbeantworter*, the answerphone. Listen to an example of what you may hear. Fill in the gaps below with these words.

rufen schicken hinterlassen
Faxnummer Anrufbeantworter
Nachricht

Guten Tag. Hier ist der .... von D Plus, Telefon- und .... 0221-133939. Bitte .... Sie eine .... oder .... Sie ein Fax. Wir .... Sie so bald wie möglich zurück.

5 Now match the German phrases with their English equivalent.

1 Im Moment ist niemand erreichbar.

2 Falls Sie eine Nachricht hinterlassen wollen...

3 Sprechen Sie nach dem Signalton.

4 So bald wie möglich.

5 Bitte hinterlassen Sie eine Nachricht.

a ☐ We cannot take your call at the moment.

b ☐ Speak after the tone.

c ☐ If you'd like to leave a message...

d ☐ Please leave a message.

e ☐ as soon as possible

𝒞—Telekom

1 **Bundesbürger sagen Ja zum Münzfernsprecher**

2 **Bargeldlos telefonieren - der neue Trend**

3 **Telefonieren immer billiger!**

Noch vor einigen Jahren konnte man in deutschen Telefonzellen nur mit Münzen telefonieren. Doch dann kamen die Telefonkarten - und damit der Trend zum bargeldlosen Telefonieren. Heute gibt es in Deutschland kaum noch Münzfernsprecher - immer mehr Bundesbürger haben nun eine Telefonkarte (sie kostet 12 oder 50 Mark). Bargeldlos telefonieren könnte nicht einfacher sein: Sie stecken Ihre Telefonkarte in den Fernsprecher - und Sie können telefonieren, solange Sie wollen! Telefonkarten gibt es in der Post und in Telekom (T-Punkt)-Geschäften.

𝒞—Telekom

6 Read the extract from the German Telecom brochure. First, decide which of the three headlines best fits the article. Then read the sentences 1–4. Are they *richtig oder falsch*?

bargeldlos	without cash
die Telefonzelle(-n)	phone box
die Münze(-n)	coin
der Fernsprecher(-)	telephone
der Bundesbürger(-)	citizen of the Federal Republic
stecken	to insert

                                            R F

1 Coin-operated public telephones are still popular in Germany. ☐ ☐

2 More and more citizens now have a phonecard. ☐ ☐

3 Each phonecard contains 12 or 50 units. ☐ ☐

4 Phonecards are available in post offices and from newsagents. ☐ ☐

7 ▶3 *38* Now practise understanding answerphone messages. You phoned *der Verkehrsverein* (the tourist information office) in Mainz to get them to send you information on the city. Listen to the answerphone message and fill in the grid.

Verkehrsverein Mainz

Telefonnummer:	
Öffnungszeiten: montags bis freitags:	
samstags:	
sonntags:	

8 The information you requested has arrived. However, the descriptions underneath the pictures do not seem to match. Can you correct them? The first one is correct.

die Altstadt(- e)	old part of the city
das Fachwerkhaus(- er)	timber-framed house
das Glasfenster(-)	stained-glass window
festhalten	to capture
das Rheinufer(-)	Rhine embankment
das Schiff(-e)	boat, ship
das erste gedruckte Buch auf der Welt	the first printed book in the world
eine 1000jährige Geschichte	a thousand-year history
das Wahrzeichen(-)	famous landmark
einen Besuch wert	worth a visit

3

C Der Sankt-Martins-Dom mit seiner 1000-jährigen Geschichte ist das Wahrzeichen der Stadt Mainz und sicher einen Besuch wert.

4

D Wollen Sie das erste gedruckte Buch auf der Welt sehen? Dann kommen Sie ins Gutenberg-Museum, gleich neben dem Marktplatz am Sankt-Martins-Dom.

1 A

A Nehmen Sie sich Zeit für einen Kaffee oder ein Glas Wein in der Altstadt mit ihren faszinierenden Fachwerkhäusern.

2

B Die Attraktion auf dem Stephansberg: in der gotischen Sankt-Stephans-Kirche hat Marc Chagall auf neun Glasfenstern Szenen des alten Testaments festgehalten.

5

E Panoramablick vom Rheinufer mit Sankt-Martins-Dom. Am Adenauer-Ufer starten die Schiffe von Mainz nach Koblenz.

9 Now answer the questions below.

1 What are the attractions of the old town?
2 Where would you go to see the first printed book?
3 What can you see in St. Stephan's Church?
4 Where do the ships to Koblenz set off from?
5 Why is St. Martin's Cathedral worth a visit?

10 ▶3 *39* Listen to Andrea asking the tourist office what is worth seeing in Mainz. Tick the sights from activity 8 which Herr Frings mentions.

einen Rat geben	to give some advice
sich ansehen (sep.)	to have a look at
...befindet sich	you'll find/there is
die Sehenswürdigkeit(-en)	sights

11 ▶3 *39* Are these statements *richtig oder falsch*?

	R	F
1 Vor dem Stephansdom ist der historische Marktplatz.	☐	☐
2 Das Gutenberg-Museum ist von 10 bis 8 Uhr geöffnet.	☐	☐
3 Es ist zu Fuß drei Minuten vom Dom zum Gutenberg-Museum.	☐	☐
4 Die historische Altstadt ist nicht weit vom Dom.	☐	☐

12 ▶3 *39* Listen again. Which of the questions below does Andrea actually ask?

1 Können Sie mir sagen, was ich mir an einem Tag ansehen sollte?
2 Könnte ich bitte einen Stadtplan haben?
3 Wo ist der Sankt-Martins-Dom?
4 Wo finde ich die Touristeninformation?
5 Wann ist das Gutenberg-Museum geöffnet?
6 Wie weit ist es vom Dom zum Gutenberg-Museum?
7 Gibt es noch andere Sehenswürdigkeiten?
8 Was gibt es in der Altstadt zu sehen?

Wissenswert!

STÄDTEPORTRÄT: MAINZ

Mainz is the capital of Rheinland-Pfalz in south-west Germany. With its roots in Roman times and medieval history, Mainz is a city full of contrasts. Its reputation as the 'media Mecca' is based on the country's most extensive TV and radio network; major TV and radio stations are located here. Mainz's most famous son is Johannes Gutenberg, inventor of the hot metal printing press. Mainz is also at the centre of one of Germany's most famous wine-producing areas.

13 ▶3 *40* Now it's your turn to ask questions. You're a tourist and you want to see the sights of Mainz. Before you turn on the tape/CD, read the prompts below.

1 Where can I find the tourist office?
2 What could I possibly see in just one day?
3 How far is to St. Martin's Cathedral?
4 Where is the museum?
5 When is the museum open?
6 Are there any other sights?
7 What is there to see in the old quarter?
8 Could I have a town plan please?

Checkliste ✔

Can you do the following?

a get through to the right person on the phone
b understand messages on the answerphone
c read and understand tourist office information
d enquire about tourist sights

Wie sieht Ihr Arbeitstag aus?

1 Ich arbeite in einem Hotel. Mein Arbeitstag beginnt heute um achtzehn Uhr und ist um sechs Uhr morgens zu Ende.

3 Ich bin Architekt. Ich arbeite heute von neun Uhr bis siebzehn Uhr.

2 Ich bin Hausfrau, und ich habe zwei kleine Kinder. Ich arbeite 24 Stunden am Tag!

4 Ich bin Rentnerin - ich muß nicht mehr arbeiten! Früher war ich Verkäuferin - ich arbeitete von 10 bis 14 Uhr.

1 *Wie lange arbeiten Sie jeden Tag?* What do these people do and how long is their working day? Read what they've said. Then read the English statements a–d and match them with their German equivalent 1–4.

a ☐ I'm an architect. I work from nine till five.

b ☐ I am a housewife and mother. I work all day.

c ☐ I'm a pensioner. I used to work from ten till two.

d ☐ I work in a hotel from six in the evening until six in the morning.

2 ▶3 41 Listen to the account of employees' working conditions at the Niederegger marzipan factory in Lübeck. Then fill in the gaps opposite.

die Ferien(-)	holiday
der Mitarbeiter(-)	employee
Ostern	Easter
einschließen (sep.)	to include
die Fabrik(-en)	factory
niemand	no one

1 Die Mitarbeiter arbeiten 38 .... in
  der ....
2 Sie haben 30 .... Urlaub plus

  ....
3 .... ist auch noch frei.
4 Die Mitarbeiter arbeiten von ....
  bis ....
5 Weihnachten und Ostern müssen sie auch
  manchmal .... arbeiten.
6 Am .... ist die Fabrik geschlossen.

NIEDEREGGER
LÜBECK

3 Now it's your turn. How would you say:
1 My working day begins at 8.00 and ends
  at 4.00.
2 I work eight hours a day, from 9.30
  till 5.30.
3 I work 40 hours per week, Mondays
  to Fridays.
4 Christmas and Easter are free.

4 ▶3 42 Listen to Frau Fese from Mainz,
who is a secretary, talking about her
working day. Then answer these questions.

die Gleitzeit(-en)	flexitime
Feierabend machen	to finish work
38 Komma 5	38,5
berufstätig	working
die Möglichkeit(-en)	possibility
Zeit zum Einkaufen	time for shopping
genießen	to enjoy
unterschiedlich	variable

1 Wann beginnt Frau Feses Arbeitstag?
2 Wann kann sie beginnen?
3 Wie lange muß sie jeden Tag arbeiten?
4 Wann ist Feierabend?
5 Wann kann sie freitags Feierabend
  machen?
6 Was kann sie dann am Wochenende
  machen?
7 Wann kann sie Mittagspause machen?
8 Wann macht sie meistens ihre
  Mittagspause?

SPRACHTIP

Frau Fese was talking about when she has to do
(müssen) and when she can do (können) things.
Remember that the word order is different with
modal verbs like müssen und können; the second
(main) verb moves to the end of that sentence:
Ich muß um acht Uhr im Büro sein.
Ich kann um zwölf Uhr Feierabend machen.
(See page 173 for further information.)

5 Here's a summary of how to specify the
times you do things. Fill in the grid below.

etwa um halb acht	at 8 o'clock
....	....
....	from 7 o'clock
....	from 3 o'clock
	till 4 o'clock
zwischen 6 Uhr und 9 Uhr	....
....	at a quarter
	to one
....	at the weekend

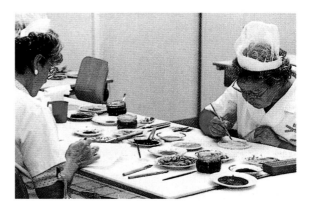

6 ▶3 43 Now talk about *your* working day.
Here is what you will have to say:
1 work begins between 7.00 and 8.30
  (flexitime)
2 eight hours a day
3 a half hour lunch break
4 it varies - from 12 to 2.00
5 30 hours a week
6 25 days holiday a year

7 Earlier, Frau Fese talked about her work conditions. She is a *berufstätige Hausfrau* (working housewife) in East Germany. Other East German women - especially *alleinerziehende Mütter* (single working mothers) - are not so lucky. Read the article opposite about Doreen Gaßmann, a single mother from Chemnitz. Then look at the list of key words below. See if you can work out the meanings by matching 1–6 with a–f.

1 ☐ die frühere DDR a to look after
2 ☐ die Kinderkrippe b while
3 ☐ das Gehalt c the former GDR
4 ☐ während d a great problem
5 ☐ sich kümmern um e day-care centre
6 ☐ ein großes Problem f salary

Doreen Gaßmann (34) wohnt in Chemnitz in Ostdeutschland. Sie ist alleinerziehende Mutter - ihr Sohn Silvio ist zehn Jahre alt, und ihre Tochter Julia ist acht. "In der früheren DDR war ich Verkäuferin. Der Staat kümmerte sich um die Kinder, während die Mütter arbeiteten. Silvio und Julia kamen mit vier Wochen in die Kinderkrippe - und man brauchte dafür nichts zu bezahlen. Das fand ich sehr gut." Arbeitende Mütter mit zwei oder mehr Kindern arbeiteten weniger, aber bekamen genau so viel Gehalt wie ihre anderen Kollegen. Heute ist das anders: "Der Staat kümmert sich jetzt nicht mehr um meine Kinder", sagt Doreen Gaßmann. "Ich suchte ein Jahr lang einen Platz im Kindergarten für Julia - aber ich fand einfach nichts. Es gibt jetzt einfach zu wenig Kindergärten und Kinderkrippen - und sie sind viel zu teuer!" Frau Gaßmann kann nun nicht mehr arbeiten: "Kinder und Arbeit - das ist für eine alleinerziehende Mutter in Ostdeutschland ein großes Problem!"

8 Read the statements below. Are they *richtig oder falsch*?

R F

1 Doreen Gaßmann ist eine berufstätige Mutter. ☐ ☐
2 Ihre Kinder sind zehn und acht Jahre alt. ☐ ☐
3 In der früheren DDR arbeitete sie - sie war Sekretärin. ☐ ☐
4 Der Staat kümmerte sich um die Kinder. ☐ ☐
5 Arbeitende Mütter bekamen weniger Gehalt. ☐ ☐
6 Frau Gaßmann suchte einen Platz im Kindergarten für Julia. ☐ ☐
7 Sie fand einen Kindergartenplatz für sie. ☐ ☐
8 Doreen Gaßmann kann jetzt nicht mehr arbeiten. ☐ ☐

SPRACHTIP

Doreen Gaßmann says *ich suchte einen Platz im Kindergarten. Suchte*, like *war* and *hatte*, is a past tense, called the simple past or imperfect. You met verbs in this tense before (EK5, EK11, EK15). There are two ways of forming the simple past:

1 Weak verbs:
Add the following endings to the verb stem: *such(en)*

ich	suchte	wir	suchten
du	suchtest	ihr	suchtet
er/sie/es	suchte	sie/Sie	suchten

If a verb stem ends in *d* or *t*, add an extra *e-* before the regular endings *(ich arbeitete)*.

2 Strong verbs:
The stem (the main part of the verb) changes and the following endings are added:

ich	trank
du	trankst
er/sie/es	trank
wir	tranken
ihr	trankt
sie/Sie	tranken

9 Fill in the correct simple past forms in the gaps below.

1 Doreen Gaßmann .... früher in Jena. (wohnen)
2 Sie .... dort als Verkäuferin. (arbeiten)
3 Die Kinder .... bis 16 Uhr im Kindergarten. (sind)
4 Der Kindergarten .... nichts. (kosten)
5 Um 16 Uhr .... sie Feierabend. (machen)
6 Sie .... letztes Jahr vier Wochen Urlaub im Jahr. (haben)

10 ▶3 44 More and more women work these days, so who does most of the chores at home? Before you listen to this interview with Thomas Braun, read the list of chores below. Can you guess who does what? Then listen to see if you were right.

der Haushalt(-e)	house work
teilen	to divide
staubsaugen	to vacuum clean
abwaschen (sep.)	to do the washing up
saubermachen (sep.)	to clean
kochen	to cook
die Wäsche (sing.)	laundry
bügeln	to do the ironing

	HERR BRAUN	FRAU BRAUN
1 Ich sauge Staub.	☐	☐
2 Ich mache die anderen Zimmer sauber.	☐	☐
3 Ich wasche ab.	☐	☐
4 Ich mache die Betten.	☐	☐
5 Ich bügele.	☐	☐
6 Ich mache die Wäsche.	☐	☐
7 Ich mache das Badezimmer sauber.	☐	☐
8 Ich koche.	☐	☐
9 Ich gehe einkaufen.	☐	☐

11 ▶3 45 Chores are not equally divided in all relationships! Listen to the interview with Frau Klein. Then fill in the gaps below.

ANDREA *Wer macht mehr im Haushalt - Sie oder Ihr Mann?*
FRAU KLEIN *Wir sind beide berufstätig - aber ich mache .... im Haushalt!*
ANDREA *Was machen Sie denn?*
FRAU KLEIN *Ich arbeite von .... bis .... Vor der Arbeit mache ich die Betten, und ich mache das Badezimmer .... Ich bringe dann die .... in den Kindergarten. In der Mittagspause gehe ich .... - und ich .... die Kinder ....*
ANDREA *Und was machen Sie, wenn Sie .... haben?*
FRAU KLEIN *Also, ich .... dann für die Familie. Ich mache auch die .... , und ich .... die Kinder ins ....*
ANDREA *Und Ihr Mann - was macht er im ....?*
FRAU KLEIN *Mein Mann kauft am Wochenende ein, und er .... die Wäsche.*

12 ▶3 46 Now it's your turn to talk about daily chores. This is what you'll say:

1 You cook every day for your family.
2 You do the washing up, and you make the beds.
3 You clean the bathroom.
4 You put the children to bed in the evenings.
5 You do the laundry at the weekend.

Checkliste ✔

Can you do the following?

a talk about your work routine
b describe your daily routine
c say who does which household chores

Verreisen Sie gerne?

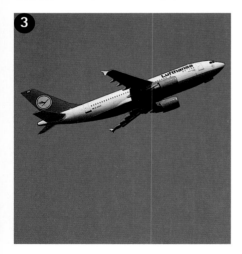

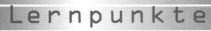

Lernpunkte

Finding out about train times

...and making enquiries

Discovering where Germans spend their holidays

...and saying where and when you last went on holiday

1 *Wie verreisen Sie?* How do you get to your holiday destination? Look at the photos and read the statements. Can you match them up correctly?

a ☐ Noch 20 Kilometer bis zur nächsten Tankstelle! Dort ist auch ein Restaurant - dort können wir Mittag essen.

b ☐ Wo ist das Reisezentrum? Ich brauche eine Fahrkarte nach München - und wo ist Bahnsteig 13?

c ☐ Entschuldigen Sie, ich will nach Sydney - bin ich hier richtig? Hier ist mein Ticket - und mein Ausweis.

2 ▶3 47 Listen to the announcement at Lübeck *Hauptbahnhof.* Then fill in the grid below.

	Zug	von	nach	Ankunft in Lübeck	Ankunft in...
Gleis....					
Gleis....					
Gleis....					

3 ▶3 48 Andrea lives in Lübeck and wants to visit a friend in Berlin at the weekend. She is not sure about the train connection. Listen to her enquiry and find out the following.

1 Wo muß sie umsteigen?

2 Wann fährt sie weiter?

3 Wann kommt sie in Berlin an?

SPRACHTIP

If you want to make a question more polite, instead of saying *Wann fährt der nächste Zug nach Berlin?* you could say:
Können Sie mir sagen, wann der nächste Zug nach Berlin fährt? (Could you tell me when the next train to Berlin leaves?)
Ich hätte gern gewußt, wann der nächste Zug nach Berlin fährt. (I'd like to know when the next train to Berlin leaves.)
But note that *wann*, like *daß* and *weil*, has the effect of sending its verb to the end of that part of the sentence.

4 ▶3 49 Prepare (polite) enquiries using either of the phrases in the *Sprachtip* box. Then turn on the tape/CD and practise these and similar questions. Ask about:

1 the next train to Lübeck
2 the next bus to Rheinfeld
3 the Intercity to Hamburg
4 the train to Amsterdam

5 Read this article on Germans' favourite holiday destinations. Underline the words and phrases that you know or that are similar to English. By making the most of such vocabulary, you can make sense of a written article without having to look up every word. When you feel you understand it all, answer the questions below.

am beliebtesten	the most popular
ein/zwei Drittel	one/two third(s)
eigen	own
das Reiseziel(-e)	holiday destination
westlich/östlich	western/eastern
ein/zwei Viertel	one/two quarter(s)
folgen	to follow
im Süden/Norden	in the south/north
das Feriengebiet(-e)	holiday resort

Deutschland als Reiseland am beliebtesten

Die Deutschen verreisen gerne - doch wohin fahren sie am liebsten? Die Antwort ist Deutschland: Fast ein Drittel aller Bundesbürger machen auch dieses Jahr Urlaub im eigenen Land. 22% von ihnen besuchen die Feriengebiete in den westdeutschen Bundesländern: Am beliebtesten sind die Bundesländer Bayern und Baden-Württemberg im Süden und Niedersachsen und Schleswig-Holstein im Norden Deutschlands. 7% der Deutschen verbringen ihren Urlaub in den östlichen Bundesländern. Doch nicht nur Deutschland ist als Reiseziel beliebt - mehr als ein Viertel aller Bundesbürger fahren ins Ausland. Die Nummer eins der ausländischen Reiseländer ist im Süden Europas: 12% der deutschen Urlauber fahren ins sonnige Spanien und auf die spanischen Inseln Mallorca, Teneriffa, Gran Canaria, Ibiza und Lanzarote. Die Nummer zwei und drei sind Österreich (8%) und Italien (7%). Dann folgen Griechenland, Skandinavien, Frankreich und die USA/Kanada. Und wie ist es mit Großbritannien und Irland? Nur 2% aller Bundesbürger machen dieses Jahr dort Urlaub...

1 Welches Urlaubsland ist bei den Deutschen am beliebtesten?
2 Wie viele Bundesbürger machen im Westen und wie viele machen im Osten Deutschlands Urlaub?
3 Wohin fahren mehr als 25% der Deutschen?
4 Welches ausländische Reiseziel ist am beliebtesten?
5 Welche Urlaubslaender sind beliebter - Italien oder Amerika?
6 Welche Urlaubslaender sind bei den Deutschen am wenigsten beliebt?

6 Read the article below. Can you work out the correct superlatives? Look at the *Sprachtip* and fill in the gaps.

"Wo machen Sie dieses Jahr Urlaub?"

1 Ich fahre im Sommer nach Griechenland - dort ist es .... (schön).

2 Urlaub? Ich bleibe zu Hause - das ist .... (billig) und .... (bequem)!

3 Wir verreisen dieses Jahr im Juli - im Juli ist es .... (warm).

4 Meine Frau und ich - wir machen .... (gern) in Bayern Urlaub.

5 Ich fahre im Herbst nach Ibiza - dann ist es dort .... (ruhig).

6 Wir machen eine Studienreise nach Florenz - das ist .... (interessant.)

7 Ich war schon dreimal in den USA - Florida gefällt mir .... (gut).

Wissenswert!

The 'Federal Republic of Germany' consists of 16 states or *Bundesländer*. Preserving a cultural identity and the country's regional diversity is an important function of the federal system. Many decisions and laws cannot be made without the consent of the *Länder*. In the areas of education, police, health and broadcasting, individual *Länder* take their own decisions, almost entirely independent of central government.

● SPRACHTIP

Do you remember how to form comparatives ('nice - nicer') in German? (See unit EK13.)

schön   →   schöner
beliebt   →   beliebter

But how do you form the superlative ('the nicest') in German?

You simply add *am - sten* to the adjective:

schön → schöner → am schönsten
Österreich ist als Reiseland schön.
Italien ist schöner.
Deutschland ist am schönsten.

Note these exceptions:

beliebt →	beliebter →	am beliebtesten
teuer →	teurer →	am teuersten
gut →	besser →	am besten
gern →	lieber →	am liebsten
viel →	mehr →	am meisten

7 ▶3 50 Listen to Frau Lüdemann from a travel agency in Lübeck and find out if her experience reflects the information from activity 5. *Richtig oder falsch?*

bevorzugt	preferred
die Insel(-n)	island
Ferienhausvermietung(-en)	holiday homes (self-catering)
die Küste(-n)	coast
die Studienreise(-n)	study trip
das günstige Angebot(-e)	bargain

	R	F
1 Die bevorzugten Urlaubsländer sind Griechenland und die Schweiz.	☐	☐
2 Städtereisen nach Italien sind sehr beliebt.	☐	☐
3 Viele Touristen mieten Ferienhäuser in Frankreich.	☐	☐
4 Es gibt keine günstigen Angebote für die Karibik.	☐	☐

● SPRACHTIP

How to say when, how long and where you went on holiday:

Wann?	*im Sommer/Winter, in den Sommerferien/Herbstferien, über Ostern/Weihnachten* (over Easter/Christmas)
Wie lange?	*eine Woche, zwei Wochen, 14 Tage, einen Monat*
Wo?	*in Österreich, in Deutschland,* etc. (exceptions: *in der Schweiz, in den USA, in der Türkei), auf Rügen/Mallorca, in einem Hotel, in einer Pension/in einem Gasthof, in einem Ferienapartment, auf einem Campingplatz*

8 ▶3 51 Listen to two people talking about where they went on holiday. Then fill in the gaps. Listen again to correct your answers.

1 Ich war in den Sommerferien zwei Wochen auf .... Das Wetter .... toll - ich habe den ganzen Tag am Swimmingpool gelegen. Ich habe im Hotel .... - ich hatte ein schönes .... Das Hotel war in Palma de Mallorca.

2 Ich war über Weihnachten .... im Winterurlaub in .... in den Alpen. Das Wetter war super. Wir .... viel Schnee, und ich bin jeden Tag Ski .... Ich habe in einem Ferienapartment gewohnt.

9 ▶3 52 Now you can tell a friend where you went on holiday following the example below. Check your answers and practise them on tape/CD when you're ready.

MODELL   Sommerferien/zwei Wochen/ Österreich - Hotel
Ich war in den Sommerferien zwei Wochen in Österreich. Ich habe in einem Hotel gewohnt.

1 Herbstferien/eine Woche/Frankreich - Pension
2 Weihnachten/14 Tage/USA - Ferienapartment
3 Sommer/einen Monat/Australien - Hotel
4 Ostern/zweiWochen/Deutschland - Campingplatz

Checkliste ✔

Can you do the following?

a make enquiries about departure and arrival times
b talk about where you've been on holiday
c talk about your preferred holiday destination

Es war sehr hektisch!

Reporting on a company visit

Getting to know a company...

...and finding out about their products and market

Asking people how long they've been working or living in one place...

...and whether they enjoy working or living there

1 On the left is some background information about the famous marzipan manufacturer, Niederegger in Lübeck. Read the extract, then correct the statements in English which follow.

existieren	to exist
seit	since
aus der Backstube von einst	from the old/ former bakery
im Laufe der Zeit	in the course of time
jeden Tag/am Tag	everyday/per day
die Tonne(-n)	tonne
herstellen (sep.)	to produce
die Hochsaison(-s)	peak season
liefern	to deliver
der Kontinent(e)	Continent
der Markt(-̈e)	market

NIEDEREGGER
LÜBECK

J. G. NIEDEREGGER GmbH & Co. · Postfach 2117 · D-23509 Lübeck   Zeißstraße 3–5 · D-23560 Lübeck

Anno 1806

Das Haus J.G. Niederegger existiert in Lübeck seit 1806. Aus der kleinen Niederegger-Backstube von einst ist im Laufe der Zeit eine moderne Marzipanfabrik geworden. Heute arbeiten hier 500 Mitarbeiter, die jeden Tag bis zu 35 Tonnen Marzipan herstellen. In der Hochsaison, zu Weihnachten und Ostern, kommen noch einmal 200 Mitarbeiter dazu. Niederegger liefert seine Produkte in alle fünf Kontinente, aber der wichtigste Markt ist Europa.

1 The marzipan factory dates back to 1806.
2 At the height of the season, Niederegger employs 500 people.
3 Christmas and New Year are the busiest periods.
4 The factory produces up to 35 tonnes of marzipan per day.
5 Niederegger's main export market is Europe.

2 ▶3 53 Now listen to two interviews, one with Herr Altjohann, Niederegger's production manager and one with the export manager, Herr Mayer. Then answer the questions below.

Woraus besteht Marzipan?	What is marzipan made of?
ausschließlich	entirely
die Mandel(-n)	almond
süß	sweet
das Geheimnis(-se)	secret
verbreiten	to give away (lit. 'to spread')
die Tchechei, Tchechische Republic	Czech Republic
Rußland	Russia
die Verbindung(-en)	connection
im Großraum London	in the Greater London area

1 Wieviel Marzipan stellt Niederegger am Tag her?
2 Wie viele Mitarbeiter arbeiten in der Fabrik?
3 Seit wann existiert die Fabrik?
4 In welche Länder exportiert Niederegger die Produkte?

Na, wie war die Geschäftsreise?

Es war sehr hektisch!

3 ▶3 54 Now listen to Herr Wollmann's report and find out the German for the phrases below.

die Begrüßung(-en)	welcome (lit. 'greeting')
die Einführung(-en)	introduction
der/die Produktionsleiter/in	production manager
der/die Exportleiter/in	export manager
der Geschäftsführer/in	managing director
die Besichtigung(-en)	visit
probieren	to taste something
weitergehen (sep.)	to continue, to go on
es ging weiter	we continued

1 It was very hectic.
2 At 8 o'clock, I had an appointment with the managing director.
3 At 8.15, there was an introduction to the company.
4 Then came the visit to the marzipan factory.
5 The meetings continued until half past five.
6 At seven o'clock, I was back in Hamburg.

4 ▶3 54 Compare Herr Wollmann's story with the official programme for his visit below. Tick three items he didn't mention in his report.

die Konditorei(-en)	cake shop/café
die Abreise (sing.)	departure

```
Besuch von Herrn Wollmann, Firma
Stollwerck, am 22.4.1996 im Hause
8.00 Uhr   Begrüßung durch den
           Geschäftsführer
8.15 Uhr   Einführung: Marzipan von
           Niederegger in Lübeck (Frau
           Seitz)
9.15 Uhr   Besichtigung der Marzipanfabrik
           (Herr Stolte)
10.00 Uhr  Besprechung mit dem
           Produktionsleiter (Herr Stolte)
12.00 Uhr  Mittagessen im Müggenbusch
           Waldhotel
13.30 Uhr  Besprechung mit der
           Exportleiterin (Frau Brahms)
14.30 Uhr  Besuch des Konditorei-Cafés
           Niederegger, Breite-Straße
15.15 Uhr  Abreise
```

Compare the following:

Ich habe um 16 Uhr Kaffee getrunken.
Um 16 Uhr habe ich Kaffee getrunken.

The subject of a sentence (the person or thing that performs the action) is normally first and the verb is second. However, you can begin the sentence with, for example, the day, date or time if you want to emphasize it. If you do this, the verb then comes before the subject:

Herr Wollmann hat um 8 Uhr eine Besprechung.
Um 8 Uhr hat Herr Wollmann eine Besprechung.

5 How would you say the following in German? Start with the date or time.

MODELL I was at Niederegger's on Monday.
Am Montag war ich bei Niederegger.

1 On Tuesday I was in Lübeck.
2 I had a meeting at nine o'clock.
3 I was back home at seven o'clock.
4 I'm going to Amsterdam at the weekend.

6 ▶3 55 Imagine you went on a business trip and have to prepare a report for your boss. Look at the items on the programme. Then listen and answer the questions.

MODELL Um 8.00 Uhr   Begrüßung durch
                        den Geschäftsführer
                        (sein)
         Um 8.00 Uhr war die Begrüßung durch
         den Geschäftsführer.

1 Um 9.00 Uhr   einen Termin mit der
                  Geschäftsführerin (haben)
2 Um 9.30 Uhr   die Einführung in die
                  Firma (sein)
3 Um 10.15 Uhr   der Besuch der Fabrik
                  (kommen)
4 Um 11.00 Uhr   ein Termin mit dem
                  Produktionsleiter
                  (geben)
5 Um 12.00 Uhr   Mittagessen
                  (geben)

6 Um 13.30 Uhr   mit einem Termin mit
                  dem Exportleiter
                  (es weitergehen - *sep.*)
7 Um 15.30 Uhr   Kaffeepause in der
                  Kantine (sein)

How to ask people how long they've been working or living in a place...

Arbeiten Sie schon lange hier?
Wie lange arbeiten Sie schon hier?

● **...and whether they like it there:**

Gefällt es Ihnen hier?

7 ▶3 56 You are about to interview one of Niederegger's employees. Work out what questions you would ask to find out the following information.

1 name of the person
2 where he/she comes from
3 whether he/she has been working there for a long time
4 whether she likes working there

Now listen and when you're ready, practise these questions.

When expressing a period of time using the word *seit* (since) in German, you need to take into account the gender of the following noun. These are the rules:

seit dem ersten Januar (der Januar)
  seit einem Monat (der Monat)
seit dem Mittagessen (das Mittagessen)
  seit einem Jahr (das Jahr)
seit der letzten Woche (die Woche)
  seit einer Woche (die Woche)

8 Read the profile of Frau Geberlein, a Niederegger employee, which appeared in the company's in-house magazine. Then read the information about two other employees. Can you write two more short profiles, using Frau Geberlein's profile as a model?

Louise Geberlein ist 51 Jahre alt. Sie ist verheiratet und hat eine Tochter. Frau Geberlein kommt aus Flensburg und wohnt seit 16 Jahren in Lübeck. Seit 14 Jahren arbeitet sie bei Niederegger in der Exportabteilung.

1

Name:	Sabine Dörl
Alter:	34
Familie:	verheiratet, 1 Sohn
seit wann in Lübeck:	6 Jahre
seit wann bei Niederegger:	1996 (1 Jahr)

2

Name:	Ali Kalmak
Alter:	19
kommt aus:	der Türkei
seit wann in Lübeck:	1 Monat
seit wann bei Niederegger:	1 Woche (Produktions-abteilung)

9 ▶3 57 Now it's your turn to talk about where you work and live and whether you enjoy being there. You will take the role of a businessman/woman from Birmingham. Before you listen, prepare your answers by looking at this information.

1 Your name is... (give your real name).
2 You come from...
3 You've lived in Birmingham for three years.
4 You like it there.
5 You've worked in Birmingham for one year.
6 Yes, you like your work, too.

Wissenswert!

Did you know that the proverbial German work ethic is becoming a thing of the past? According to recent studies, many Germans value their leisure time more highly than their work and only half take any pride in their job.
However, German workers still enjoy the longest holidays and the shortest working hours and yet command the highest salaries in Europe. The average male industrial worker earns 54,000 DM p.a. (1995) plus *Weihnachtsgeld* (an extra month's salary at Christmas) and *Urlaubsgeld* (additional holiday entitlement) for an average working week of 37.5 hours.

Checkliste

Can you do the following?

a ask people how long they have been in their current job

b tell others how long you have been working in your current job

c report on a company visit

Zeit zum Einkaufen

Lernpunkte

Buying clothes

Finding out more about colours...

...and choosing a size and colour

Shopping for a present

Comparing prices

1 Match the sentences with the pictures.

- [ ] a Die schwarze Strumpfhose.
- [ ] b Die rote Jacke.
- [ ] c Die grüne Krawatte/
       der grüne Schlips.
- [ ] d Die jeansblaue Hose.
- [ ] e Der hellblaue Rock.
- [ ] f Das gelbe Kleid.
- [ ] g Die weiße Bluse.
- [ ] h Die beigen Socken.
- [ ] i Die braunen Schuhe.
- [ ] j Der graue Mantel.

2 ▶3 *58* ***Welche Farben haben Sie?*** **Which colours do you have? Listen to Andrea at Karstadt, buying a T-shirt and trying to choose a colour. Which colours could she have and which one does she decide on?**

Ausschnitt - rund

Ärmel - halb

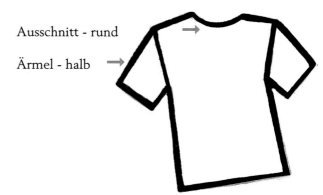

3 ▶3 59 Now listen to more of the interview. Then fill in the gaps below.

verschenken	to give as a present
reichen	to be enough
einlaufen (sep.)	to shrink

1 Andrea kauft ein T-Shirt für ihre _____ .
2 Ihre Schwester ist etwas _____ als sie.
3 Das T-Shirt in Größe M ist etwas _____ als das T-Shirt in Größe S.
4 Sie kauft Größe _____ .

4 Do you remember how to make comparisons and superlatives? (See EK13 and TP4.) Complete the sentences below.

MODELL Das gelbe T-Shirt ist _____ als das rote T-Shirt, aber das blaue ist _____ . (klein)
Das gelbe T-Shirt ist kleiner als das rote T-Shirt, aber das blaue ist am kleinsten.

1 Das blaue Kleid ist _____ als das grüne Kleid. Das rote ist _____ . (schön)
2 Meine Schwester ist _____ als ich. Aber mein Bruder ist _____ . (groß)
3 Die Briefmarken sind _____ in England als in Deutschland. In Spanien sind sie _____ . (billig)

Wissenswert!

SHOP SIGNS

der Herrenausstatter	gentlemen's outfitters
die Damenmoden	ladies' fashion
das Schuhgeschäft	shoe shop
die Geschenkboutique,	
der Geschenkeladen	gift shop

5 ▶3 60 Andrea is shopping for a present for her mother. Before you listen to her in the gift shop, match questions 1–8 to the answers a–h. Then listen to see if you got them all right. If not, listen again to work out where you went wrong.

die Vase(-n)

die Schale(-n)

der Kerzenständer(-)

die Kuh(-̈e)

der Teller(-)

das Huhn(-̈er)

das Schaf(-e)

1 Was möchte Andrea kaufen?
2 Was gefällt ihr sehr gut?
3 Wie teuer ist der Teller?
4 Wieviel kostet die Schale mit dem Huhn?
5 Warum kauft sie die Schale nicht?
6 Was hat sie gekauft?
7 Was soll die Verkäuferin machen?
8 Wo muß Andrea bezahlen?

a ☐ Die kostet 55 Mark.
b ☐ Sie hat den Teller mit der Kuh gekauft.
c ☐ Sie soll den Teller als Geschenk verpacken.
d ☐ Sie möchte ein Geschenk kaufen.
e ☐ Der Teller mit der Kuh gefällt ihr sehr gut.
f ☐ Sie muß an der Kasse bezahlen.
g ☐ Die ist zu teuer.
h ☐ Der kostet 27 Mark.

6 ▶3 61 Now you can join in a conversation at the department store yourself. Here's what you should say.

1 Excuse me, I'd like to buy a jacket.
2 I'm size 38.
3 What colours have you got?
4 Could you show me a blue jacket?
5 I like it very much, but it's a bit too small.
6 This jacket's a bit bigger. I'll take it.

7 When shopping, you might want to look out for sales and special offers. Read the three ads from a department store brochure. Then find the German equivalent for these words:

1 Now reduced!
2 On offer today!
3 Sale! Sale! Sale!
4 Special offer: CDs!

SPRACHTIP

Watch out for the plural forms (*die Vase - die Vasen*) in spoken or written German. Some words are the same in the singular and in the plural (*der/die Teller*); others have different endings or a vowel change (*die Kuh/die Kühe*). Learn these plurals as you go along.

8 Fill in the missing words in the grid.

DEUTSCH	ENGLISCH
die Haushaltswarenabteilung	
....	sports department
....	sports equipment
....	tennis racket
die Multimedia-Abteilung	
....	computer with keyboard and mouse
....	camera

Alles für den Haushalt!

Besuchen Sie unsere neue Haushaltswarenabteilung im 4. Stock
Heute im Angebot:
Kaffeetassen mit Teller aus englischem Porzellan
(Farben: weiß, blau, gelb, rot, grün)
Nur DM 9,99!

Sportartikel für groß und klein!

Jetzt reduziert - alles für den weißen Sport:
Tenniskleidung (Hemden, T-Shirts, Shorts und Röcke)
Tennisschuhe (Größe 4 - 48)
Tennisschläger (Adidas- und Puma-Modelle)
Sie finden unsere Sportabteilung im 2. Stock

Ausverkauf! Ausverkauf! Ausverkauf!

Nur heute in der Elektroabteilung!
Sonderangebot: CDs ab DM 8,99!
Besuchen Sie auch unsere Multimedia-Abteilung - Computer (IBM) mit Tastatur und Maus ab DM 1099!

Neu im Fotoshop: Canon Fotoapparate (Prima Twin S Kamera mit Sucherfocus) ab DM 199! Sony Camcorder ab DM 299!

9 Special offers are often advertised in local papers such as *Der Kölner Stadt-Anzeiger*. Here's an article about a summer sale. First, read the statements opposite. Can you guess whether they are *richtig oder falsch*? Then read the article to find if you were right.

der Sommerschlußverkauf(-̈e)	summer sale
der Käufer(-)	shopper
die Qualität(-en)	quality
zum Einkaufen	for shopping
enttäuscht	disappointed
der Schmuck (sing.)	jewellery

                                R F

1 Schuhe sind in Deutschland billiger als in England. ☐ ☐

2 Aber die Qualität ist in England am besten. ☐ ☐

3 In Deutschland ist alles billiger als in den USA. ☐ ☐

4 Computer und Fotoapparate sind in Deutschland nicht teuer. ☐ ☐

5 In der Schweiz ist vieles billiger als in Deutschland. ☐ ☐

6 Schmuck ist in Deutschland am billigsten. ☐ ☐

10 000 kamen zum Sommerschlußverkauf nach Köln!

Seit zwei Tagen ist in Deutschland SSV (Sommerschlußverkauf). Am ersten Tag kamen über 10 000 Käufer in die Kölner Innenstadt - viele von ihnen Touristen aus dem Ausland. Unser Reporter Harald May wollte wissen: "Was ist hier billiger - und was ist teurer als in Ihrem Land?"

Lorraine Mortimer (43) kommt aus Peterborough in Großbritannien. "Ich bin seit einer Woche in Köln - ich mache hier mit meiner Familie Urlaub. Ich habe im Ausverkauf Schuhe für meine Kinder und für meinen Mann gekauft. Schuhe sind in Deutschland billiger als in England - und die Qualität ist viel besser!"

Chuck Newlander (39) besucht mit seiner Frau Köln. Er kommt aus New Jersey (USA): "Wir sind heute morgen angekommen und wir sind gleich in die Stadt gefahren - zum Einkaufen. Aber wir waren enttäuscht: hier ist alles teurer als in den USA! Elektroartikel sind am teuersten - vor allem Computer und Fotoapparate."

Vreni Stutz (51) aus Zürich in der Schweiz macht seit zehn Jahren in Köln Urlaub: "Meine Schwester wohnt in Köln. Ich komme jedes Jahr zum Sommerschlußverkauf - vieles ist hier billiger als in der Schweiz. Ich war schon in vielen Ländern Europas - aber die Schweiz ist am teuersten! Am billigsten ist in Deutschland Schmuck - dieses Jahr habe ich zum Beispiel diese Brosche aus Gold gekauft. Sie war im Angebot - ich habe nur 249 Mark bezahlt!"

10 ▶3 *62* Now it's your turn to compare prices. Here are your prompts.

1 Your name is Malcolm and you come from Edinburgh in Scotland.

2 You've been in Cologne for a week.

3 You've bought a tennis racket.

4 Yes, sports goods are cheaper in Germany than in Scotland.

5 Electrical goods are more expensive here than in Scotland.

6 Cameras are the most expensive.

Checkliste ✔

Can you do the following?

a ask for and talk about colours

b ask for and state your size

c say what you're looking for in a shop

d compare prices

Ich bezahle das mit Scheck

Paying in cash, by cheque and by credit card

Booking a last-minute flight

Revising numbers from 0 – 999

1 Andrea's neighbour, Frau Ebert, has been shopping at the supermarket. Look at her shopping receipt and find out her answers to the following questions.

1 Sie wollen Lasagne machen. Was haben Sie dafür eingekauft?
2 Was kostet eine Flasche Wein?
3 Wie haben Sie bezahlt?

das Hackfleisch (sing.)	minced meat
die Zeitschrift(-en)	magazine
das Gewürz(-e)	spices
ausgeben (sep.)	to spend
MWST = Mehrwertsteuer	value-added tax (VAT)
das Prozent(-e)	percent

```
RATIO WARENHAUS JENA
Tomaten 1kg           2,99   1
Zwiebeln 500 g        0,79   1
Livio Öl  1 Liter     5,99   1
Tee                   2,98   2
Parmesan Käse 500g    9,98   1
Salami 200 g          2,98   1
Bananen 1kg           2,74   1
Hackfleisch 500 l g   6,60   1
Wein  5 Flaschen     35,00   5
Zeitschriften         2,50   1
Gewürze 25g           2,97   3
Eier Klasse 3 braun   3,99   1
Gurken                1,19   1
SUMME                 
MWST 7% =           DM 5,65
MWST 15% =          DM 0,00

Bar                 100,00
Zurück               13,65
08.10.96  14:21
***Danke für Ihren Einkauf***
***Auf Wiedersehen***
```

LERNTIP

There are several ways of learning new words.

1 You can note down words according to a theme. For example, collect lists of words useful for shopping, such as words for vegetables, meats etc.
2 When you read a text, list all verbs (*schreiben, lernen, kaufen*), nouns (*Fleisch, Wein, Haus, Auto*) or adjectives (*groß, klein, alt, neu*) that you come across.
3 Look at the infinitive of a verb, *kaufen* for example. Then write down all related words such as *einkaufen* (to shop) or *verkaufen* (to sell), *Kaufhaus* (department store) etc. It is best to work out your own system and then stick to it (you can see an example of this in the **Word groups** section on page 187-192).
Learning new words all the time is really important if you want to improve your German!

2 Look up the prices for the items below on Frau Ebert's receipt opposite and write them out in words. The first one is done for you.

500 g Parmesan Käse	neun Mark achtundneunzig
ein Kilo Bananen	....
Gurken	....
500 g Hackfleisch	....
ein Kilo Tomaten	....

3 ►4 _1_ Listen to the interview with Frau Ebert. Compare her list of items with her shopping receipt opposite. Tick the items Frau Ebert thinks she has bought. Then write down the answers to these questions.

der Fleischstand(⁻e)	meat counter
das Hundefutter (sing.)	dog food
das Mundwasser(-)	mouthwash

1 Was hat sie nicht gekauft?
2 Was hat sie gekauft und nicht gesagt?
3 Wieviel hat sie ausgegeben?

4 ►4 _2_ Turn on the tape/CD and practise prices and asking how much things cost.

Wissenswert!

PLASTIKGELD WIRD IMMER BELIEBTER

Although many Germans still prefer to pay cash for their purchases, paying by credit card is becoming more acceptable. However, in many restaurants, your credit card will not be accepted. The most widely used credit cards are Visa and Eurocard. You might want to use a cash dispenser to withdraw DM. Look for your card symbol on the machine.

5 *Wie funktioniert das?* These instructions for the cash dispenser are in the right order. Match up the English translations.

1 EC-Karte einführen
2 Geheimzahl eingeben
3 Betrag eingeben
4 Betrag bestätigen
5 EC-Karte entnehmen
6 Geldbetrag entnehmen

a ☐ type in your personal number
b ☐ insert card
c ☐ take out card
d ☐ take your money
e ☐ confirm amount
f ☐ type in amount

There are two things which might go wrong when you use a cash dispenser: the machine does not like your card - *Die Karte ist ungültig/nicht zugelassen* - and it may swallow your card altogether and ask you to go to the counter: *Die Karte wurde einbehalten. Bitte besuchen Sie uns am Schalter.*

This is what you can say to the bank clerk:

Können Sie mir helfen, bitte?	Could you help me, please?
Was soll ich machen/tun?	What shall I do?
Was kann ich tun?	What can I do?
Der Automat hat meine Karte geschluckt.	The machine has swallowed my card.

And the clerk might say:

So ein Pech!	What bad luck!
Füllen Sie bitte dieses Formular aus.	Please fill in this form.
Sie können/müssen Ihre Bank anrufen.	You can/must call your bank.

6 ▶4 3 Now practise these phrases on tape/CD.

7 Herr Lambert has bought a car radio by cheque. Study the document and then complete the word list.

account number	*die* ....
sort code	*BLZ (die Bankleitzahl)*
date	*das* ....
amount in words	....
place	*der* ....
currency	*die* ....
amount	*der* ....
signature	*die* ....

8 ▶4 4 Listen to Andrea Köhler booking a flight from Hamburg to Zurich in the department store Karstadt, in Hamburg. Fill in the missing phrases below. Then write out the cheque as if you were Andrea. You'll hear the price of the flight on tape/CD.

einen Flug buchen	to book a flight
der Sondertarif(-e)	special fare
im voraus	in advance
recht günstig	very reasonable (lit. 'favourable')
ausdrucken (sep.)	to print out

1 I'd like to book a flight.

2 ....

  Wann wollen Sie denn fliegen?

3 If you book seven days in advance...

4 ....

  Bleiben Sie über ein Wochenende weg?

5 ....

  Das ist recht günstig.

6 I'll pay that by cheque.

9 ▶4 4 Listen again. Imagine you are Andrea and have just booked a last-minute flight to Zurich for yourself and your partner. You want to surprise him, so complete the note with details of the flight.

Liebste(r)	sweetheart (f./m.)
kennenlernen	to get to know

Liebster - habe gerade einen Flug nach Zürich gebucht. Wir fliegen am .... !! Habe einen extra .... bekommen, weil wir übers .... bleiben. Statt .... DM habe ich nur .... DM bezahlt. Wir können bei meinen Eltern wohnen. Meine Mutter freut sich darauf, Dich kennenzulernen.

10 ▶4 5 Now it's your turn. Ring up the ITS travel agency and book a last-minute flight by credit card. Prepare your call with these details before you turn on the tape/CD.

REISEHITS IN LETZTER MINUTE!

Reisehits mit Abflug ab Düsseldorf

29.12. Tunesien,	***Hotel Lilas	
	2 Wo./HP	627,-
30.12. Fuerteventura,	***Apartments	
	2 Wo./HP	1219,-
31.12. Fuerteventura,	**Ap./Bungalow	
	2 Wo./HP	1019,-
31.12. Gran Canaria,	***Bungalow	
	2 Wo./HP	1313,-

1 You want to book a flight to Fuerteventura...
2 ...fly on 31 December...
3 ...and stay for two weeks (*2 Wo.*) with half board (*HP = Halbpension*).
4 Book for two people (*zwei Personen*).
5 Accept the offer (say 'That's OK').
6 Say you'll pay by credit card (Visa).
7 Give your name, card number and expiry date (you'll hear the details on tape/CD).

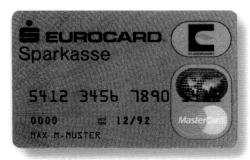

You could have paid for the flight with two of these notes:

11 Did you know that there are famous personalities on German bank notes? On the 1000 mark note there are two brothers you might have heard about. Read their biographical notes and guess their name.

die Sammlung(-en)   collection
das Märchen(-)   fairy tale

Er ist der ältere Bruder und heißt Jacob. Er wurde 1785 geboren. Sein Bruder Wilhelm und er interessieren sich beide sehr für die deutsche Sprache und Mythologie. Sie haben gemeinsam das größte Wörterbuch der deutschen Sprache begonnen. Die meisten Leute kennen sie aber durch ihre Sammlung von Kindermärchen.

Checkliste ✔

Can you do the following?

a state prices and quantities
b fill in a cheque
c book a flight by credit card

Haben Sie Familie?

Talking about yourself and your family

Asking someone about himself/herself

Describing people

1 ▶4 6 Listen to Frau Fritz from Lübeck talking about her family. Then read statements 1–6. Are they *richtig oder falsch?*

Zwillinge (pl.)	twins
das Mädchen(-)	girl
der Junge(-en)	boy
das Enkelkind(-er)	grandchild
verheiratet	married
die älteste	the oldest

		R	F
1	Frau Fritz hat Zwillinge - zwei Mädchen.	□	□
2	Ihre Töchter sind 33 Jahre alt.	□	□
3	Ihre Töchter sind nicht verheiratet.	□	□
4	Frau Fritz hat vier Enkelkinder.	□	□
5	Die Mädchen sind 11 und vier Jahre alt.	□	□
6	Das große Mädchen heißt Sophia.	□	□

2 ▶4 7 Listen to the conversation between Joan, Andrea's penfriend from Ireland, and Andrea's Austrian friend Katharina. Try to figure out the meaning of the words below.

1	....	married
2	heiraten	to ....
3	geschieden	divorced
4	....	widowed
5	der Halbbruder/die Halbschwester	....
6	der Stiefbruder/die Stiefschwester	....
7	die Tante	....
8	der Onkel	....
9	der zweite Mann/die zweite Frau	....
10	die Ehe	marriage

3 ▶4 8 **Listen to Frau Bellstedt and Andrea talking. Choose the right answers.**

1 Seit wann wohnt sie in Jena?
  a ☐ Seit 1952.
  b ☐ Seit 1925.
  c ☐ Seit 1942.

2 Wie alt ist sie?
  a ☐ Sie ist 66 Jahre alt.
  b ☐ Sie ist 88 Jahre alt.
  c ☐ Sie ist 61 Jahre alt.

3 Arbeitet sie?
  a ☐ Ja, sie ist Rentnerin.
  b ☐ Nein, sie ist Rentnerin.
  c ☐ Ja, sie ist Lehrerin.

4 Wie viele Kinder hat sie?
  a ☐ Sie hat drei Kinder.
  b ☐ Sie hat Zwillinge.
  c ☐ Sie hat zwei Kinder.

5 Hat sie Enkelkinder?
  a ☐ Nein, noch nicht.
  b ☐ Ja, sie hat ein Enkelkind.
  c ☐ Ja, sie hat eine Enkeltochter.

4 **Read the mini biography. Then write two similar ones using the notes below.**

Annette Claußen ist 42 Jahre alt. Sie wohnt in Mainz. Sie ist nicht verheiratet. Sie hat zwei Kinder. Ihr Sohn ist dreizehn Jahre alt, und ihre Tochter ist fünfzehn. Ihre Eltern wohnen in Frankfurt. Frau Claußen hat drei Geschwister: zwei Brüder und eine Schwester.

Name:	Ulrich Wiebke
Alter:	67
wohnt in:	Lübeck
	verwitwet
Kinder:	einen Sohn (34)
Enkelkinder:	2

Name:	Miriam Dörl
Alter:	39
wohnt in:	Köln
geschieden - alleinerziehende Mutter	
Kinder:	zwei Töchter (12/14)
Geschwister:	keine

5 ▶4 9 **Now join in a conversation on the tape/CD. Here are the prompts.**

1 I've lived in Cardiff since 1979.
2 Yes, I have three children, one boy and two girls.
3 They are 26, 30 and 32 years old.
4 The oldest one, Anna, is married.
5 I have two grandchildren, both granddaughters.
6 The other daughter is a single mother.
7 My son is divorced. He lives in Austria.
8 No, I don't work any more. I'm retired.

6 **Read this poem about love and relationships. Then look at the statements below. Tick the one that best describes it.**

der Traum(-̈e) dream
der Raum(-̈e) room
kaum barely, hardly

1 ☐ It's a poem about marriage.
2 ☐ The poem is about falling in love.
3 ☐ The poem is about the end of a relationship.

es gibt keinen platz für
dich in meinem traum.
es gibt keinen platz für dich
in meinem raum.
es gibt keinen platz für dich
es gibt kaum platz für dich
es gibt einen platz für dich
es gibt nur platz für dich
es gibt nur dich
es gibt dich
gib dich

7 Andrea and her boyfriend, Olaf, are compiling a collage of family photos as a birthday present for Andrea's grandmother, *die Großmutter*. Read the dialogue and pick the right photo for each person described.

dick	fat
schlank	slim
ziemlich	quite
das Auge(-n)	eye
der Bart/Schnurrbart(-̈e)	beard/moustache
die Glatze(-n)	bald head
eine Brille tragen	to wear glasses
lockige/blonde Haare (pl.)	curly/blond hair
aussehen (sep.)	to look (like)
die Nichte(-n)/der Neffe(-n)	niece/nephew
der Großvater(-̈er)	grandfather

ANDREA   *So, wir sind fast fertig. Die Collage sieht wirklich toll aus! Ich brauche aber noch ein Foto von meiner Tante Ingrid.*

OLAF   *Deine Tante Ingrid - wie sieht sie denn aus?*

ANDREA   *Sie ist sehr groß und schlank. Sie hat lange blonde Haare, und sie hat blaue Augen. Sie trägt eine Brille.*

OLAF   *Hier - ist das ein Foto von deiner Tante Ingrid?*

ANDREA   *Ja, das ist sie. Danke!*

OLAF   *Und wer sind die Kinder auf dem Foto?*

ANDREA   *Das ist meine Nichte Anja und das ist mein Neffe Fabian.*

OLAF   *Und der Mann mit der Glatze - wer ist das?*

ANDREA   *Das ist mein Onkel Hans. So, jetzt brauchen wir noch ein Foto von meinem Großvater.*

OLAF   *Wie sieht dein Großvater denn aus?*

ANDREA   *Er ist sehr alt - und er ist ziemlich klein und dick. Er hat weiße lockige Haare. Er hat braune Augen und einen weißen Schnurrbart.*

OLAF   *Ist das ein Foto von deinem Großvater?*

ANDREA   *Ja, das ist er. So, die Collage ist fertig!*

Tante Ingrid:

1 ☐   2 ☐

der Großvater:

1 ☐   2 ☐

Onkel Hans:

1 ☐   2 ☐

8 ▶4 10 Now listen to a conversation at a wedding (*die Hochzeit*). Frau Sauer can't find her husband. Read these statements. Are they *richtig oder falsch*?

die Sektbar(-s)	champagne bar
tanzen	to dance

	R	F
1 Frau Sauer's husband has a beard and he wears glasses.	☐	☐
2 He's very young.	☐	☐
3 He's got blue eyes and he's not very old.	☐	☐
4 He's small and slim.	☐	☐
5 He's dancing in the ballroom.	☐	☐

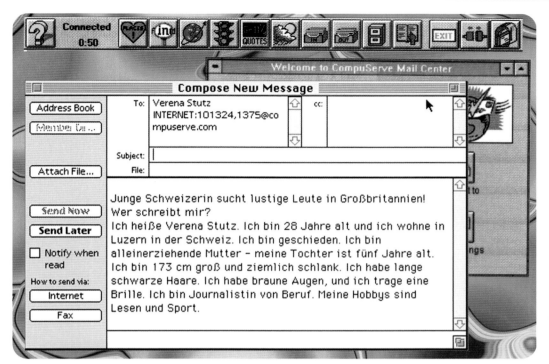

Junge Schweizerin sucht lustige Leute in Großbritannien! Wer schreibt mir?
Ich heiße Verena Stutz. Ich bin 28 Jahre alt und ich wohne in Luzern in der Schweiz. Ich bin geschieden. Ich bin alleinerziehende Mutter – meine Tochter ist fünf Jahre alt. Ich bin 173 cm groß und ziemlich schlank. Ich habe lange schwarze Haare. Ich habe braune Augen, und ich trage eine Brille. Ich bin Journalistin von Beruf. Meine Hobbys sind Lesen und Sport.

9 You want to meet new people from Germany or Switzerland to improve your German via the Internet and you come across the above message. Now write a reply to Verena using her message as a model and this information.

- Andrew Cox
- Scottish
- you live in Dublin in Ireland
- 36 years old
- divorced; no children
- 185 cms tall
- short, curly blond hair
- blue eyes; moustache
- teacher
- hobbies: sports and computer

10 ▶4 *11* Now it's your turn to describe yourself. This is what you will have to say:

My name is Kim Brown.
I live in Birmingham in England.
I am 45 years old.
I am not married.
I am tall and quite slim.
I have brown eyes and short, curly brown hair.
I'm wearing glasses.
I'm a doctor.
My hobbies are reading and football.

SPRACHTIP

Do you remember the rules for adjectives in front of a noun?

ein Bart (m.)	*Ich habe einen weißen Bart.*
eine Brille (f.)	*Ich trage eine rote Brille.*
das Kind (n.)	*Ich habe ein kleines Kind.*
die Haare (pl.)	*Ich habe schwarze Haare.*

Checkliste ✔

Can you do the following?

a talk about the members of your family
b describe yourself and others

Kein Problem!

1 Match the German words with the English.

1 ☐ die Sahne   a cake shop, café
2 ☐ die Himbeertorte   b flexitime
3 ☐ der Fluß   c visit
4 ☐ die Münze   d cream
5 ☐ das Bargeld   e raspberry gateau
6 ☐ die Fabrik   f twins
7 ☐ die Gleitzeit   g coin
8 ☐ die Besichtigung   h factory
9 ☐ die Konditorei   i river
10 ☐ die Zwillinge   j cash

☐ /10 POINTS

2 Put the following telephone conversation in the right order.

1 ☐ Ja, gern.
2 ☐ Herr Müller ist in einer Besprechung.
3 ☐ Das geht in Ordnung, Herr Schmidt.
4 ☐ Niederegger, Guten Tag.
5 ☐ Könnte ich eine Nachricht hinterlassen?
6 ☐ Vielen Dank. Auf Wiederhören.
7 ☐ Es geht um die Dienstreise nächste Woche. Könnte er mich zurückrufen?
8 ☐ Guten Tag. Mein Name ist Schmidt. Könnte ich bitte Herrn Müller sprechen?

☐ /8 POINTS

3 Read the following information from a brochure about boat trips in Lübeck, then answer questions 1–7.

SCHIFFSFAHRTENPROGRAMM

Vom 15. April bis 1. Oktober

Die Fahrten starten im Herzen Lübecks ab der Holstentorstraße

FAHRPLAN FÜR WAKENITZFAHRTEN

Lübeck-Tothenhusen (Ratzeburger See)

Ostern - 30.4. Dienstag, Donnerstag, Sonntag - 13.30 Uhr

Ab 1.5 - 15.9. TÄGLICH - 09.30 Uhr und 13.30 Uhr

Ab 16.9 - 1.10. Dienstag, Donnerstag, Sonntag - 13.30 Uhr

ROTHENHUSEN (RATZEBURGER SEE) - LÜBECK

Ostern - 30.4. Dienstag, Donnerstag, Sonntag - 16.45 Uhr

Ab 1.5 - 15.9. TÄGLICH - 11.05 Uhr und 16.45 Uhr

Ab 16.9 - 1.10. Dienstag, Donnerstag, Sonntag - 16.45 Uhr

Ankunft Lübeck um 12.30 Uhr oder 18.15 Uhr

FAHRPREISE:

Einfache Fahrt: Erwachsene 9,- Kinder (4-13 J.) 4,50

Hin- u. Rückfahrt: Erwachsene 14,- Kinder (4-13 J.) 7,-

(große Rundfahrt mit Aufenthalt am Ratzeburger See)

Pkw- und Busparkplätze, 2 Min. zur Bushaltestelle Moltkestraße Linie 5 und 10

Verbilligte Sonderpreise für Gruppen ab 15 Personen und bei Sonderfahrten

1 Whereabouts in Lübeck do the boats leave from?
2 At what time of year do the boat trips begin and end?

3 From May 1 to the September 15, which days of the week do the boats run?

4 On the return journey, what time do the boats arrive in Lübeck?

5 How much would a return journey for two adults and two children cost?

6 How far away is the bus stop?

7 Under what circumstances may the tickets be cheaper?

/7 POINTS

4 You are writing to the tourist office to ask for information. How would you ask the following questions?

1 Where can I find the tourist information office?

2 What is there to see in the town?

3 How far is it from the station to the town centre?

4 Could I have a map, please?

5 Are there good restaurants in the town?

6 When is the museum open?

/6 POINTS

5 Find 10 items of clothing and seven colours in the word search below.

```
S  T  R  U  M  P  F  H  O  S  E
C  R  O  T  A  M  P  W  U  O  L
H  X  C  B  R  A  U  N  T  C  L
U  P  K  L  E  I  D  D  E  K  E
H  S  C  H  W  A  R  Z  E  E  M
L  G  E  L  B  D  O  R  I  J  A
K  R  A  W  A  T  T  E  I  A  N
M  Ü  S  C  H  L  I  P  S  C  T
A  N  W  E  I  S  S  A  R  K  E
G  R  A  U  S  B  L  U  S  E  L
```

/17 POINTS

6 Fill the gaps with the most appropriate imperfect verb form. Use each verb once!

machten kaufte kochte wohnte
machte ging sahen kam trank

Frau Wolf .... mit ihrer Familie in Bremen. Jeden Morgen .... sie eine Tasse

Kaffee und dann .... sie um 8 Uhr zur Arbeit. Die Kinder .... die Betten. Frau Wolf .... jeden Tag ein - Brot, Gemüse, und Obst. Dann .... sie das Abendessen - sie .... gern. Ihr Mann .... um 18 Uhr nach Hause. Ab 21 Uhr .... sie fern.

/9 POINTS

7 *Wann, wie lange, wo?* Say where you went on holiday, following the example below.

MODELL Sommer/zwei Wochen/Frankreich - Gasthof.

Ich war im Sommer zwei Wochen in Frankreich. Ich habe in einem Gasthof gewohnt.

1 Ostern/eine Woche/Italien - Ferienapartment

2 Winter/einen Monat/USA - Hotel

3 Sommerferien/zwei Wochen/Irland - Campingplatz

/3 POINTS

8 Imagine you are the following person. Write about yourself in German.

- Mary Fröhder
- American, come from New York
- live in Innsbruck in Austria
- have lived in Innsbruck for 5 years
- 27 years old
- married; husband Austrian
- one son, 3 years old
- 172 cm tall, long, blond hair and blue eyes
- wearing a black skirt and a white blouse
- don't work
- hobbies: walking and skiing

/12 POINTS

TOTAL /78 POINTS

Zuhause in Deutschland?

Saying where you grew up

Saying how long you've been doing something and why

Asking about someone's background

1 There are over seven million *Ausländer* (foreigners) living in Germany. Where do they come from? Here are some nationalities and countries. Can you complete the table?

COUNTRY	NATIONALITY (M. / F.)
1	Engländer/Engländerin
2 Iran	....
3	Amerikaner/ Amerikanerin
4 Japan	
5	Australier/Australierin
6 Deutschland	....
7	Norweger/Norwegerin
8 Italien	....

NAHID, 24 (IRAN)

aufgewachsen in: Teheran
Nationalität: Iranerin
in Deutschland seit: einem Jahr
Deutsch gelernt: in der Sprachschule

EMMET, 16 (IRLAND)

aufgewachsen in: Dublin
Nationalität: Ire
in Deutschland seit: sechs Jahren
Deutsch gelernt: erst in Deutschland

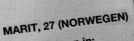

MARIT, 27 (NORWEGEN)

aufgewachsen in: Oslo
Nationalität: Norwegerin
in Deutschland seit: acht Jahren
Deutsch gelernt: in Norwegen

2 Look at the mini biographies opposite of three of Andrea's friends who are foreigners living in Cologne. Write about Emmet and Marit using Nahid's description as a model.

aufwachsen (sep.)	to grow up
Iraner/die Iranerin	Iranian
die Sprachschule(-n)	language school
der Ire/die Irin	Irishman/woman

MODELL *Das ist Nahid. Sie ist in Teheran aufgewachsen. Sie ist Iranerin und wohnt seit einem Jahr in Deutschland. Sie hat Deutsch in der Sprachschule gelernt.*

3 ▶4 `12` Now listen to the interviews with Emmet and Marit. Which of the two may want to stay in Germany? Then listen again and read the following statements. Whose experience do they describe?

die Armee(-n)	army
der Irre(-n)	madman
die Schlägerei(-en)	fight, brawl
der Deutschunterricht	German lesson
akzeptieren	to accept
der Studienplatz(-̈e)	place at university
irgendwann	one day, some time
das Zuhause (sing.)	home

	EMMET	MARIT
1 Ich konnte kein Deutsch. Sie nannten mich 'der Irre'.	☐	☐
2 Ich konnte schon Deutsch und die Leute waren freundlich.	☐	☐
3 Nach drei Jahren haben die mich akzeptiert.	☐	☐
4 Ich bin zum Studieren gekommen.	☐	☐
5 Mein Vater arbeitete bei der Armee.	☐	☐
6 Mit dem Zimmer gab's am Anfang Probleme.	☐	☐

4 ▶4 `13` Imagine you are meeting Marit at a friend's house and you want to ask her about her background. Prepare your questions and turn on the tape/CD when you're ready. Listen again to the last dialogue if you need help.

You'd like to know:
1 where she grew up
2 how long she's been living here
3 why she came to Germany
4 whether she'd like to go back to Norway one day

5 Translate the following phrases into German using *seit*. (Be careful to use the correct tense each time!)

1 I have been living in Marburg since 1 January.
2 I have been living in Germany for a month now.
3 I have been living in a new room for one week.
4 I haven't eaten anything since breakfast.
5 I've been learning German for a year.

6 There are a number of phrases you can use if you can't understand something. Store them in your list of essential phrases and find their English equivalents.

1 Wie bitte?
2 Noch einmal, bitte.
3 Nicht so schnell, sonst verstehe ich nichts.
4 Bitte wiederholen Sie das, langsam.

Wissenswert!

AUSLÄNDER IN DEUTSCHLAND

Around seven million foreign workers and their families live in the Federal Republic of Germany. The first wave of *Gastarbeiter* (guest workers) came in the 1960s and 1970s, mainly from Turkey and Italy. They were welcomed by the West German Government because they provided much-needed labour for the rapidly growing economy. Today, nearly 50% of them have lived in Germany for at least ten years and more than two thirds of their children were born there. In the 1980s, a second wave of *Asylanten* (political asylum-seekers) from developing countries and Eastern Europe tested Germany's generous asylum laws. In 1992, almost 440,000 asylum-seekers came to Germany, representing 70% of all refugees asking for asylum in the EC. This gave rise to new legislation in 1993. Its objective was to allow only those refugees who genuinely suffer from political persecution to be considered for asylum.

Since the early 1990s, there has been another flow of German migrants. First there was a large-scale immigration of ethnic German resettlers (*Aussiedler*) from Poland, Romania and the former Soviet Union, and secondly emigrants (*Übersiedler*) from the former German Democratic Republic. In 1989–1990 alone, nearly 1.5 million Germans or people of German origin arrived in West Germany.

Wir sind jeden Tag Ausländer.

⊗ **Lufthansa**

7 Read the two charts below. Then fill in the missing information.

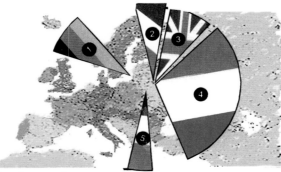

AUSLÄNDER IN EUROPA
Ausländeranteil (%) an der Bevölkerung

1	Deutschland	8,5	4	Holland	5
2	Frankreich	6,3	5	Luxemburg*	31
3	Großbritannien	8,5			

(Source: Statistisches Bundesamt)

AUSLÄNDER IN DEUTSCHLAND

Türken	28%	Jugoslawen	12%
Italiener	8%	Griechen	5%
andere	47%		

(Source: WDR TV (1994))

1 Die meisten Ausländer in Deutschland sind ....
2 .... % kommen aus dem ehemaligen Jugoslawien.
3 In Deutschland wohnen .... Griechen als Italiener.
4 Die .... Ausländer in Europa leben in Luxemburg.
5 In Deutschland und in Großbritannien wohnen ....
   Ausländer als in Frankreich.
6 Die wenigsten Ausländer wohnen in ....

* The high number is due to the fact that a number of European institutions are based there. It is also a tax haven for the well-off.

8 ▶4 14 Listen to the interview with Frau Böhm from the Office for Equal Opportunities. Then read the statements below. Are they *richtig oder falsch*?

ehemalig	former
die Welt(-en)	world
die Anwerbung(-en)	recruitment
die Arbeitskraft(-̈e)	worker
wurden angeworben	were recruited

die Arbeits-
  möglichkeit(-en)
	employment
	  opportunity

	R	F
1 Es gibt in Deutschland 17 Millionen Ausländer.	☐	☐
2 Sie kommen aus allen Ländern Europas.	☐	☐
3 Die meisten Ausländer kommen aus der Türkei.	☐	☐
4 Viele Ausländer kamen nach Deutschland, weil es hier viel Arbeit gab.	☐	☐
5 In der Türkei gab es auch viele Arbeitsmöglichkeiten.	☐	☐

9 Not all *Ausländer* come to Germany because of job opportunities. Nina, an 11-year-old girl from the former Yugoslavia, is one of them. Read the letter she wrote in 1992 and answer the questions 1–6.

der Krieg	war

Ich heiße Nina. Ich komme aus Sarajewo in Jugoslawien, und ich bin 11 Jahre alt. In Jugoslawien war bis vor kurzem Krieg. Ich bin hier mit meiner Mutter. Ich gehe hier in die Schule, und ich lerne Deutsch. Ich lese sehr viele Bücher. Hier ist es gut für mich, aber alle Freundinnen und Freunde sind in Jugoslawien. Meine Mutter arbeitet hier. Ihre Arbeit ist sehr schwer. Wir werden nach Jugoslawien fahren. Deutschland ist ein sehr schönes Land, aber für mich ist Jugoslawien das schönste Land. Ich glaube, daß wir bald nach Jugoslawien zurückfahren dürfen.

Nina, 11 Jahre

1 Woher kommt Nina?
2 Warum ist sie nach Deutschland gekommen?
3 Mit wem wohnt sie hier?
4 Was macht sie hier?
5 Was macht ihre Mutter hier?
6 Welches Land ist das schönste Land, sagt Nina?

10 Here is a mini biography of a famous German who had to emigrate from Germany. *Wer ist das?*

Er lebte von 1879-1955. Er war Physiker von Beruf und Begründer der Relativitätstheorie. 1921 gewann er den Nobelpreis für Physik. 1933 emigrierte er in die Schweiz, dann in die USA, weil er Jude war.

Checkliste ✔

Can you do the following?

a say where you come from and where you grew up
b ask others where they come from and where they grew up

Wir sind schon voll belegt

Lernpunkte

Booking a hotel room by phone

Confirming the booking in writing

Making a complaint

Describing the problems of finding somewhere to live

1 ▶4 15 Listen to Frau Landwehr, a secretary in Munich, unsuccessfully trying to make a hotel reservation for three managers by phone. Find out why and if these statements are *richtig oder falsch*.

ich hätte gern ein Zimmer reserviert	I'd like to book a room
voll belegt	fully booked
empfehlen	to recommend
versuchen Sie es mal...	you could try...
freundlich	kind, friendly

	R	F
1 Im Hotel zur Schweiz ist kein Zimmer mehr frei.	☐	☐
2 Es gibt keine Zimmer mit Dusche.	☐	☐
3 Das Hotel Schwarzer Bär ist voll belegt.	☐	☐
4 Im Hotel Schwarzer Bär gibt es vielleicht noch Zimmer.	☐	☐
5 Die Dame kann ein anderes Hotel empfehlen.	☐	☐

2 ▶4 16 Now listen to her second call and complete the booking details in this form.

das Einzelzimmer(-)	single room
das Doppelzimmer(-)	double room
auf welchen Namen?	in what name?
pro Nacht	per night
schriftlich bestätigen	to confirm in writing

Name: Frau Ungut, Herr Apel, Herr Preuss
Adresse Firma Bauer & Herzog
Kaiser-Ludwig-Platz ....
.... München.
Tel. ....

Zimmer	mit Bad	mit Dusche	Nächte	Datum
Einzelzimmer				25.-26.9.
Doppelzimmer				

3 A hotel will normally ask you to confirm a telephone booking in writing. Check Frau Landwehr's letter against your form opposite and highlight any errors in the confirmation.

i.A. (im Auftrag)   *p.p. (on behalf of)*

Hotel Schwarzer Bär
Lutherplatz 2
07743 Jena

Zimmerreservierung
Sehr geehrte Damen und Herren,
bitte reservieren Sie für Montag und Dienstag, den 25. und 26. Oktober 1996 ein Einzelzimmer mit Dusche zum Preis von 140.-DM pro Nacht und zwei Doppelzimmer mit Bad zum Preis von 189.-DM für die Firma Bauer & Herzog.

Mit freundlichen Grüßen,
i.A. Karen Landwehr

4 ▶4 *17* Now it's your turn to book your holiday accommodation with Pension Toman in Austria. Look at the card with your booking details. Listen and start off with *Guten Tag, ich hätte gern zwei Doppelzimmer reserviert* and then answer the questions on tape/CD.

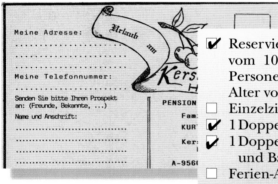

Meine Adresse:
. . . .
. . . .
Meine Telefonnummer:
. . . .
Senden Sie bitte Ihren Prospekt an: (Freunde, Bekannte, ...)
Name und Anschrift:
. . . .
. . . .
. . . .

☑ Reservieren Sie für mich
   vom 10. 8. bis 24.8.
   Personen 4 davon 2 Kinder im
   Alter von 10 und 13
☐ Einzelzimmer mit Dusche/WC
☑ 1 Doppelzimmer mit Dusche/Bad/WC
☑ 1 Doppelzimmer mit Dusche/Bad/WC
   und Balkon
☐ Ferien-Apartement (2-4 Pers.)

SPRACHTIP

1 How to start a formal letter:

Sehr geehrte	Dear Madam/
Damen und Herren	Sir
Sehr geehrte Frau	Dear
Sehr geehrter Herr...	Mrs.../Mr...

2 Less formal letters start:

Liebe Frau.../Lieber Herr...	Dear...
Liebe Anna or *Lieber Nico*	

3 How to end a formal letter:

Hochachtungsvoll	Yours faithfully
Mit freundlichen Grüßen	Yours sincerely

4 Less formal letters end:

Liebe Grüße or	Regards
Mit herzlichen Grüßen	With best wishes

5 Here are some things you can do on holiday. Match them up to make sentences.

MODELL   *Auf dem Bauernhof kann man sich die Tiere ansehen.*

1 Auf dem Bauernhof   a ☐ Fahrräder ausleihen.
2 Auf der Liegewiese   b ☐ sich die Tiere ansehen.
3 Vom Fahrradverleih   c ☐ sich sonnen.
4 Auf dem Spielplatz   d ☐ schwimmen.
5 Beim Tanzen   e ☐ wandern.
6 In den Bergen   f ☐ viel Spaß haben.
7 Im See   g ☐ mit den Kindern spielen.

● SPRACHTIP

Man means 'one, people, we/you/they' and takes the same form as *er, sie, es.*
Man is much less formal than the English 'one'.
Man kann dort gut essen. (You can have a nice meal there.)
Man glaubt's ja nicht! (You can't believe that!)

6 ▶4 18 You've arrived for a weekend at Hotel Pech and need to ask some questions. The receptionist is very grumpy. Complete the questions. Then play the tape/CD, ask the questions and listen to the answers.

1 When can you have breakfast?
   Wann kann man ...., *bitte?*
2 Do they have an English paper?
   Haben Sie eine .... *Zeitung?*
3 What is the dialling code for England?
   Wie ist die Vorwahl für ...., *bitte ?*
4 How long is the bar open?
   Wie lange ist die Bar .... *?*

7 ▶4 19 You've checked into your room, but things are not as they should be! Use the words below to complete your complaints. Then listen to check your answers and practise making these and other complaints.

sich beschweren   to make a complaint
angenehm   pleasant
der Aufenthalt(-e)   stay
schmutzig   dirty
das Handtuch(-tücher) towel

schmutzig Doppelzimmer
beschweren gemacht Einzelzimmer
Handtücher

1 Ich möchte mich .... !
2 Sie haben mir ein .... statt ein
   .... gegeben.
3 Das Zimmer ist .... und das Bett
   ist nicht ....
4 Es gibt keine .... im Badezimmer.

8 ▶4 20 In many German cities, people queue for early copies of weekend papers on Friday evening ready to snap up reasonably priced rented accommodation. Listen to a foreign student who had problems finding a room. First, just listen for gist. Put the key words below in the order you hear them (listen more than once if necessary). Then check you understand what they all mean.

a ☐ seit fünf Jahren
b ☐ schwierig
c ☐ das Studentenwohnheim
d ☐ auf ein Zimmer warten
e ☐ die Politikwissenschaft
f ☐ Somalia

Hotel Pech

Wir wünschen
Ihnen einen
angenehmen
Aufenthalt

9 ▶4 *21* Now listen again for detail and fill in the missing words and phrases. You may not be able to write fast enough as you listen, so stop the tape/CD or repeat if necessary. You could also simply listen and work out the answers.

1 .... seit (also) fünf Jahren
....

2 .... schwierig (also), ein Zimmer ....

3 .... Studentenwohnheim.

4 .... ein Jahr .... dieses Zimmer warten.

5 .... Politikwissenschaft.

6 .... Somalia.

● LERNTIP

When you come across words like *verlor* and *verließ*, how do you find out what they mean? If you cannot find them in the dictionary, then look under the list of irregular verbs which you can find in all dictionaries and grammar books. You'll soon realise that *verlor* is the imperfect tense of *verlieren* (to lose) and *verließ* comes from *verlassen* (to leave). It is also a good idea to write down common irregular verbs and study these as often as possible.

Wissenswert!

Since the unification of West and East Germany in 1990, the price of houses and rented accommodation has risen sharply. The impact has been far greater on rents in the east, since these had been kept articifially low by the state in the old GDR. From 1992–95, rents in the west rose by 16% as opposed to 94% in the east.

10 Read this passage about the fate of René Wittke, a young man living in Magdeburg, East Germany. Then read the key words 1–7. Can you match them up with their English equivalents a–g?

Magdeburg, die Landeshauptstadt von Sachsen-Anhalt im Osten Deutschlands. Viele Magdeburger sind arbeitslos. Immer mehr Menschen können ihre Miete nicht mehr zahlen. Einer von insgesamt 20 000 von ihnen ist René. Er verlor seine Arbeit, dann verließ ihn seine Freundin. Seitdem läßt er sich völlig gehen. Der Gerichtsvollzieher hat bereits die meisten teuren Luxusgüter abgeholt, die er nach der Wende auf Raten kaufte. Er konnte die Raten nicht mehr zahlen. Die Miete kann er schon lange nicht mehr zahlen...

1 arbeitslos
2 verlieren (verlor)
3 verlassen (verließ)
4 sich gehen lassen
5 der Gerichtsvollzieher(-)
6 das Luxusgut(¨-er)
7 auf Raten kaufen

a ☐ bailiff
b ☐ luxury goods
c ☐ unemployed
d ☐ to buy on hire purchase
e ☐ to leave (left)
f ☐ to let yourself go
g ☐ to lose (lost)

Checkliste

Can you do the following?

a book a hotel room

b specify the number of people and nights

c say something is wrong with your room

Leben nach der Wende

Lernpunkte

Expressing feelings

Asking people for their opinions...

...and giving your own opinion

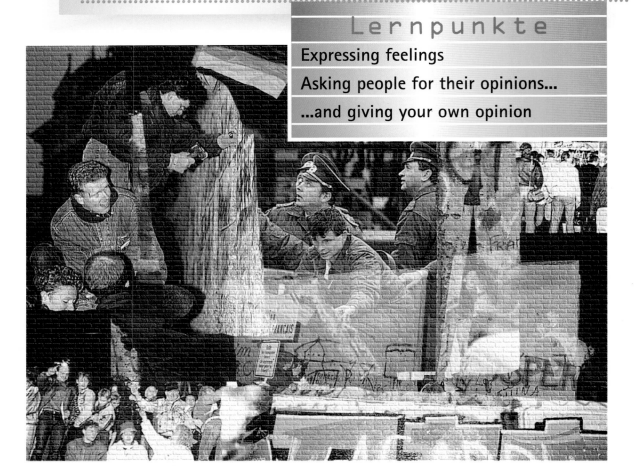

1949, nach dem Zweiten Weltkrieg, wurde Deutschland geteilt. Die zwei neuen Staaten hießen die DDR (die Deutsche Demokratische Republik) und die BRD (die Bundesrepublik Deutschland). Die alte Hauptstadt Berlin lag mitten in der DDR - sie wurde geteilt: Ostberlin wurde von der Sowjetunion verwaltet, und Westberlin wurde von den USA, Großbritannien und Frankreich verwaltet. Am 13. August 1961 baute die DDR die Berliner Mauer - die Ostberliner konnten nun nicht mehr nach Westberlin fahren.

So ist es bis 1989 geblieben, aber dann hat sich viel sehr schnell verändert. Nach politischen Unruhen und vielen Demonstrationen trat die DDR-Regierung am 7. November zurück. Am 9. November 1989 wurde die Mauer geöffnet, und die DDR-Bürger konnten zum ersten Mal in den Westen reisen. Der 3. Oktober 1990 wurde zum Tag der deutschen Einheit: die DDR existierte nicht mehr. Dieser Tag ist auch heute noch ein offizieller Feiertag. Der neue deutsche Staat heißt die Bundesrepublik Deutschland.

Deutschland ist nun ein Land, doch nicht alles ist positiv. Die Leute im Osten können jetzt viel mehr kaufen - aber viele Menschen haben keine Arbeit. Man kann in den Westen reisen, aber man muß auch mehr Steuern bezahlen. Im Osten wird viel gebaut, doch viele Ostbürger können die gestiegenen Mieten nicht bezahlen...

1 In TP10, you heard how *die Wende* (unification) affected living conditions. *Die Wende* has affected many aspects of life, but in a different way for people from either side of the Wall. Carefully read the summary opposite of the key events that led to *die Wende* and its effects on the people. Then match the dates with the events below.

der Zweite Weltkrieg	World War II
teilen	to divide
liegen (lag)	to lie, be situated
mitten in	in the middle of
bauen	to build
zurücktreten (sep.)	to resign
stattfinden (sep.)	to take place
wurde	here: was
verwalten	to govern
die Sowjetunion	Soviet Union
bleiben(geblieben)	to stay
verändern	to change
der Mensch(-en)	person, people
die Steuer(-n)	tax
gestiegen	increased

1	1949	a ☐ East German Government resigns
2	1961	b ☐ East Germans were free to travel to the West
3	7 Nov. 1989	c ☐ Berlin Wall built
4	9 Nov. 1989	d ☐ German unification
5	9 Nov. 1989	e ☐ Germany divided
6	3 Oct. 1990	f ☐ Berlin Wall fell

2 Are these statements *richtig oder falsch*?

	R	F
1 Nach 1949 hießen die zwei neuen Staaten DDR und BRD.	☐	☐
2 Nach dem 13. August 1961 konnten die Ostberliner in den Westen fahren.	☐	☐
3 1989 hat sich vieles verändert - die Mauer wurde geöffnet.	☐	☐
4 Seit dem 3. Oktober 1989 gibt es die BRD nicht mehr.	☐	☐
5 Danach war alles positiv für die Menschen in Ost und West.	☐	☐
6 Im Osten sind die Mieten jetzt sehr teuer.	☐	☐

3 ▶4 21 Herr Ignasiak lives in Jena, formerly the *DDR*. Listen to him talk about *die Wende*. Make notes and compare them with the summary opposite. Which two changes does Herr Ignasiak not mention?

das Leben	life
sich verändern	to change
reich	rich

4 ▶4 22 Frau Mendra works in Jena's tourist industry. Listen to her talk about changes that have taken place since unification and put these sentences in the order you hear them. The first one is done for you.

schlimm	bad
der Betrieb(-e)	firm, factory, business
wesentlich	fundamentally
fortziehen(gezogen- sep.)	to move away
der Wissenschaftler(-)	scientist
glauben	to think, believe
unbedingt	unreservedly
(un)glücklich	(un)happy
die Meinung(-en)	opinion
begrüßen	to welcome

a ☐ In Jena gab es immer sehr viele Studenten.
b ☐ Ich kann die Wende nur begrüßen.
c ☐ In Jena hat sich seitdem sehr viel verändert.
d ☐1☐ Wie war Jena vor der Wende?
e ☐ So schlimm war es gar nicht.
f ☐ Was ist Ihre Meinung zu diesem Thema?
g ☐ Vor der Wende haben 8000 Menschen mehr als heute hier gewohnt.

5 Match 1–7 with the above sentences a–g.

1 ☐ What is your opinion on this subject?
2 ☐ In Jena, a lot has changed since then.
3 ☐ Before unification, 8000 more people lived here.
4 ☐ There were always a lot of students in Jena.
5 ☐ I can only welcome unification.
6 ☐ It really wasn't all that bad.
7 ☐ What was Jena like before unification?

6 Herr Ignasiak says *die Leute freuen sich, daß sie verreisen können* (people are pleased that they can travel). Do you remember that in phrases with *daß*, the verb goes to the end of the sentence (see EK14)? Here are some of the things that Herr Ignasiak and Frau Mendra have said. Rewrite them, putting *die Leute freuen sich (nicht)* at the beginning of each sentence.

MODELL Das Leben hat sich sehr verändert.
Die Leute freuen sich (nicht), daß das Leben sich sehr verändert hat.

1 Das Leben ist reicher geworden.
2 Es gibt alles zu kaufen.
3 Die Welt ist ein Stück größer geworden.
4 Die Universität hat mehr Studenten bekommen.
5 Neue Manager sind nach Jena gekommen.

7 ▶4 23 Herr Ignasiak and Frau Mendra were both fairly positive about the changes since unification. Now listen to Frau Kos and Frau Rösner, who have rather more mixed views. First of all, work out how many positive and negative aspects they mention.

positiv ☐   negativ ☐

in finanzieller Hinsicht	financially
die Rente(-n)	pension
menschlich	human, humane
zueinander	to one another
ebenso	as well
gering	small

8 ▶4 23 Listen again and then read the statements below. Who says what?

FR. K FR. R

1 Ich habe einen neuen Arbeitsplatz bekommen. ☐ ☐
2 Negativ ist, daß die Menschen früher menschlicher waren. ☐ ☐
3 Mir persönlich tut leid, daß wenig Zeit für die Familie bleibt. ☐ ☐
4 Die Wende hat uns Positives und Negatives gebracht. ☐ ☐
5 Die Arbeitszeit ist länger und die Freizeit geringer. ☐ ☐
6 Das Leben hat sich finanzell verbessert - ich bekomme mehr Rente. ☐ ☐
7 Positiv ist, daß jetzt viel gebaut wird. ☐ ☐
8 Unsere Tochter muß vieles alleine machen. ☐ ☐

How to express your own opinion:

Ich meine, daß...	I believe that...
Ich denke, daß...	I think that...
Ich freue mich, daß....	I'm glad that....
Ich finde gut, daß...	I think it's good that...
Positiv/negativ ist, daß...	A positive/negative aspect is that...
Ich bin der Meinung, daß...	I think (I am of the opinion that...)
Das glaub' ich nicht.	I don't believe that.
Ich bin einverstanden.	I agree.
Was mir persönlich leid tut...	What upsets me personally...

And how to ask for somebody's opinion:

Was ist Ihre Meinung?	What's your opinion?
Was meinen Sie?	
Was denken Sie?	What do you think?
Was glauben Sie?	

9 Whatever the facts, relationships between East and West Germans have at times been strained, somewhat inevitably after such fundamental changes. Here are some opinions that have been expressed about each side. First, can you guess who might have said what?

4 Wir sind Bürger zweiter Klasse!

1 Viele sind egoistisch und arrogant.

2 Sie sind sehr materialistisch.

3 Sie müssen selbst mehr arbeiten.

10 Now rewrite the sentences from activity 9 using the following expressions:

1 Ich glaube, daß...
2 Ich bin der Meinung, daß...
3 Ich denke, daß...
4 Negativ ist, daß...
5 Ich meine, daß...
6 Ich finde, daß...

5 Sie müssen unbedingt selbständiger werden!

6 Alles war ein bißchen grau.

11 You have recently re-established contact with a friend called Erika Geißler from Leipzig whom you knew ten years ago. Write a postcard and ask how life has changed since unification. Don't forget to start and finish the postcard appropriately. Here is what you want to say:

Thank you for your letter.
What was Leipzig like before unification?
Has life changed since unification?
Do you see unification as positive or negative?

12 ▶4 24 Now you can ask similar questions. Imagine you are interviewing Frau Mendra from Jena. Before you turn on the tape/CD, prepare your questions:

1 What was Jena like before unification?
2 How has the city changed?
3 Do most people see *die Wende* as positive or negative?
4 What is your opinion?

Checkliste ✔

Can you do the following?

a express your own feelings and opinions
b ask others about their feelings and opinions

Wo tut es weh?

1 ▶4 25 Listen to what Frau Bellstedt from Jena says about her health and diet. Identify three things she refers to in particular.

erst	only
die Gesundheit	health
bestimmt	certain
das Medikament(-e)	medicine, medication
ich fühle mich (un)wohl	I feel (un)well

2 Now read through this summary of what she said and check your answers.

die Lebensmittel (pl.)	food

Frau Bellstedt war schon vor der Wende Rentner*. Sie ist Rentner geblieben, weil sie krank ist. Erst nach der Wende kann sie nun etwas für sich und ihre Gesundheit tun. Es war vor der Wende sehr schwierig, bestimmte Lebensmittel, Vitamine oder bestimmte Medikamente zu bekommen. Das ist für sie besser geworden, und sie fühlt sich jetzt wohl.

* Frau Bellstedt uses the masculine form *Rentner* for herself.

●LERNTIP

There are several ways of trying to remember words. You can make a list of them in a notebook according to their linguistic form. For example you can write down nouns, verbs or adjectives which have the same roots:

fühlen	to feel (verb)
das Gefühl	feeling (noun)
gesund	healthy (adjective)
die Gesundheit	health (noun)
krank	ill (adjective)
die Krankheit	illness (noun)
das Krankenhaus	hospital (noun)
die Krankenschwester	nurse (noun)

Alternatively, you can group expressions and words together according to a specific theme, such as 'health':

die Erkältung	a cold
ich bin erkältet/	I've got a cold
ich habe einen Schnupfen	
meine Nase läuft	I've got a runny nose
ich habe Kopfschmerzen	I've got a headache
ich huste viel	I cough a lot

(See *Word groups* on page 187-192)

How to describe your symptoms:

Mir ist schlecht/mir geht es nicht gut.	I don't feel well.
Mir ist heiß/kalt etc.	I feel hot/cold etc.
Mir ist etwas nicht bekommen.	Something (I ate) didn't agree with me.
Ich fühle mich krank.	I feel ill.
Ich habe mich verletzt.	I've hurt myself.

And how to ask for some medicine:

Haben Sie etwas gegen...?	Do you have anything for...?
Wo bekomme ich etwas gegen...?	Where can I get something for...?
Was können Sie empfehlen?	What can you recommend?
Ich suche etwas Starkes/ Mildes.	I need something strong/mild.
Sind die Tabletten rezeptpflichtig?	Are these tablets available only on prescription?

3 ▶4 26 **If you're not well, it is very common in Germany to go to the chemist's to ask for advice and to get some medicine. Listen to four people telling the chemist what is wrong with them. Write down as many words and expressions as you can find that relate to health and, if you can, the appropriate part of the body that it relates to.**

MODELL   Rücken   *mein Rücken brennt*

brennen	to burn
der Insektenstich(-e)	insect bite
zerstechen (zerstochen)	to bite
Das juckt wie verrückt.	It's itching like crazy.
eine Salbe zum Einreiben	an ointment to rub in
der Juckreiz (sing.)	itching
das Pflaster(-)	plaster
die Wunde(-n)	wound
der Kater (sing.)	hangover

4 ▶4 26 **The people who went to the chemist's made notes of what was recommended. Match them with the right picture.**

1 ☐ *Salbe - gegen Juckreiz und Schmerzen*
2 ☐ *Tabletten - alle zwei bis drei Stunden*
3 ☐ *Salbe - viel trinken - Tabletten nehmen*
4 ☐ *Tabletten - dreimal am Tag - Pflaster für die Wunde*

5 ▶4 27 Listen to Andrea at the chemist's and answer the questions. Are they *richtig oder falsch*?

seit einigen Tagen	for a few days
der Husten	cough
messen (gemessen)	to measure
fiebersenkend	fever-reducing
das Zäpfchen(-)	suppository
am Anfang	at first
wie gesagt	as I said

	R	F
1 Sie hat Kopfschmerzen.	☐	☐
2 Sie hat Fieber.	☐	☐
3 Sie hat Grippe.	☐	☐
4 Sie nimmt Zäpfchen.	☐	☐
5 Sie muß die Tabletten zweimal täglich nehmen.	☐	☐
6 Sie muß die Tabletten mit Milch nehmen.	☐	☐
7 Die Tabletten kosten 9,20 DM.	☐	☐

6 ▶4 28 Now it's your turn to ask the chemist for advice. You've noted down your symptoms and what you want to say. Prepare your part before you turn on the tape/CD.

1 I don't feel well.
2 I'm hot and I've got a cough.
3 Yes, I have a fever. I think I've got flu.
4 Can you recommend anything?
5 How often must I take these tablets?
6 Are these tablets only available on prescription?

7 If neither your friends nor the chemist can solve your problems, you may need to go to the doctor's. Here are some notices outside some doctors' surgeries. Look at them carefully, then answer the questions.

Praktischer Arzt	general practitioner
nach Vereinbarung	by appointment

**Dr. med.
Helga Laubach
Kinderärztin
Sprechstunden
Mo- Fr 9.00-12.00
und nach Vereinbarung**

**Dr. med.
Klaus Schulz
prakt. Arzt
Sprechstunden
Mo-Fr 8.00-11.00
Di und Do 14.00-15.00
und nach Vereinbarung**

**Dr. med.
Petra Wilfried
Frauenärztin
Sprechzeiten
Mo-Do 8.00-12.00
Fr 14.00-16.00
nachmittags nach Vereinbarung**

---

a Sie müssen zum Arzt. Es ist Dienstag nachmittag. Welcher Arzt hat Sprechstunde?
b Ihre kleine Tochter ist krank. Zu welchem Arzt gehen Sie?
c Sie möchten lieber eine Frauenärztin sehen. Wie heißt Ihr Arzt?

🔒 The tiger in our story isn't feeling too good either, but his friend the bear says he'll make him better. What's wrong with the tiger? Write down all his ailments.

der Wald(-̈er)	wood, forest
humpeln	to limp
umfallen (fiel um)	to fall over, fall down
die Wiese(-n)	meadow
die Erde	earth
bewegen	move
ungefähr	about
die Pfote(-n)	paw
überall	all over
tragen(trug)	carry

**Einmal kam der kleine Tiger aus
dem Wald gehumpelt,
konnte nicht mehr gehen,
nicht mehr stehen und fiel um.
Legt sich unterwegs,
mitten auf die Wiese, einfach auf die Erde.
Sofort kam der kleine Bär gelaufen und rief:
"Was ist Tiger, bist du krank?"
"Oh ja, ich bin so krank",
rief der kleine Tiger, "ich kann
fast nichts mehr bewegen."
"Halb so schlimm", sagte der kleine Bär,
"ich mach dich gesund."**

5

**Wo tut es dir ungefähr weh?"
fragte der kleine Bär, "zeig mal!"
"Hier", sagte der kleine Tiger
und zeigte zuerst auf die Pfote.
"Und dann hier die andere Pfote.
An den Beinen auch, und vorn und
hinten und rechts und links
und oben und unten."
"Überall?" fragte der kleine Bär,
"dann muß ich dich tragen."
Und er trug ihn nach Haus.**

6

Checkliste ✔

Can you do the following?

a speak to a chemist about medical advice
b understand medical advice
c say what is wrong with you

Gesundheit und Fitneß:
Man ist, was man ißt!

1 ▶4 29 Everybody knows that it is important to try to keep well and to eat a healthy diet. For a lot of Germans, that means eating - and buying - as many natural products and wholefoods as possible, preferably from the *Reformhaus* or the *Bioladen* (health food store). Listen to Frau Sonneck, who works in a *Reformhaus*. Are the statements below *richtig oder falsch*?

gemischt	mixed
ernähren	to feed
die Allergie(-n)	allergy
allgemein	in general
abnehmen (sep.)	to lose weight
schlank	slim
bearbeitet	treated

	R	F
1 Frau Sonnecks Kunden sind sehr gemischt.	☐	☐
2 Es kommen sehr viele junge Leute in ihr Reformhaus.	☐	☐
3 Viele junge Mütter wollen ihre Kinder gesund ernähren.	☐	☐
4 Sie wollen ihre Kinder möglichst ohne Butter ernähren.	☐	☐
5 Es kommen auch viele Diabetikerinnen.	☐	☐
6 Nur wenige Kunden wollen schlanker werden.	☐	☐
7 Sie bietet vor allem natürliche Lebensmittel an.	☐	☐

2 ▶4 30 Now listen to Herr Klauke talking about his eating habits. Then answer the questions below.

auf etwas achten	to pay attention to something
ausgewogen	balanced
häufig	often
mit Beilage	with a side dish
entweder... oder	either... or

1 Glaubt Herr Klauke, daß er sich gesund ernährt?
2 Wie oft in der Woche ißt er Wurst- und Fleischwaren?
3 Was ißt er zum Fleisch?
4 Wann trinkt er Alkohol?
5 Wann ißt er mehr Obst?
6 Was sagt er zum Thema Rauchen?

3 ▶4 31 Now listen to an interview with Herr Klauke's wife on the same topic. Then fill in the gaps with the words below.

Jahren Bier mehr keine
weniger mehr viel

ANDREA *Glauben Sie, daß Sie sich gesund ernähren?*

FRAU K *Ja. Ich esse heute .... Fleisch als früher. Jetzt lege ich .... Wert auf Milch, Körnersachen zum Frühstück, ... Obst, auch Gemüse.*

ANDREA *Trinken Sie häufig Alkohol?*

FRAU K *Nein, Alkohol trinke ich nicht häufig - ich trinke .... Wasser.*

ANDREA *Und .... trinken Sie nicht so gerne?*

FRAU K *Nein, ich bin .... Biertrinkerin.*

ANDREA *Rauchen Sie?*

FRAU K *Nein, auch nicht mehr. Das habe ich vor vielen .... getan.*

4 ▶8 30-31 Now make up your own word list. Listen again to the two interviews with Herr and Frau Klauke and write down all the words related to food and drink. Then group them as *gesund* (healthy) or *ungesund* (unhealthy).

5 If you have not been well or are run down, it is common in Germany to go on a *Kur* (a health spa visit). Look at the adverts below, and decide which *Kur* would be best for the different people.

das Klima(-s)	climate
(auf)atmen	to breathe (a sigh of relief)
wertvoll	valuable
die ambulante Vorsorge(-n)	out-patient provision

1 You've been under a lot of stress recently and have got a three week break.
2 You've got rheumatism and have heard that peat is very good for it.
3 A few days hiking - but without having to carry your belongings on your back - is what you're looking for.
4 You've got asthma. A Kur somewhere unspoilt with a healthy climate would be ideal.

6 On the other hand, not everyone is into health foods. Being really healthy is about more than just what you eat. Here are some *Tips für die Gesundheit* with one word missed out of each one. Fill in the gaps.

die frische Luft	fresh air
bewußt	carefully, sensibly
die Bewegung(-en)	exercise, movement
die Ausdauer (sing.)	stamina
im Einklang	in harmony

	R	F
1 Die älteste Besucherin ist 73 Jahre alt.	☐	☐
2 Die Menschen kommen, um sich fit zu halten.	☐	☐
3 Die älteren Besucher machen am meisten Gymnastikkurse.	☐	☐
4 Die beliebteste Sportart ist Fußball.	☐	☐
5 Fünf Millionen Deutsche sind im Fitneßcenter organisiert.	☐	☐
6 Mehr Frauen als Männer treiben Sport.	☐	☐

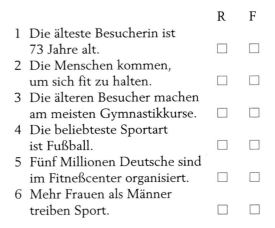

> Woche Ruhe trinken Muskeltraining
> denken mehr und täglich

1 _____ Sie positiv!
2 Frische Luft _____ !
3 Essen und _____ bewußt!
4 _____ Bewegung im Alltag und Beruf!
5 Ausdauerorientierte Aktivitäten an drei Tagen in der _____ !
6 _____ an zwei Tagen in der Woche!
7 Einen Tag in der Woche - _____ !
8 Im Einklang mit sich _____ anderen!

7 ▶4 32 Listen to Herr Waldemann, a trainer at a fitness centre. Are the statements 1–6 *richtig oder falsch*?

um sich fit zu halten	to keep themselves fit
aus welchen Gründen	for what reasons
die Wirbelsäule(-n)	spine
die Muskulatur(-en)	muscles
fleißig	hardworking
der Anteil(-e)	share

8 ▶4 33 Now listen to Herr Schulz, a keen skier, and answer the questions in German.

der Langlauf	cross-country skiing
der Abfahrtslauf(-̈e)	downhill skiing
begeisternd	exhilarating
anregend	exciting
wahrnehmen	to appreciate

1 Was macht er gerne im Winter?
2 Welches Land gefällt ihm am besten?
3 Welche Skisportart gefällt ihm am besten?
4 Wie ist es beim Abfahrtslauf?
5 Und beim Langlauf?

9 After you've looked at the *Sprachtip* opposite fill in the gaps below.
1 Die _____ Deutschen essen heute weniger Fleisch. (viel)
2 Die _____ Lebensmittel sind ohne Zucker. (gesund)
3 Junge Männer achten am _____ auf ihre Ernährung. (wenig)
4 Die _____ Besucherin des Fitneßcenters ist 72 Jahre alt. (alt)
5 Das _____ Land zum Skifahren ist die Schweiz. (gut)
6 Dort gibt es die _____ Pisten. (schön)

SPRACHTIP

In TP4, you learned one way of forming the superlative by adding *am -sten* to the adjective when it is at the end of the sentence:

schön → *schöner*   *am schönsten*
beliebt → *beliebter*   *am beliebtesten*

The adjective can also sit between the article and the noun. In that case, you don't need the *am* and the endings are as follows:

die beliebte Sportart   → *die beliebteste Sportart*
der beliebte Sport   → *der beliebteste Sport*
das beliebte Fitneßcenter → *das beliebteste Fitneßcenter*
die beliebten Vereine   → *die beliebtesten Vereine*

Wissenswert!

Going to a health spa (*die Kur*) used to be very common in Germany with many Germans taking a *Kur* each year. Due to recent cutbacks in the health sector, they are no longer that easily obtainable.

10 ▶4 34 Listen to Andrea's conversation with Frau Schuster, an international rower. Then imagine that you are Andrea. You're writing a card home and want to impress your family with the fact that you have met a world champion. Recount everything Frau Schuster has told you. Begin with *Ich habe Frau Schuster kennengelernt!* Here are some prompts to help you with the rest.

leistungssportmäßig   competitively
der Wettbewerb(-e)   competition
die Weltmeisterschaft(-en) world championship
die Medaille(-n)   medal
im Endlauf   in the final

1 Wie lange betreibt sie leistungssportmäßig Rudersport?
2 Wann hat sie Rudern gelernt?
3 Wie oft in der Woche trainiert sie?
4 Und wie viele Stunden?
5 Hat sie an einem internationalen Wettbewerb teilgenommen?
6 Seit wann ist sie in der Nationalmannschaft?
7 Hat sie schon Medaillen gewonnen?
8 War sie immer im Endlauf?

11 ▶4 35 Now it's your turn. You are a sport and fitness fanatic. You are interviewed at your fitness centre by someone from local television who is preparing a programme on sport and fitness. Here is what to say.

1 I train ten times a week, that's 15 hours.
2 I train to keep myself healthy.
3 I have taken part in five international competitions.
4 My favourite sport is skiing.
5 Downhill is exciting and exhilarating and I like fresh air.

Checkliste

Can you do the following?

a say what you do to look after yourself
b talk about your lifestyle and eating habits

Ich mach' mal einen Anfängerkurs

Saying what you're studying and why

Talking about your future career

Understanding some aspects of the German educational system

WOCHENENDSEMINAR

1 Experimentelles und freies Arbeiten mit Ölfarben
31. Mai bis 2. Juni
Seminar Nr. 2334

2 Deutsch - Schreiben und Verstehen
31. Mai bis 2. Juni
Seminar Nr. 2037

3 Musik mit dem Computer
MIDI-Recording mit dem PC unter Windows
8. bis 9. Juni
Seminar Nr. 2309

4 Was brauchen wir, um glücklich zu sein?
3. bis 4. Mai
Seminar Nr. 2257

5 Selbstverteidigung für Frauen
8. bis 9. Juni
Seminar Nr. 2477

6 Käse - ganz einfach selbst gemacht
3. bis 4. Mai
Seminar Nr. 2226

1 Taking part in adult education classes or courses is a popular activity in Germany. Look at the choice of weekend seminars offered at the *Volkshochschule* and read what the people say who are going to enrol for a seminar. Who do you think will be enrolling for which course?

das Wochenendseminar(-e)	weekend seminar, course
die Volkshochschule(-n) VHS	adult education centre
die Ölfarbe(-n)	oil paint
die Selbstverteidigung	self-defence
selbstgemacht	home-made
kochen	to cook

a *Ich interessiere mich für experimentelle Musik.*
Georg ☐

c *Ich koche gerne und ich backe auch mein eigenes Brot.*
Martin ☐

b *Ich habe Probleme mit der deutschen Sprache.*
Mila ☐

d *Ich habe immer Angst, wenn ich abends spät nach Hause komme.*
Sigrun ☐

SPRACHTIP

Remember the word order in sentences such as:
Ich sage, daß ich gern in Köln wohne.
Ich lerne Deutsch, weil ich Freunde in Deutschland habe.
Ich habe Angst, wenn ich abends spät nach Hause komme.

After *daß*, *weil*, and *wenn*, the verb in that part of the sentence moves to the end. (See page 176 of the grammar section.)

2 Now take the role of each person (Georg, Mila, Martin, Sigrun). Read what they said again and say why you have decided to enrol for this seminar. Start with *Ich mache dieses Seminar, weil...* and write your answers.

MODELL Ich interessiere mich für Computer.
Ich mache dieses Seminar, weil ich mich für Computer interessiere.

3 ▶4 *36* Turn on the tape/CD to check your answers and to practise giving reasons for what you like doing and expressing preferences.

4 ▶4 *37* Listen to the conversation between three adult language learners who meet before their *Volkshochschule* class, and fill in the grid with the correct information.

der Anfängerkurs(-e)	beginner's course
die Mittelstufe(-n)	intermediate level
der Nachbar(-n)	neighbour
der Zufall(-̈e)	coincidence
denken (dachte)	to think
übersetzen	to translate
der Schwieger-sohn(-̈e)	son-in-law

	Sprache	Anfänger	Mittelstufe
Thomas			
Sabine			
Herr König			

5 ▶4 *37* Listen again and find out why Sabine and Herr König are learning languages.

Sie/er lernt Italienisch/Englisch, weil...

	SABINE	HERR KÖNIG
1 sie/er Italienisch im Beruf braucht.	☐	☐
2 sie/er einen englischen Schwiegersohn hat.	☐	☐
3 sie/er eine Tochter in London hat.	☐	☐
4 sie/er im Sommer nach Italien reisen will.	☐	☐
5 sie/er in der Schule nie Englisch gelernt hat.	☐	☐

Wissenswert!

DIE ERWACHSENENBILDUNG (ADULT EDUCATION)

There is a wide range of further education and training opportunities in Germany. The main providers are adult education centres, large companies with their own in-house training schemes, private further education institutes and distance-learning organisations. In the community-based *Volkshochschulen* (adult education centres) alone, an average of six million people per year enrol in a wide variety of courses, the most popular being language courses, health education and crafts.

6 Some adults acquire their *Abitur*, the equivalent to A-levels, in adult education colleges (*die Abendschule* or *das Abendgymnasium*) which enables them to enrol for a university course. But what courses are on offer at a German university? Here is a small selection of popular subjects you can study. Complete the list of German and English terms.

> Media Studies American Studies English History German book-trade

Amerikanistik	....
Anglistik	....
Buchwesen	....
Betriebswirtschaft (BWL)	Business Studies
Filmwissenschaften	....
Germanistik	....
Geschichte	....
Jura	Law
Volkswirtschaft (VWL)	Economics

7 ▶4 38 Listen to Andrea interviewing three students at the University of Mainz. Tick the subjects they are studying in each interview and write down their plans for a future career. For those students who are undecided yet, write *weiß noch nicht*.

die Magisterarbeit(-en)	M.A. thesis
wahrscheinlich	probably
die Aussicht(-en)	prospect
das Hauptfach(-̈er)	main subjects
das Nebenfach(-̈er)	subsidiary subject
was möchtest du werden?	what do you want to do (as a job)?
der Verlag(-e)	publisher
ich studiere auf Lehramt	I'm studying to become a teacher

DIALOG	STUDIENFÄCHER	BERUFSWUNSCH
1 a	☐ Betriebswirtschaft	....
b	☐ Anglistik	....
c	☐ Jura	....
2 a	☐ Buchwesen	....
b	☐ Germanistik	....
c	☐ Betriebswirtschaft	....
3 a	☐ Französisch	....
b	☐ Geschichte	....
c	☐ Englisch	....

8 Complete 1–5 with or without *ich werde* (read the *Sprachtip* opposite first).

1 im Herbst einen Englischkurs machen
2 meine Magisterarbeit machen
3 an der Universität studieren
4 Student werden
5 heute abend zum Englischkurs gehen

9 Now read the *Wissenswert!* section opposite and find out about the German apprenticeship system and about problems facing school-leavers from the German *Hauptschule*. Underline the key words, looking up words that you can't work out (try to limit yourself to no more than 10).

die Jugendlichen (pl.)	youth, young people
die Lehre (sing.), *die Lehrstelle(-n)*	apprenticeship
der Lehrling(-e)	apprentice
eine abgeschlossene Berufsausbildung	vocational qualification
der Arbeitsmarkt(-̈e)	job market
kaum	hardly
der Schüler(-)	pupil, student
die Versicherung(-en)	insurance

Wissenswert!

DAS DUALE SYSTEM

Ohne abgeschlossene Berufsausbildung hat man auf dem deutschen Arbeitsmarkt heute kaum noch eine Chance. Nach der Hauptschule (mit 15 oder 16 Jahren) beginnen deshalb die meisten Jugendlichen eine Lehre. Die Lehre dauert zwei oder drei Jahre. In Deutschland gibt es das duale System – das heißt: Zur Lehre gehört neben der praktischen Ausbildung der Besuch einer Berufsschule – dort lernen die Lehrlinge zwei bis drei Tage in der Woche die Theorie ihres Berufes. Allerdings werden die Aussichten für Hauptschüler, eine Lehrstelle zu finden immer schlechter: Mehr und mehr Schüler von Realschulen und Gymnasien bewerben sich um Lehrstellen (vor allem in Banken und Versicherungen) – 20% aller Lehrlinge haben heute Abitur.

10 Are these statements *richtig oder falsch?*

	R	F
1 Die meisten Jugendlichen beginnen nach der Hauptschule eine Berufsausbildung.	☐	☐
2 Die meisten Lehrlinge sind 18 Jahre alt.	☐	☐
3 Das duale System heißt: die Lehrlinge lernen Praxis und Theorie.	☐	☐
4 Die Theorie lernen sie zwei oder drei Tage pro Woche in der Berufsschule.	☐	☐
5 Auf dem Arbeitsmarkt gibt es kaum noch Lehrstellen.	☐	☐
6 Die Aussichten für Hauptschüler sind vor allem bei Banken gut.	☐	☐
7 Immer mehr Schüler von Realschulen und Gymnasien nehmen den Hauptschülern die Lehrstellen weg.	☐	☐
8 Man muß eine abgeschlossene Berufsausbildung haben, um einen guten Job zu finden.	☐	☐

11 Which is the odd one out?

1 die Hauptschule   die Realschule
  die Lehre   das Gymnasium
2 die Volkshochschule   die Jugendlichen
  die Schüler   die Studenten
3 Germanistik   Jura   Betriebswirtschaft
  Handwerk   Volkswirtschaft

SPRACHTIP

Compare these sentences and their translations:

Ich werde Lehrer(in).   I'm going to be a teacher.

Ich werde in einem Verlag arbeiten.   I'll work for a publisher.

The verb *werden* can be used with or without another verb. If used with an adjective or noun, it can mean 'become', 'get' or 'grow':

Es wird immer später!   It's getting later and later!

Ich werde immer älter.   I'm growing older and older.

However, when used with another verb, it forms the future tense:

Ich werde ein Seminar an der VHS machen.

But remember, the future tense is only used if there is no other indication of time such as *am Sonntag* or *im August* etc; if there is, you use the present tense:

Mein Seminar ist am Montag abend um 20 Uhr.

Checkliste

Can you do the following?

a talk about your studies and career plans
b ask others about their studies and career plans
c say what you'll do in the future

Die Umwelt - was soll man tun?

1 Feeling healthy and well is not only related to food but to *die Umwelt* (the environment) as well. One of the main culprits of *die Umweltverschmutzung* (pollution of the environment) is cars. What can drivers do to cut down on the amount of pollution they create? Here is a leaflet with a list of measures. How environmentally friendly are you? Read it and tick the measures that apply to you. Can you think of anything else to add to the list?

schützen	to protect
tun	to do
im Leerlauf laufen	to idle the engine
der Katalysator(-en)	catalytic converter

2 ▶4 39 Now listen to Herr Drossel from the *Umweltinformation* (Environmental Information Office) in Mainz talking to Andrea about the measures drivers can take. First, identify which three measures from activity 1 he talks about. Then look at some of the key expressions he uses and match up the English with the German translations.

1 Die Nachbarn achten darauf.
2 Man soll den Motor abstellen, wenn man wartet.
3 Das ist Gesetz.
4 Wenn man den Motor anmacht, muß man sofort losfahren.
5 Man kann eine Anzeige bekommen, wenn das öfter passiert.
6 Es gibt keine Kontrollen.

Wie können Autofahrer die Umwelt schützen? Was soll man tun?

1 Man soll nur bleifrei oder superbleifrei tanken. ☐
2 Man soll nicht zu schnell fahren. ☐
3 Das Auto soll einen Katalysator haben. ☐
4 Man soll nicht alleine fahren. ☐
5 Man soll in der Stadtmitte zu Fuß gehen. ☐
6 Das Auto soll nicht im Leerlauf laufen. ☐

Beim Halten
Motor abschalten

a ☐ You should drive off immediately after starting the engine.
b ☐ There are no checks.
c ☐ You should turn off the engine when waiting.
d ☐ It's a law.
e ☐ The neighbours keep an eye out.
f ☐ You can be reported to the police if this happens often.

● SPRACHTIP

SPRACHTIP

Herr Drossel uses a lot of sentences with *wenn*. Compare the word order in the following sentences:

Man stellt den Motor ab, wenn man wartet.
Wenn man wartet, stellt man den Motor ab.

Man kann den Motor abstellen, wenn man wartet.
Wenn man wartet, kann man den Motor abstellen.

When subordinate clauses with words like *wenn* come before the main sentence, the verb in the main sentence goes to the front. Separable verbs always recombine at the end of the main sentence when they are used with modal verbs.

3 Here are some of the things Herr Drossel and Andrea said. Write them out again, starting with a ***wenn*** sentence as indicated.

MODELL Man muß den Motor abstellen.
Wenn man wartet, muß man den Motor abstellen.

1 Man soll bleifrei tanken.
Wenn man ein Auto hat, ...

2 Es soll einen Katalysator haben.
Wenn man ein neues Auto kauft, ...

3 Man muß sofort losfahren.
Wenn man das Auto anmacht, ...

4 Das Auto darf nicht im Leerlauf laufen.
Wenn man an einer Ampel wartet, ...

5 Man soll nicht alleine fahren.
Wenn man zur Arbeit fährt, ...

6 Man kann eine Anzeige bekommen.
Wenn das öfter vorkommt, ...

4 The article on the right is about the rail links between Hannover and Berlin in 1939 and 1997. Read it through, underline all the phrases referring to distance, time or money and work out what they mean.

5 Check you understand the references to various forms of transport. Find the words that mean 'high-speed rail link', 'friends of the railway' and 'six-lane motorway'. Then look for the five references to the environment. Read the whole text again and check you've understood it. When you're ready, you'll find a summary translation on page 164 in the answer section.

die Schnellbahnstraße(-n)	express railtrack
die Zeitersparnis(-sse)	time-saving
das Verständnis (sing.)	understanding
die ökologische Katastrophe(-n)	ecological catastrophe
sechsspurig	six-lane
breit	wide
der Umweltschützer(-)	conservationist
vergiftet	poisoned
das Biotop(-e)	natural habitat
zerstören	to destroy
die Tierart(-en)	animal species
aussterben	to become extinct

Technik kontra Umweltschutz

Zwischen Hannover und Berlin baut man eine neue Schnellbahnstraße. Fahrzeit 1939 für die Strecke Hannover-Berlin mit dem Zug: 1 Stunde und 56 Minuten. Und wie ist das 1997 auf der neuen Schnellbahnstraße? Die Fahrzeit für den ICE für die gleiche Strecke: 1 Stunde und 46 Minuten. Zeitersparnis nach über 50 Jahren auf 254 Kilometern: ganze zehn Minuten. Aber der Bau der neuen Schnellbahnstrecke kostete ungefähr 10 Milliarden Mark. Selbst Bahnfreunde haben dafür kein Verständnis. Und wie ist es mit dem Umweltschutz? Das Projekt ist eine ökologische Katastrophe, sagen Umweltschützer. Die neue Bahnstraße ist 110 Meter breit - das ist so breit wie eine sechsspurige Autobahn. Doch das ist noch nicht alles: Die Flüsse und Seen in der Nähe sind vergiftet. Das heißt: Biotope werden zerstört, und viele Tierarten werden aussterben...

6 A major environmental problem is what to do with all the rubbish we produce. In almost all German *Bundesländer*, more environmentally-friendly rubbish collection systems have been introduced. Look at the brochure *Nicht in die Mülltonne*. Then read the English 1–9 and find the German equivalent of what should not go into the normal bin.

1 rubbish bin   ....
2 garden waste   ....
3 used oil   ....
4 used batteries   ....
5 used paper products   ....
6 old medicine   ....
7 dangerous waste   ....
8 used glass   ....
9 aluminium and metals   ....

7 Under the new system, the rubbish is separated and put into different containers. Read the leaflet below. What items should go where? Match up the text a–g opposite with the photos.

Wohin mit dem Müll?

1 In den gelben Sack:

2 In die Biotonne:

3 In den Altpapier-Container:

4 In den Gartenabfall-Container:

5 In die graue Restmülltonne:

6 In den Altkleider-Container:

7 In den Altglas-Container:

a □ Blumen aus dem Garten, Gras
b □ Medikamente
c □ Zeitungen, Zeitschriften, Papier
d □ Flaschen und Glas
e □ Kunststoff und Metall
f □ Kleider, Schuhe
g □ Küchenabfälle (Gemüse, Salat,
      altes Brot)

8 ▶4 40 Listen to an interview with Frau König from Köln who recycles her waste. Then read the statements below. Are they *richtig oder falsch?*

trennen	to separate
recyceln	to recycle
die Schale(-n)	skin, peel, shell
die Verpackung(-en)	wrapping
sammeln	to collect

	R	F
1 Frau König trennt ihren Müll.	□	□
2 Die Biotonne ist in der Küche.	□	□
3 In die Biotonne kommen Verpackungen aus Kunstoff.	□	□
4 In die Restmülltonne kommen Medikamente.	□	□
5 Sie sammelt ihr Altpapier.	□	□
6 Alte Flaschen bringt sie zum Supermarkt.	□	□

9 ▶4 41 Herr Drossel has a number of suggestions about what to do with the rubbish that is produced. Listen and answer the questions below.

1 What should you take when going shopping?
2 What should you not do when you're in a shop?
3 What sort of products should you not buy?
4 What products are best to buy?
5 Why shouldn't you buy drinks in cans?
6 What should you do with the rest of the rubbish?

10 ▶4 42 Now you can take part in our *Umwelt-Quiz!* Before you turn on the tape/CD, read the questions and prepare your answers.

1 Wohin kommt Altpapier?
2 Was kommt in die Restmülltonne?
   a □ Medikamente   b □ Blumen
3 Wohin kommen Verpackungen aus Kunstoff?
4 Wohin kommen Glas und Flaschen?
5 Was kommt in die Biotonne?
   a □ Altpapier   b □ Küchenabfälle
6 Was soll man nicht kaufen?
   a □ Produkte mit überflüssiger Verpackung
   b □ Stofftaschen
7 Was soll man am besten kaufen?
   a □ Behälter aus Plastik
   b □ Mehrwegprodukte
8 Was soll man auf keinen Fall kaufen?

Wissenswert!

Separate collections recycling waste paper, glass and other categories of household refuse have been commonplace in Germany for many years. From the mid-1990s onwards, the emphasis has been much more on the avoidance of creating, rather than the disposal of refuse. Thanks to the packaging directive of 1993, which makes the manfacturer pay for waste disposal, customers can now leave all unwanted packaging in the shops. For the environmentally-conscious, there are also special collections of old batteries, medicines and even car tyres.

Checkliste ✔

Can you do the following?

a talk about measures to save the environment
b understand the German recycling system

Dann wünsche ich Ihnen
ein schönes Fest!

1

2

3

Lernpunkte

Learning about German festivals and customs

Describing how Christmas is celebrated in Germany

Saying how you celebrate various events

Taking back a present

Expressing congratulations and good luck wishes

1 Match each of the pictures with its corresponding description a–e opposite.

backen	to bake
Silvester	New Year's Eve
das Feuerwerk (sing.)	firework display
die Bescherung(-en)	giving Christmas presents
der Heiligabend	Christmas Eve
die Kirche(-n)	church
sich verkleiden	to dress up
singen	to sing

4

5

a ☐ Der Karneval ist eine verrückte Zeit. Viele Leute verkleiden sich und singen auf der Straße.

b ☐ Seit Oktober 1990 ist der 3. Oktober ein nationaler Feiertag.

c ☐ Am 31. Dezember ist Silvester. In der letzten Nacht des Jahres gibt es um Mitternacht ein großes Feuerwerk.

d ☐ Weihnachten ist das größte Fest in Deutschland. Die Bescherung ist am Heiligabend. Man feiert meist in der Familie, und viele Leute gehen in die Kirche.

e ☐ Das Oktoberfest in München findet im September statt!

2 Which is the odd one out?

1 Karneval   Bescherung
verrückte Zeit   Kostüme

2 September   Mitternacht
Feuerwerk   Silvester

3 Weihnachtslieder   Bescherung
Geschenke   Ostern

4 Kirche   3. Oktober   Vereinigung
nationaler Feiertag

3 ▶4 43 Listen to three people describing how they celebrate Christmas. Who says which of these statements?

die Gans (-̈e)	goose
ein traditionelles Gericht	a traditional dish
der Mitternachtsgottesdienst	midnight mass
ich wünsche Ihnen ein schönes Fest	I wish you a merry Christmas
der Konsum (sing.)	consumerism
ablehnen (sep.)	to reject
die Weihnachtskarte (-n)	Christmas card
der Weihnachtsbaum (-̈e)	Christmas tree
der Karpfen (-)	carp
das Familienfest (-e)	family get-together
der Truthahn (-̈e)	turkey

DIALOGUE	1	2	3
1 Wir verbringen Weihnachten als traditionelles Familienfest.	☐	☐	☐
2 Wir lehnen es ab, Weihnachten zu feiern.	☐	☐	☐
3 Am ersten Weihnachtstag gibt es zu Hause meist Gans.	☐	☐	☐
4 Am ersten Feiertag gehen wir oft aus zum essen.	☐	☐	☐
5 In diesem Jahr bleiben wir zu Hause.	☐	☐	☐
6 Am Heiligabend gehen wir in die Kirche.	☐	☐	☐

4 ▶4 43 Here is a brief summary of each interview. Correct the words or phrases which are wrong. Listen again to the interviews before you start this activity.

1 Wir sind zu Hause und werden am Heiligen Abend in der Familie feiern. Im letzten Jahr haben wir einen Truthahn gehabt, ein traditionelles Gericht in Deutschland. Wir fahren meistens über Weihnachten zum Skifahren.

2 Wir ignorieren das Weihnachtsfest, kaufen keine Geschenke und verschicken keine Weihnachtskarten. In diesem Jahr fahren wir in die Eifel.

3 Wir feiern mit meiner Tochter, ihrem Freund und meiner Mutter. Am Heiligabend gibt es Raclette oder Fondue, und am ersten Feiertag gehen wir immer aus zum Essen.

Wissenswert!

Whether you are in a large city or a small town, the *Weihnachtsmarkt* is the centrepiece of the festive season. It's delightful to walk past the gaily-decorated stalls, brimming with handcrafted ornaments and wooden toys, and enjoy the delicious aroma of *Lebkuchen* (gingerbread) and *Glühwein* (mulled wine).

5 ▶4 44 *Wie feiern Sie Feste?* Here are some suggestions to help you say how you may celebrate your birthday, a new job or Christmas. Make up three sentences according to the descriptions below. Then practise these and similar ones on the tape/CD.

MODELL *Ich feiere Weihnachten mit Freunden. Zum Essen gehen wir aus. Dann gehen wir in ein Weinlokal.*

Ich feiere	meinen Geburtstag	mit Freunden.
	meinen neuen Job	mit meinen Kollegen.
	Weihnachten	mit der Familie.
Zum Essen	gibt es Truthahn/Karpfen/Gans.	
	gehen wir aus/ins Restaurant.	
Dann	fahren wir	in ein Weinlokal.
Vielleicht	gehen wir (abends)	in die Kneipe.
Wahrscheinlich	bleiben wir (abends)	zu/nach Hause.

1 You're celebrating your birthday by eating out with friends and perhaps going to the pub in the evening.
2 You're celebrating your new job with your colleagues by going to a restaurant and then to a wine bar.
3 You're British and celebrating Christmas with your family and will probably stay at home.

6 You have just received an invitation to celebrate your friends' wedding in Switzerland. Read the card and see whether you can match up the English and German below.

1 *heiraten*   a ☐ afterwards
2 *die Trauung (-en)* b ☐ R.S.V.P.
3 *einladen*   c ☐ to get married,
4 *die Hochzeitsfeier(-n)*   marry
5 *im Anschluß daran* d ☐ to invite
6 *u.A.w.g. (um Antwort* e ☐ wedding
   wird gebeten)   (ceremony)
                       f ☐ wedding
                          (reception)

❖ ❖ ❖   *Wir heiraten!*   ❖ ❖ ❖

Ulrich Kleinschmid   Corinna Berger
laden zur Trauung
am 4. Mai 1997 um 11.00 Uhr
in der St. Nicholas-Kirche ein.

Die Hochzeitsfeier findet im Anschluß daran im Hotel
Sonneneck,
Buchs, Meierwiesenweg 22 statt.

u.A.w.g.
❖ ❖ ❖   *Petra und Rolf Berger*   ❖ ❖ ❖
Burger Landstraße 231
CH-1007 Buchs/Zürich

7 You would like to accept your friends' invitation. Complete the card below. You're looking forward to seeing them again. Ask them to book a hotel room for you for two nights (3 and 4 May). You could revise some of the words and phrases from TP10.

Liebe Corinna, lieber Ulrich,
herzlichen .... zu Eurer Hochzeit und vielen .... für die Einladung. Ich .... gern und .... mich auf unser Wiedersehen. Ich habe eine Bitte: Könntet Ihr für mich ein .... in einem Hotel ...., vom 3. .... 4. Mai?
Vielen Dank! Mit ....

8 ►4 45 You've bought a present just prior to receiving an updated list of wedding presents. You want to exchange the item and buy something else in the same shop. Prepare what you want to say, then turn on the tape/CD to talk to the shop assistant.

umtauschen (sep.)   to exchange
der Gutschein   credit voucher

ASSISTANT	*Kann ich Ihnen helfen?*
YOU	You'd like to exchange the present.
ASSISTANT	*Da brauche ich Ihren Kassenbon, bitte.*
YOU	Here you are!
ASSISTANT	*Möchten Sie Bargeld oder einen Gutschein?*
YOU	Say you don't understand.
ASSISTANT	*Möchten Sie das Geld zurück oder wollen Sie etwas anderes kaufen?*
YOU	You want to buy something else.
ASSISTANT	*Also, dann gebe ich Ihnen einen Gutschein, so, bitteschön.*
YOU	Thank you very much.

9 ►4 46 Listen to these good luck wishes and congratulations on various occasions. Tick the ones you hear below (a–m). Which one(s) would you use for the following?

1 ☐ on New Year's Eve
2 ☐ at a wedding
3 ☐ for someone going to an interview
4 ☐ for someone who has just finished Deutsch Plus!

a Ein frohes Weihnachtsfest
b Herzlichen Glückwunsch zum Geburtstag!
c Alles Gute für die Zukunft!
d Viel Glück und alles Gute in der neuen Wohnung!
e Wir gratulieren zur Hochzeit!
f Ich drücke Ihnen die Daumen!
g Herzlichen Glückwunsch zum Examen!
h Schöne Ferien und gute Erholung!
i Gratuliere zum neuen Job!
j Frohes Neues Jahr!
k Wir trinken auf Herrn Antonescu!
l Viel Glück!
m Kompliment zu Ihrem Deutsch!

1 Are the sentences *richtig oder falsch*?

	R	F
1 Deutschland wurde 1946 geteilt.	☐	☐
2 1989 baute die DDR die Berliner Mauer.	☐	☐
3 Der 3. Oktober ist der Tag der Deutschen Einheit.	☐	☐
4 Seit 1990 heißt der neue deutsche Staat die Deutsche Demokratische Republik.	☐	☐
5 Seit der Wende können viele Ostbürger die teuren Mieten nicht bezahlen.	☐	☐

☐ /5 POINTS

2 Two of the following would not be much use if you were ill or had hurt yourself. Which two are they?

Tabletten   eine Salbe   Steuern
ein Zäpfchen   ein Rezept   eine Bewerbung
ein Pflaster   Medikamente

☐ /2 POINTS

3 Which of the following is considered *gesund* or *ungesund*?

1 Ich trinke viel Bier.
2 Ich esse sehr gerne Sahne.
3 Ich esse jeden Tag Obst und Gemüse.
4 Ich mache zweimal in der Woche Muskeltraining.
5 Ich rauche viel.
6 Ich treibe viel Sport.

☐ /6 POINTS

4 Here are a number of joined-up words to do with education. Separate them out, then write down the English equivalents.

hauptfachgeschichtelehrlingvolkshochschule
gymnasiumabitur

☐ /6 POINTS

5 Fill in the gaps with the right German superlatives or comparatives for the word in brackets.

1 Die _____ Deutschen ernähren sich gesund. (most)
2 Ich esse heute _____ Fleisch als früher. (less)
3 Ich trinke _____ Tee als Kaffee. (more)
4 Meine _____ Freundin ist 92 Jahre alt. (oldest)
5 Das _____ Land zum Skifahren ist die Schweiz. (best)

☐ /5 POINTS

6 Here are some statements about things Germans are advised to do to help protect the environment, but some of the words have been missed out. Fill in the gaps.

Altglascontainer   Leerlauf   Produkte
bleifrei   Mehrwegprodukte

1 Wenn man ein Auto hat, soll man _____ tanken.
2 Das Auto soll nicht im _____ laufen.
3 Man soll _____ mit überflüssiger Verpackung nicht kaufen.
4 Man muß alte Flaschen zum _____ bringen.
5 Man soll _____ kaufen.

☐ /5 POINTS

7 Read the statements about changes in Germany since unification. Rewrite them, starting each one with the German for the phrase given in brackets.

1 Das Leben ist reicher geworden. (I am of the opinion that...)
2 Die Welt ist ein Stück größer geworden. (I think that...)
3 Die Menschen waren früher menschlicher. (I believe that...)

/3 POINTS

8 Write a mini biography of Hülya, based on the information below. Start with *Das ist Hülya.*

Alter:	28
kommt aus:	Türkei
aufgewachsen in:	Köln
Nationalität:	Türkin
in Deutschland seit:	25 Jahren
Deutsch gelernt:	in der Schule
Arbeit:	bei *Deutschland Plus.*

/7 POINTS

9 Write a letter to the Hotel Schwarzhof to confirm a booking you made by phone. Don't forget to start and end your letter correctly! Here is the information you will need to include.

Hotel address:	Hotel Schwarzhof Kaiserplatz 24 07743 Jena
• Dates:	Friday and Saturday, 10 and 11 June
• Accommodation required:	double room with bath/WC and balcony
• Cost:	200 DM a night

/9 POINTS

10 You have now got to the end of *Deutsch Plus*. Congratulate yourself! Which of the following two expressions would it be appropriate for someone else to say to you ?

1 Frohes Neues Jahr!
2 Gratuliere!
3 Herzlichen Glückwunsch zum Geburtstag!
4 Schöne Ferien und gute Erholung!
5 Ein frohes Weihnachtsfest!
6 Kompliment zu Ihrem Deutsch!

/2 POINTS

TOTAL   /50 POINTS

Answers

WILLKOMMEN (p. 1-2)

1 1 Guten Morgen; 2 Guten Abend; 3 Guten Tag
5 1 c b; 2 e f; 3 a d

HALLO

Unit 1 (p. 3-6)

2 1 b; 2 c; 3 a; 4 d
3 1 Mein Name ist Nico Antonescu. 2 Ich komme aus Rumänien. 3 Ich wohne in Köln.
4 1 Architektin; 2 Student; 3 Ingenieur; 4 Managerin; 5 Polizist
6 Mein Name ist Theodor Meisemann. Ich wohne in Berlin, und ich arbeite in Potsdam. Ich bin Lehrer von Beruf.
7 1 Mein Name ist Claudia Lemke. Ich wohne in Dortmund, und ich arbeite in Essen. Ich bin Journalistin von Beruf. 2 Mein Name ist Richard Sauer. Ich wohne in Sutton Coalfield, und ich arbeite in Birmingham. Ich bin Architekt von Beruf.
8 Woher? 2 Wer? 3 Was?
9 ä: Volontär, Rumänien, Verkäufer, Verkäuferin; ö: Köln; ü: müssen, Büro, München
10 1b; 2 a; 3 b
11 a: 1 Wie ist Ihr Name? 2 Woher kommen Sie? 3 Wo wohnen Sie?; b: 1 Wie heißen Sie? 2 Wo arbeiten Sie? 3 Was sind Sie von Beruf?

Quiz
1 Wie bitte? 2 Wie heißen Sie? Wie ist Ihr Name? Wer sind Sie? 3 Ich komme aus Sydney. 4 ich komme; Sie kommen 5 Was sind Sie von Beruf? 6 names of people and places, nouns, the words for 'you' Sie and 'your' Ihr

Unit 2 (p. 7-10)

1 Nachname: Antonescu; Vorname: Nicolai; Anschrift: Köln, Gabelsberger Str. 25; Beruf:Volontär
2 1 der Vorname; 2 das Geburtsdatum; 3 place of birth; 4 address; 5 das Land; 6 profession/job
3 1 der; 2 die; 3 der; 4 das
5 3, 1, 4, 5
6 Brandauer; Dietrich: Juergens; Schygulla
8 wie; Ihnen; danke; Schönen
9 Herr Antonescu: schwarz; Katja: mit Milch, mit Zucker

Quiz
1 Nachname 2 Anschrift 3 Möchten Sie einen Kaffee? 4 Wie schreibt man das? 5 Gut/Prima, danke/Danke, sehr gut 6 masculine 7 a little milk, no sugar 8 Schönen Tag noch! 9 eine, ein, ein 10 Kaffee

Unit 3 (p. 11-14)

2 1 Wo ist der Automat? 2 Wo ist das Studio? 3 Wo sind die Toiletten? 4 Wo ist das Büro?

3 1 a; 2 d; 3 f
4 A Wo finde ich den Ausgang? B Wo finde ich die Treppe? C Wo finde ich das Büro? D Wo finde ich den Computer? E Wo finde ich den Kaffee? F Wo finde ich das Studio?
6 1 Hotel; 2 Bank; 3 Theater
7 A 1, 3, 4, 5
  B Straight on- left down the stairs - right - to the end of the corridor - right around the corner

Quiz
1 der Ausgang; 2 the tourist office 3 die 4 c

Unit 4 (p. 15-18)

2 a 3, b 2, c 5, d 1, e 4
3 23 - dreiundzwanzig; 38 - achtunddreißig; 61 - einundsechzig; 59 - neunundfünfzig; 72 - zweiundsiebzig; 84 - vierundachtzig
4 No - you only got three numbers: 12 - zwölf; 31 - einunddreißig; 41 - einundvierzig
6 1 a; 2 a; 3 b; 4 a
7 1 Er ist Volontär. 2 Er wohnt in Köln. 3 Er kommt aus Rumänien. 4 Er lernt Deutsch. 5 Sie ist Sekretärin. 6 Sie wohnt in Köln. 7 Nein, sie kommt nicht aus Köln. 8 Sie arbeitet bei Deutschland Plus.
8 A Was darf es sein? - Ich möchte ein Pfund Kaffee. - Welchen? - Die Feine Milde. - Sonst noch etwas? - Das ist alles. Was macht das? - Das macht sieben Mark fünfundneunzig.
8 B 176 Gramm Pfeffersalami ; 4 Wiener Würstchen: 300 Gramm - 5 Mark 84; Schwarzwälder Schinken: 62 Gramm - 2 Mark 47

Quiz
1 Was darf es sein? 2 c; 3 b

Kein Problem! 1 (p. 19-20)

1 1 d; 2 c; 3 e; 4 a; 5 b
2 1 Frank; 2 in Jena; 3 teacher; 4 with milk, no sugar; 5 308479
3 Bitte wiederholen Sie das. Wie buchstabiert man das ? Noch einmal, langsam bitte. Wie schreibt man das? Wie bitte? Please repeat. How do spell that? Again, slowly please! How do you write that? Pardon?
4 1 sieben; 2 dreiundzwanzig; 3 zweiundvierzig; 4 einundfünfzig; 5 sieben Mark vierzig
5 1 d; 2 e; 3 h; 4 g; 5 i; 6 j; 7 c; 8 a; 9 f; 10 b
6 Angebot; 2 Tschüss; 3 Pfennig; 4 Anschrift; 5 Tasse
7 8 Brötchen; 1Pfund Käse; Butter; 500 Gramm Schinken; 4 Orangen/Apfelsinen und 2 Äpfel; 1 Liter Wasser; Bier; 1 Brot
8 11, 7, 1, 9, 10, 5, 3, 6, 2, 4, 8
9 1 lerne; 2 gehen; 3 duzen; 4 geht; 5 arbeiten

ERSTE KONTAKTE

Unit 1   (p. 21-24)

1   1 b; 2 c; 3 d; 4 a
2   1 F, 2 F, 3 R, 4 F
3   Ja, jeden Tag. Acht Stunden. - Acht Stunden jeden Tag.
    Und von wann bis wann? - Von morgens um zehn bis
    abends um sechs.
4   1 e; 2 c; 3 d; 4 a; 5 b
9   1 to drink: glass of white wine - to eat: chicken with
    potatoes and salad 2 to drink: beer - to eat: pork fillet
    with French fries and pineapple; 3 Anna: fish (plaice),
    Nico : potato cake, Ulli: potato cake

Quiz
1 Es ist zwanzig nach neun.Es ist fünf vor zwei.Es ist halb
fünf. Es ist zehn vor sechs. 2 Guten Appetit! 3 Prost! Zum
Wohl! 4 Reibekuchen

Unit 2   (p. 25-28)

3   1 Guten Morgen, Maier am Apparat. Wer spricht da?
    Ach, guten Morgen, Herr Schloemer. Nein, tut mir leid.
    Sie ist nicht da. 2 Siebert & Co, guten Tag. Wer spricht
    da, bitte? Und wie ist Ihre Telefonnummer? Und die
    Vorwahl für Jena?
6   Können Sie um 9.30 Uhr in mein Büro kommen? Kann
    er um 4 Uhr nochmal anrufen? Kann ich Sie heute
    abend sprechen?
7   Könnten Sie mich mit Herrn Schloemer verbinden?
    Kann ich bitte Frau Maier sprechen? Können Sie in
    mein Büro kommen? Könnte ich Herrn Klein sprechen?
9   1 F; 2 R; 3 F; 4 R
10 Name of caller and number: Frau Hilger - 4436,
    Message for: Frau Maier, Message: she should call back

Quiz
1 Für dich/Sie! 2 Es tut mir leid. 3 your name 4 Können Sie
mich mit Frau Maier verbinden? 5 Auf Wiederhören 6 b

Unit 3   (p. 29-32)

1   Sonntag
2   1 R, 2 F, 3 F, 4 F
4   1 können; 2 wollen; 3 muß; 4 können; 5 will
5   Ich muß Reibekuchen machen. 2 Was wollen Sie
    trinken? 3 Ich will bei Deutschland Plus arbeiten. 4 Ich
    muß gehen. 5 Nico muß die Liste zu Herrn Schinkel
    bringen.
6   1 g; 2 e; 3 f; 4 b; 5 h; 6 d; 7 a; 8 c
8   Summer: from May to October, Monday-Friday: 9 - 19
    h, Saturday: 9 - 16 h, Sunday: 9 - 14 h; winter: from
    November to April, Monday-Friday: 9 - 18 h, Saturday:
    9 - 14 h, Sunday:closed
9   1 b, 2 a, 3 b, 4 a
10 1 ein Paket 2 aus Amsterdam 3 am Samstag 4 seine alte
    Mutter ist krank 5 200 Mark

Quiz
1 Februar April Dienstag Januar September Montag
Sonnabend 2 geschlossen 3 e c f b a d

Unit 4   (p. 33-36)

1   1 a 2 b 3 d 4 c
2   Fahrkarte

3   1 Wie komme ich zur Universitätsstraße? 2 Wie komme
    ich zum Neumarkt? 3 Wie komme ich zur U-Bahn? 4
    Wie komme ich zum Hauptbahnhof? 5 Wie komme ich
    zum Reisezentrum?
4   1 b, 2 a, 3 e, 4 c, 5 d
5   1 Bitte steigen Sie am Bahnhof um. 2 Wo steige ich aus?
    3 Bitte steigen Sie in die Nummer 27 ein. 4 Wann
    kommt der Bus an?
7   destination: Amsterdam, return, second class, price: 71
    Mark 20, supplement: 14 Mark, total: 85 Mark 20
9   1 Andrea kauft zwei Fahrkarten nach Berlin einfach.
    2 Sie kauft ihre Fahrkarte mit Bahncard. 3 Die andere
    Person ist über 26. 4 Die Fahrkarte kostet mit Bahncard
    30 Mark 40. 5 Es gibt InterCity-Zuschlag.

Quiz
1 Wie komme ich zur U-Bahn? 2 Stamp tickets! 3 From
Berlin there is a EuroCity supplement of 6 Marks per
person. 4 A single ticket only? 5 Wo sind die Fahrpläne?

Unit 5   (p. 37-40)

1   Ich war nur kurz da. 2 Wann waren Sie bei Herrn Koch?
    3 Es war schön. 4 Die Fotos waren zu spät.
2   1 F, 2 F, 3 R, 4 F, 5 R, 6 R
4   1 Um 9.15 Uhr hatte ich eine Besprechung mit Frau
    Schneider. 2 Um 9.30 Uhr war ich im Postraum.3 Von
    9.40 Uhr bis 11.30 Uhr war ich in Frau Daniels Büro. 4
    Um 12.15 Uhr hatte ich einen Termin mit Herrn Koch.
    5 Um 12.45 Uhr war ich in Frau Schneiders Büro. 6 Um
    13.10 Uhr hatte ich Mittagspause.
5   Um 8.30 Uhr war ich im Büro. Um 9.15 Uhr war ich im
    Postraum. Um 10.30 Uhr war ich bei Herrn Sauer. Um
    10.40 Uhr hatte ich einen Anruf von Frau Weiß. 11.15
    Uhr hatte ich einen Termin mit Herrn Blüm. 12 Uhr
    war ich in der Kantine.
6   1 hatten; 2 war, war; 3 waren; 4 hatte; 5 waren; 6 war
7   Ich war im Büro. Es war total hektisch. Ich hatte einen
    Termin mit Herrn Koch um 11.15 Uhr. Ich hatte viel zu
    erledigen. Es war schon 11.30 Uhr. Ich war nicht
    pünktlich. Frau Maier war sauer!
8   Message for: Herr Michel; caller: Frau Bergmann; tel.
    no: 0211552381; it's urgent
9   wo? in Mallorca, wann? im Juni, wie lange? eine Woche,
    Wetter? sehr gut

Quiz
1 waren 2 Um 15.30 Uhr hatte ich einen Termin mit Frau
Schneider. 3 She is annoyed. 4 war

Unit 6   (p. 41-44)

1   eine Brosche/a brooch
2   1 R, 2 R, 3 F, 4 F
3   1 d; 2 c; 3 a; 4 b
4   basement: das Kellergeschoß; ground floor: das
    Erdgeschoß; first floor: der erste Stock/die erste Etage;
    second floor: der zweite Stock/die zweite Etage
6   1 the Parfümerie, 2 first floor, 3 up the escalator, 4 on
    the left
8   1 Er will ein Hemd kaufen. 2 im Erdgeschoss; 3 39; 4 42
    Mark

Quiz
1 Ich höre gern Musik. Diese CD gefällt mir. Ich mag diese
Hemden. Ich finde Popmusik nicht gut. 2 b; 3 gut

Unit 7 (p. 45-48)

1 1 Vierhundert Pfund in D-Mark, bitte. 2 Zweihundertfünfzig Pfund in D-Mark, bitte. 3 Achthundertsechsunddreißig Pfund in D-Mark, bitte. 4 Neunhundertneunundneunzig Pfund in D-Mark, bitte. 5 Fünfhundertsiebenundfünfzig Pfund in D-Mark, bitte. 6 (Ein)hundertzwanzig Pfund in D-Mark, bitte.

3 3; 4; 5/2; 2/5; 1

4 R, 2 F, 3 R, 4 F, 5 F

5 1 e; 2 c; 3 b; 4 a; 5 d

6 1 a; 2 b; 3 b; 4 a

7 1 meinen, meine, Ihren, Ihre 2 mein 3 Ihren, Ihre 4 Ihr, Ihr

8 1 Kann ich Ihnen helfen? 2 Diese Brosche gefällt mir. 3 Können Sie mir sagen, wo die Bank ist? 4 Können Sie mir einen Gefallen tun?

9 1 b; 2 f; 3 d; 4 c; 5 e; 6 a

10 1 to pay by cheque; 2 exchange rate; 3 to withdraw money from the account

11 - Englische Pfund - in Bargeld oder in Traveller Schecks?
- Ich habe beides. Ich habe Traveller Schecks und Bargeld.
- Ja, da haben wir unterschiedliche Kurse. Für Bargeld ist der Kurs,einen Moment, sage ich Ihnen sofort... Sie bekommen heute für ein englisches Pfund 2,20 DM.
- Ja, das ist in Ordnung.
- Ja, und wieviel möchten Sie verkaufen?
- Ich habe100 Pfund Bargeld und 100 Pfund in Traveller Schecks.
- So, der Kurs für die Travellercheques wäre heute: für ein englisches Pfund bekommen Sie 2, 28/58

Quiz

1 Darf (kann) ich Ihren Ausweis sehen? (Ihren Ausweis, bitte.) 2 mein, meine 3 They always take the word mir 'me' 4 Ich bezahle mit Scheck. 5 500 Pfund in D-Mark, bitte.

Unit 8 (p. 49-52)

1 they go the end and add ge- in front and -t at the end

2 1 F, 2 R, 3 R, 4 F, 5 F, 6 R

3 Stephanie hat Tennis gespielt. Sie hat Geschenke gekauft. Sebastien hat Englisch gelernt. Frau Heinemann hat Österreich mit ihrer Familie besucht. Sie hat gelacht. Sie hat Spaß gehabt.

4 1 Ich habe Musik gehört. 2 Ich habe Fußball gespielt. 3 Ich habe Französisch gelernt. 4 Ich habe im Büro gearbeitet. 5 Ich habe ein Museum besucht. 6 Ich habe eine Radtour gemacht.

6 Nico: photo on top; Anna: photo at bottom

7 Er hat eine Schwester, die heißt Jenny. Sein Vater heißt Dave.

8 der Bruder (die Brüder) - brother; die Schwester (die Schwestern) - sister; das Kind - child; der Sohn (die Söhne) - son; die Tochter (die Töchter) - daughter; der Vater (die Väter) - father; die Mutter (die Mütter) - mother; der Partner (-) - male partner; die Partnerin (die Partnerinnen) - female partner

9 1 b; 2 a; 3 b; 4 a; 5 b; 6 b

Quiz

1 Ich habe im Sommer Deutsch gelernt. 2 Partnerin; 3 b; 4 b

Kein Problem! 2 (p. 53-54)

1 zehn Uhr dreißig/halb elf; sieben Uhr fünfzig/zehn vor acht; ein Uhr fünfundvierzig/Viertel vor zwei; sechs Uhr fünf/fünf nach sechs; achtzehn Uhr fünfzehn/Viertel nach sechs; einundzwanzig Uhr vierzig/zwanzig vor zehn

2 1wann, work; 2 spät, is it; 3 Uhr, is it; 4 um, Uhr,meeting; 5 von, bis, heute abend, nine, eleven (o'clock)

3 going shopping: Friday afternoon; for a drink one evening: Monday

4 1 das Jahr; 2 Jahreszeiten; 3 der Herbst; 4 Tage; 5 Woche

5 1 c; 2 d; 3 e; 4 f; 5 a; 6 b

6 der Fahrplan - timetable; die Fahrkarte - ticket; der Bahnsteig - platform; der Hauptbahnhof - main station die Ankunft - arrival; die Abfahrt - departure

7 1 Wo muß ich umsteigen? 2 Wann fährt der nächste Zug ab? 3 Kann ich Ihnen helfen? 4 Wann kommt der Bus an? 5 Steigen Sie/Sie steigen in Bremen aus.

8 1 war; 2 hatte; 3 waren; 4 hatte; 5 warst

9 1 c; 2 d; 3 a; 4 b

10 your family: Geschwister; Vater; Sohn; Eltern; Schwester; Kinder, Tochter; Bruder - department store: Rolltreppe; Sonderangebot; Kasse; Parfümerie; Größe; Etage;Herrenbekleidung; Erdgeschoß

11 fünfhundertdreiundsechzig; neunhundertachtundzwanzig; (ein)hundertzwei; vierhundertsiebenundneunzig

12 1 e; 2 g; 3 c; 4 b; 5 d; 6 i; 7 h; 8 j; 9 f; 10 a

13 1 Sie hat Handball gespielt. 2 Ich habe in London Deutsch gelernt. 3 Die Kinder haben Schokolade gekauft. 4 Ich habe Köln im Sommer besucht. 5 Nico hat 'Hallo!' gesagt. 6 Ulli hat telefoniert. 7 Ich habe Geschenke gekauft. 8 Ich habe Tennis gespielt.

Unit 9 (p. 55-58)

1 1 c; 2 d; 3 e; 4 b; 5 a

2 1 a room; 2 yes; 3 to see the room tomorrow at 12; 4 Pappelallee 10

3 1 a, 2 a, 3 b, 4 a, 5 b 6 b

5 1 F 2 R 3 F 4 F 5 F 6 F 7 R 8 F

6 Ich bin im Winter geboren. Mein Geburtstag ist am 4. Dezember. Ich bin 24 Jahre alt. Ich habe einen Bruder und eine Schwester. Mein Bruder ist 27 Jahre alt, und meine Schwester ist 29 Jahre alt. Ich bin auf dem Land groß geworden. Ich bin jeden Tag mit dem Bus zur Schule gefahren.

Quiz

1 heating costs included; 2 Ist das Zimmer noch frei? 3 gesehen; 4 Ich bin am fünfzehnten November geboren. or Mein Geburtstag ist am 15. November. 5 Ich habe zwei Brüder und eine Schwester.

Unit 10 (p. 59-62)

1 a das Schlafzimmer; c das Wohnzimmer; c die Küche

2 1 das Arbeitszimmer - study; 2 das Eßzimmer; 3 guest room; 4 die Küche - kitchen; 5 bathroom; 6 das Schlafzimmer; 7 WC und Dusche; 8 living room

3 das Eßzimmer

4 1 c; 2 a; 3 b

5   1 R; 2 F; 3 F; 4 R; 5 F
7   1 c; 2 a; 3 b
8   1 Wohnung, 2 1/2 Zimmer, gemietet 2 Haus, 160 qm, 6
    Zimmer 3 Apartment, 35 qm, ein Zimmer, gemietet, Balkon
Quiz
1 c; 2 Ich habe die Wohnung gekauft. 3 das Wohnzimmer 4
false

Unit 11   (p. 63-66)

1   1 yesterday 2 a young woman 3 twice
2   1 F 2 F 3 F 4 R 5 F
3   1 3 6
4   1 nett; 2 billige; 3 schön; 4 neue; 5 aktuell; 6 schnelle; 7
    klassische
5   1 d; 2 e; 3 f; 4 c; 5 g; 6 a; 7 b
6   Ich habe ein schönes Wochenende auf Rügen verbracht.
    Ich habe mich abends ins Café gesetzt, und am Tag bin
    ich auf Rügen umhergefahren, habe mir die Landschaft
    angeschaut, bin gewandert, habe Kaffee getrunken, und
    ich habe gezeltet.
8   1d; 2 e; 3 f; 4 h (j); 5 i; 6 j (h); 7 c; 8 b; 9 a; 10 g
9   1 Wann? 2 Wie? 3 Wohin? 4 Wer?
10 1 Woher kommen sie? 2 Was trinken Sie? 3 Wie spät ist
    es? 4 Wer ist das? 5 Wie geht's?/ Wie geht es Ihnen/ dir?
11 bestelle; an; Nummer; Telefonbuch; möchte; ein; für
12 1 Wie ist die Nummer? 2 Ich möchte ein Taxi bestellen.
    3 Vor dem Bahnhof. 4 Um sieben Uhr. 5 Zum Theater.
    6 Danke und auf Wiederhören/sehen.
Quiz
1 a Sie haben Fußball gespielt, nicht wahr? b Wann
möchten Sie ein Taxi haben? c Wohin sind Sie im
September gefahren? 2 a F; b R; c R

Unit 12   (p. 67-70)

1   e 1, a 2, d 3, f 4, b 5, c 6
2   e But I've got toothache, terrible toothache. f Yes, Good
    morning, this is Frau Daniels speaking. a But I don't
    want to go to the dentist's. b Have you got an
    appointment free? c At 12 o'clock. d I'm scared of going
    to the dentist's.
3   1 muß; 2 will; 3 muß; 4 muß 5 muß
5   1 Er soll ein Taxi bestellen. 2 Er muß Notizen machen.
    3 Er will mit Anna Waffeln essen. 4 Er soll Kaffee holen.
    5 Er muß zur Bank gehen. 6 Er kann mit dem
    Computer arbeiten. 7 Er will früh nach Hause gehen. 8
    Er muß Akten zu Frau Weiß bringen.
6   1 Ich will eine Tasse Kaffee trinken. 2 Ich kann in der
    Kantine zu Mittag essen. 3 Ich muß um 7 Uhr
    aufstehen. 4 Ich will mit Anna in die Kneipe gehen. 5
    Ich muß Elke im Videoraum helfen. 6 Ich muß um 8
    Uhr im Büro sein.
7   der Kopf (-e) head; der Hals (-e) - throat, neck; der
    Zahn (-e) - tooth; der Arm (-e) - arm; der Finger (-) -
    finger; der Rücken (-) - back; das Bein (-e) - leg; der Fuß
    (-e) - foot; der Bauch (-e) - stomach
8   1 h; 2 e; 3 d; 4 c; 5 f; 6 b; 7 a; 8 g
10 1 R 2 F 3 R 4 F 5 R
11 Herr Doktor Rudolf Henkel, Kontrolluntersuchung?
    (ja), privatversichert? (ja), Name: Andrea Köhler,
    Termin: Montag 4. Dezember 16.30 Uhr
Quiz
1 Was fehlt Ihnen? Was ist los? Bist du krank? Haben Sie

Fieber? Wo tut es weh? 2 b

Unit 13   (p. 71-74)

1   The most popular sport in Germany are football and
    tennis.
2   He mentions: volleyball, basketball, football, handball,
    apparatus gymnastics, swimming, athletics, gymnasitc,
    dancing He does himself: volleyball, tennis, badminton
    Herr Schulz: skiing
3   1 F 2 R 3 R 4 R 5 F
4   1 e; 2 a; 3 f; 4 b; 5 c; 6 d
5   1 dreimal 2 viermal 3 dreimal
6   1 Volleyballklub, Tennisclub 2 mittwochs 3 Stunden 4
    Sportverein 5 Volleyball
7   1 Jeden Tag. 2 Einmal die Woche. 3 Jeden zweiten Tag.
    4 Fünf Stunden am Tag. 5 Viermal im Jahr. 6 Nur
    zweimal im Monat.
8   1 R 2 F 3 F 4 R 5 R 6 F 7 R 8 R
9   1 besser; 2 billiger, schöner; 3 lieber, besser; 4 lustiger; 5
    mehr, jünger; 6 netter, lieber
12 gern, Leichtathletik, Sportart, Tennis, guckt,
    Volleyball, Fußball, Frauen
13 1 Handball 2 zwei-bis dreimal in der Woche 3 in einen
    Sportverein 4 er spielt Handball und trainiert eine
    Mannschaft 5 Handball und Basketball 6
    Motorradrennen 7 Fußball
Quiz
1 Was für Sport treibst du? 2 b 3 Ich spiele jeden Tag
Tennis.

Unit 14   (p. 75-78)

1   1 e; 2 c; 3 d; 4 b; 5 a
2   1 Name; 2 geboren; 3 komme, wohne 4 Schule 5
    Kunstakademie 6 gearbeitet
3   3 1 5 4 2
4   1 F; 2 R; 3 F; 4 F; 5 R
5   Ich sage, daß ich Volontär bei D Plus bin. Ich sage, daß
    mir die Arbeit sehr gut gefällt. Ich sage, daß ich ein
    bißchen mit Frau Schneider arbeite. Ich sage, daß ich
    gern in Köln wohne. Ich sage, daß ich gern Tennis
    spiele. Ich sage, daß ich gern klassische Musik höre.
6   1 Ich sage, daß Köln sehr intereressant ist. 2 Ich sage,
    daß der Dom sehr schön ist. 3 Ich sage, daß ich in
    Birmingham wohne. 4 Ich sage, daß ich gern Musik
    höre. Ich sage, daß ich morgen nach Hause fahre.
7   1 d; 2 c; 3 b; 4 a - 1 Du mußt einen Anzug haben. 2 Ulli
    kann dir einen Anzug borgen. 3 Du wirst einen Schlips
    brauchen. 4 Du mußt dir die Haare schneiden lassen. 5
    Du mußt deine Schuhe putzen.
8   1 R; 2 F; 3 R; 4 F; 5 R; 6 F
9   Morgen früh schlafe ich länger. 2 Um acht Uhr gehe ich
    zur Arbeit. 3 Dann werde ich Kaffee trinken. 4 Um elf
    Uhr helfe ich Elke im Videoraum. 5 Danach werde ich
    mit Anna in die Kantine gehen. 6 Am Nachmittag
    arbeite ich am Computer. 7 Dann werde ich nach
    Hause gehen. 8 Abends um acht treffe ich mich mit Ulli
    in der Kneipe.
Quiz
1 die Haare schneiden; die Schuhe putzen; 3 einen Anzug
    borgen 2 the sentence structure 3 the first one is in the
    present tense; the second one is in the future tense 4 b

Unit 15   (p. 79-82)

1   1 tanken. 2 Tankstelle. 3 sb 4 40DM Mark. 5 pleite.
2   5 3 1 4 2 6
4   1 i; 2 d; 3 a; 4 c; 5 f; 6 h; 7 e; 8 g; 9 b; 10 j
6   the second is more formal
7   1 Kann ich euch was anbieten? 2 Nicht schlecht. 3 Wie geht's?. 4 Setze hin. 5 Hallo.
8   1 e, 2 c, 3 d, 4 f, 5 b, 6 a
9   A 1 Guten Abend, ich heisse Helen Marsh. 2 Es freut mich. Darf ich vorstellen: Rachel Johnson. 3 Es ist sehr gemütlich bei Ihnen . 4 Ja gern, ich möchte eine Tasse Tee.
    B 1 Guten Tag, Herr Fischer. Wie geht's? 2 Nicht schlecht. Darf ich vorstellen: Michael Brown. 3 Darf ich Ihnen etwas anbieten? Ein Glas Wein oder ein Bier? 4 Prost

Quiz
1 Es freut mich. Sehr angenehm. Darf ich vorstellen? Es ist sehr gemütlich bei Ihnen. 2 Ausfahrt; Umleitung; Superbleifrei; selbsttanken; Tankstelle; Autowerkstatt; Batterie; Einbahnstraße

Unit 16   (p.83-86)

1   A 3; B 4; C 2; D 1
3   1 F; 2 F; 3 F; 4 R; 5 R
4   1 zur; 2 zum; 3 zum; 4 zum; 5 zur; 6 zum
5   a; c; b; e; f; d
6   4
7   3
8   1 Ich wollte nur dankeschön sagen. 2 ... daß ihr mir so gut geholfen habt. 3 Und ich habe am Sonntag Geburtstag. 4 ... daß wir uns alle um 12 Uhr zu einer Bootsparty treffen.
10 ... Ich werde oft an Dich denken - und an unser Wochenende in der Eifel!! ... Einen dicken Geburtstagskuß!

Quiz
1 Frohe Weihnachten und ein Gutes Neues Jahr! 2 Ich drücke Ihnen (dir) die Daumen! 3 Das müssen wir aber feiern! 4 Ich nehme eine Flasche Wein und einen Blumenstrauß mit.

Kein Problem! 3   (p. 87-88)

1   1 Bauch; 2 Terimn; 3 Ohren; 4 wieder; 5 Mitglied; 6 Anschrift; 7 Rücken; 8 Ich werde mich bewerben; 9 Freizeit; 10 an der Ampel
2   1 am 25. März; 2 in Koblenz; 3 ja, zwei Schwestern; 4 ClaudiA: 30, Sabine: 32; 5 nein, sie sind älter; 6 in Koblenz
3   1 das Zimmer; 2 to rent; 3 heating included; 4 die Adresse (Anschrift); 5 flat
4   1 das Badezimmer; 2 das Gästezimmer; 3 das Arbeitszimmer; 4 das Eßzimmer
5   1 das Einfamilienhaus; 2 das Doppelhaus; 3 der Balkon
6   3, 5
7   b, e
8   1 Please sign here. 2 Fill it up please. 3 I need petrol. 4 Please check the tyres.
9   1 d; 2 c; 3 e; 4 a; 5 b
10 1 Für 60 Mark bleifrei, bitte. 2 Prüfen Sie bitte das Öl. 3 Wo muß ich zahlen? 4 Wo kann ich das Wasser prüfen?
11 1 Ich bin zum Markt gegangen. 2 Ich habe Brot gekauft.

3 Ich bin gewandert. 4 Ich habe studiert. 5 Ich habe Deutsch gesprochen.
12 1 Ich weiß, daß Nico nach Amsterdam fährt. 2 Ich weiß, daß eine junge Dame ihm ein Paket gibt. 3 Ich weiß, daß er ein Taxi für Frau Maier bestellt. 4 Ich weiß, daß er Anna liebt.
13 1 Ich werde mehr studieren. 2 Ich muß mehr Deutsch lernen. 3 Ich möchte mehr Sport treiben. 4 Ich will bis zehn Uhr schlafen. 5 Ich kann Badminton spielen. 6 Ich werde Onkel Peter anrufen.

T R E F F P U N K T E

Unit 1   (p. 89-92)

1   1 f; 2 d; 3 j; 4 g; 5 i; 6 a; 7 c; 8 b; 9 h; 10 e; 11 k
2   1 Brot, Toast, Marmelade, Käse, Milch, Müsli 2 Brötchen, Toast, Marmelade, Käse, Kaffee
4   1 h, 2 c, 3 f, 4 g, 5 a, 6 b, 7 d, 8 e
6   Torte, Mohnkuchen mit Streuseln
7   1 zwei Tee mit Zitrone; 2 ein Stück Käsekuchen und ein Stück Himbeertorte mit Sahne 3 9 Mark 35 4 65 Pfennig
9   1 Ich esse Brötchen mit Butter und Marmelade, und ich trinke Tee mit Milch. 2 Mein Lieblingskuchen ist Marmorkuchen mit Sahne. 3 Was essen Sie zum Frühstück? Was ist Ihr Lieblingskuchen?
10 1 13; 2 Rheinhessen; 3 Sachsen and Saale-Unstrut in the former east Germany; 4 around the rivers Rhine, Neckar, Mosel, Nahe; 5 80 % white - 20% red; 6 23 liters per year per head
11 1 R 2 R 3 F 4 F

Unit 2   (p. 93-96)

1   1 2, 2 3, 3 4, 4 1
2   a 1; g 2; b 3; d 4; h 5; f 6; e 7; c 8
4   Guten Tag. Hier ist der Anrufbeantworter von D Plus, Telefon- und Faxnummner 0221 133939. Bitte hinterlassen Sie eine Nachricht oder schicken Sie ein Fax. Wir rufen Sie so bald wie möglich zurück
5   1 a 2 c 3 b 4 e 5 d
6   1 F 2 R 3 F 4 F
7   Telefonnummer: 06131 682219. Öffnungszeiten montags bis freitags: 9 - 13 Uhr, 15 - 17.30 Uhr; samstags 10 - 13 Uhr; sonntags geschlossen
8   1 A; 2 D; 3 E; 4 B; 5 C
9   1 the timber-framed houses 2 in the Gutenberg museum 3 Marc Chagall's stained-glass windows 4 Rhine embankment 5 landmark of Mainz
10 der Sankt-Martins-Dom, das Gutenberg-Museum , der Dom, die historische Altstadt
11 1 F 2 F 3 R 4 R
12 1 3 5 6 7

Unit 3   (p. 97-100)

1   1 d, 2 b, 3 a, 4 c
2   1 Stunden, Woche 2 Tage, Weihnachten 3 Ostern 4 montags, freitags 5 samstags 6 Sonntag
3   1 Mein Arbeitstag beginnt um acht Uhr und ist um vier Uhr zu Ende. 2 Ich arbeite acht Stunden am Tag, von 9.30 Uhr bis 5.30 Uhr. 3 Ich arbeite 40 Stunden in der Woche, montags bis freitags. 4 Weihnachten und Ostern sind frei.

acht Stunden 4 gehen halb vier 5 ab zwölf 6 einkaufen und das Wochenende genießen 7 von zwölf bis 14 Uhr 8 zwischen 12 Uhr 30 und 13 Uhr

5   um acht Uhr; around half seven; ab sieben Uhr; von drei Uhr bis vier Uhr; between six and nine o'clock; um Viertel vor eins; am Wochenende

7   1 c; 2 e; 3 f; 4 b; 5 a; 6 d

8   1 F 2 R 3 F 4 R 5 F 6 R 7 F 8 R

9   1 wohnte; 2 arbeitete; 3 waren; 4 kostete; 5 machte; 6 hatte

10 Herr Braun: 1, 3 , 4, 7 Frau Braun: 2, 5, 6, 8, 9

11 viel mehr; neun Uhr; 17 Uhr; sauber; Kinder; einkaufen; hole; ab; feierabend; koche; Wäsche; bringe; Bett; Haushalt; bügelt

Unit 4   (p. 101-104)

1   1 b; 2 a; 3 c

2   Gleis 2: Intercity von Kiel nach Hamburg, Ankunft in Lübeck: 10 Uhr 03, Ankunft Hamburg Hauptbahnhof 10 Uhr 46. Gleis 8: EC von Lübeck nach München, Ankunft München Hauptbahnhof: 17 Uhr 21. Gleis 13: Schnellzug von Flensburg nach Hannover, Ankunft in Lübeck: 10 Uhr 19, Ankunft in Hannover: 11 Uhr 35

3   1 in Hamburg; 2 1 Uhr 1; 3 14 Uhr

5   1 Deutschland/das eigene Land; 2 im Westen: 22%, im Osten: 7%; 3 ins Ausland; 4 Spanien und die Inseln Mallorca, Teneriffa, Gran Canaria, Ibiza und Lanzarote; 5 Italien 6 Großbritannien und Irland

6   1 am schönsten; 2 am billigsten, am bequemsten; 3 am wärmsten; 4 am liebsten; 5 am ruhigsten; 6 am interessantesten ; 7 am besten

7   1 F 2 R 3 R 4 F

8   1 Mallorca; war; gewohnt; Zimmer mit Bad und Balkon 2 eine Woche; in den Alpen/in Österreich; hatten; gefahren

Unit 5   (p. 105-108)

1   2 At the height of the season, Nierdegger employs 700 People. Niederegger normally employs 500 people. 3 Christmas and Easter are the busiest periods.

2   1 35 Tonnen; 2 500 Mitarbeiter; 3 seit 1806; 4 in alle fünf Kontinente

3   1 Es war sehr hektisch. 2 Um acht Uhr hatte ich einen Termin mit dem Geschäftsführer. 3 Um 8.15 Uhr gab es eine Einführung in die Firma. 4 Dann kam die Besichtigung der Marzipanfabrik. 5 Die Besprechungen dauerten bis halb sechs. 6 Um sieben Uhr war ich wieder in Hamburg.

4   Mittagessen; Buesuch des Konditorei-Cafés; 3 Abreise

5   Am Dienstag war ich in Lübeck. 2 Um neun Uhr hatte ich eine Besprechung. 3 Um sieben Uhr war ich wieder zu Hause. 4 Am Wochenende fahre ich nach Amsterdam.

8   1 Sabine Dörl ist 34 Jahre alt. Sie ist verheiratet und hat einen Sohn. Sie wohnt seit sechs Jahren in Lübeck. Seit 1996 (seit einem Jahr) arbeitet sie bei Neideregger. 2 Ali Kakmak ist 19 Jahre alt. Er kommt aus der Türkei und wohnt seit einem Monat in Lübeck. Seit einer Woche ist er bei Niederegger in der Produktionsabteilung.

Unit 6   (p. 109-112)

1   1 h; 2 j; 3 f;4 c; 5 d; 6 a; 7 g; 8 e; 9 i; 10 b

2   yellow, beige, red, light blue jeans blue, grey, black - she decides on yellow

3   1 Schwester; 2 kleiner; 3 größer; 4 M

4   1 schöner - am schönsten; 2 größer - am größten; 3 billiger - am billigsten

5   1 d; 2 e; 3 h; 4 a; 5 g; 6 b; 7 c; 8 f

7   1 Jetzt reduziert! 2 Heute im Angebot! 3 Ausverkauf! 4 Sonderangebot!

8   1 household goods department; 2 Sportabteilung; 3 Sportartikel; 4 Tennisschläger; 5 electrical (multi-media) department; 6 Computer mit Tastatur und Maus; 7 Fotoapparate

9   1R 2 F 3 F 4 F 5 F 6 R

Unit 7   (p. 113-116)

1   1: Tomaten, Zwiebeln, Öl, Parmesankäse, Hackfleisch, Gewürze 2: 7 Mark; 3: Mit Bargeld/bar.

2   Ein Kilo Bananen: zwei Mark vierundsiebzig; Gurken: eine Mark neunzehn; 500 g Hackfleisch; sechs Mark sechzig, ein Kilo Tomaten: zwei Mark neunundneunzig

3   1 Hundefutter, Odol 2 Wein 3 86 Mark 35

5   1 b; 2 a; 3 f; 4 e; 5 c; 6 d

7   1 das Datum 2 Betrag in Buchstaben; 3 der Ort; 4 die Währung; 5 der Betrag; 6 die Unterschrift

8   1 Ich möchte einen Flug buchen. 2 When would you like to fly? 3 Wenn Sie sieben Tage im voraus buchen.... 4 Will you stay over for the weekend? 5 That's quite reasonable. 6 Ich bezahle das mit Scheck.

9   nächsten Sonnabend; Sondertarif; Wochenende; 1576; 807

11 The Brothers Grimm

Unit 8   (p. 117-120)

1   1 R 2 F 3 F 4 F 5 R 6 F

2   1 verheiratet; 2 to marry; 4 verwitwet; 5 half-brother/half-sister; 6 step-brother/step-sister; 7 aunt; 8 uncle; 9 second husband/wife; 10 marriage

3   1 a; 2 c; 3 b; 4 c; 5 a

4   Ulrich Wiebke ist 67 Jahre alt. Er wohnt in Lübeck. Er ist verwitwet. Er hat einen Sohn. Sein Sohn ist 34 Jahre alt. Er hat zwei Enkelkinder. - Miriam Dörl ist 39 Jahre alt. Sie wohnt in Köln. Sie ist geschieden - sie ist alleinerziehende Mutter. Sie hat zwei Töchter. Ihre Töchter sind 12 und 14 Jahre alt. Sie hat keine Geschwister.

6   2

7   Tante Ingrid: 2; der Großvater: 1; Onkel Hans: 1

8   1 F 2 F 3 F 4 R 5 F

9   Ich heiße Andrew Cox. Ich bin Schotte. Ich wohne in Dublin in Irland. Ich bin 36 Jahre alt. Ich bin geschieden, und ich habe keine Kinder. Ich bin 185 cm groß. Ich habe kurze lockige blonde Haare. Ich habe blaue Augen und einen Schnurrbart. Ich bin Lehrer von Beruf. Meine Hobbys sind Sport und Computer.

Kein Problem! 4   (p. 121-122)

1   1 d; 2 e; 3 i; 4 g; 5 j; 6 h; 7 b; 8 c; 9 a; 10 f

2   4, 8, 2, 5, 1, 7, 3, 6

3   1 from the Holstentorstraße; 2 from 15 April to 1

October; 3 every day; 4 12.30h and 18.15h; 5 DM 42; 6 2 minutes; 7 for groups from 15 people and for special trips

4 1 Wo finde ich die Touristeninformation? 2 Was gibt es in der Stadt zu sehen? 3 Wie weit ist es vom Bahnhof zur Stadtmitte (Innenstadt)? 4 Könnte ich bitte einen Stadtplan haben? 5 Gibt es gute Restaurants in der Stadt? 6 Wann ist das Museum geöffnet?

5 clothing: Strumpfhose, Rock, Schuh, Socke, Mantel, Jacke, Krawatte, Schlips, Kleid, Bluse; colour: braun, schwarz, gelb, rot, weiß, grau, grün

6 wohnte; trank; ging; machten; kaufte; machte; kochte; kam; sah

7 1 Ich war Ostern eine Woche in Italien. Ich habe in einem Ferienapartment gewohnt. 2 Ich war im Winter einen Monat in den USA. Ich habe in einem Hotel gewohnt. 3 Ich war in den Sommerferien zwei Wochen in Irland. Ich habe auf einem Campingplatz gewohnt.

8 Ich heiße Mary Fröhler. Ich bin Amerikanerin. Ich komme aus New York. Ich wohne in Innsbruck. Ich wohne seit fünf Jahren in Innsbruck in Österreich. Ich bin 27 Jahre alt. Ich bin verheiratet. Mein Mann ist Österreicher. Ich habe einen Sohn. Er ist drei Jahre alt. Ich bin 172 cm groß. Ich habe lange blonde Haare und blaue Augen. Ich trage einen schwarzen Rock und eine weiße Bluse. Ich arbeite nicht. Meine Hobbys sind Wandern und Skifahren.

Unit 9   (p. 123-126)

1 1 England; 2 Iraner/Iranerin; 3 Amerika; 4 Japaner/Japanerin; 5 Australien; 6 Deutscher/Deutsche; 7 Norwegen; 8 Italiener/Italienerin

2 Das ist Emmet. Er ist in Dublin aufgewachsen. Er ist Ire und wohnt seit sechs Jahren in Deutschland. Er hat Deutsch erst in Deutschland gelernt. - Das ist Marit. Sie ist in Oslo aufgewachsen. Sie ist Norwegerin und wohnt seit acht Jahren in Deutschland. Sie hat Deutsch in Norwegen gelernt.

3 Emmet: 1, 3, 5 Marit: 2, 4, 6

5 1 Ich wohne seit Januar in Marburg. 2 Ich wohne seit einem Monat in Deutschland. 3 Ich wohne seit einer Woche in einem neuen Zimmer. 4 Ich habe seit dem Frühstück nichts gegessen. 5 Ich lerne seit einem Jahr Deutsch.

6 1 Pardon? 2 Once again, please. 3. Not so fast, I don't understand. 4 Please repeat, slowly.

7 1 Türken; 2 12; 3 weniger; 4 meisten; 5 mehr; 6 Holland

8 1 F 2 R 3 R 4 R 5 F

9 1 Sie kommt aus Jugoslawien. 2 In Jugoslawien war Krieg. 3 Sie wohnt hier mit ihrer Mutter. 4 Sie geht hier in die Schule. 5. Sie arbeitet hier. 6 Jugoslawien

10 Albert Einstein

Unit 10   (p. 127-130)

1 1 R 2 F 3 F 4 R 5 R

2 Adresse: Kaiser-Ludwig-Platz 202, 80336 München: Tel.: 089 544278; zwei Einzelzimmer mit Dusche, ein Doppelzimmer mit Bad; zwei Nächte

3 Falsch: 25./26. Oktober (25./26. September); ein Einzelzimmer mit Dusche (zwei); zwei Doppelzimmer

mit Bad (ein);; Doppelzimmer: 189.-DM (198.-DM)

5 1 b Auf dem Bauernhof kann man sich die Tiere ansehen. 2 c Auf der Liegewiese kann man sich sonnen. 3 a Vom Fahrradverleih kann man Fahrräder ausleihen. 4 g Auf dem Spielplatz kann man mit den Kindern spielen. 5 f Beim Tanzen kann man viel Spaß haben. 6 e In den Bergen kann man wandern. 7 d Im See kann man schwimmen.

7 1 beschweren; 2 Einzelzimmer, Doppelzimmer; 3 schmutzig, gemacht; 4 Handtücher

8 f; e; a; c; b; d

9 1 Ich lebe - hier in Deutschland 2 es war - hier zu bekommen 3 ich wohne im 4 ich mußte - auf 5 ich studiere 6 ich komme aus

10 1 c; 2 g; 3 e; 4 f; 5 a; 6 b; 7 d

Unit 11   (p. 131-134)

1 1 e; 2 c; 3 a; 4 f/b; 5b/f; 6 d

2 1 R 2 F 3 R 4 F 5 F 6 R

3 mehr Steuern, gestiegene Mieten

4 d, g, e, a, c, f, b

5 1 f; 2 c; 3 g, 4 a; 5 b; 6 e; 7 d

6 Die Leute freuen sich (nicht), daß das Leben reicher geworden ist. 2 Die Leute freuen sich (nicht), daß es alles zu kaufen gibt. 3 Die Leute freuen sich (nicht), daß die Welt ein Stück größer geworden ist. 4 Die Leute freuen sich (nicht), daß die Universität mehr Studenten bekommen hat. 5 Die Leute freuen sich (nicht), daß neue Manager nach Jena gekommen sind.

7 positiv: 4 negativ: 6

8 Frau K.: 2, 4, 6, 7 Frau R: 1, 3, 5, 8

9 East Germans: 1, 2, 4, 6 West Germans: 3, 5

10 1 Ich glaube, daß viele egoistisch und arrogant sind. 2 Ich bin der Meinung, daß sie sehr materialistisch sind. 3 Ich denke, daß sie selbst mehr arbeiten müssen. 4 Negativ ist, daß wir Bürger zweiter Klasse sind. 5 Ich meine, daß sie unbedingt selbständiger werden müssen. 6 Ich finde, daß alles ein bißchen grau war.

11 Liebe Erika, vielen Dank für Deinen Brief. Wie war Leipzig vor der Wende? Hat sich das Leben seit der Wende verändert? Siehst du die Wende als etwas Positives oder Negatives? Viele Grüße

Unit 12   (p. 135-138)

1 fruits, vitamins, medicine

3 Mein Rücken brennt. Mir ist schlecht/heiß/kalt. Juckreiz, Schmerz. Ich bin total zerstochen. Es juckt. Ich habe furchtbare Halsschmerzen. Ich habe mich verletzt. Mein Fuß tut weh. Schmerzen, die Wunde

4 1 c; 2 a; 3 b; 4 d

5 1 F 2 R 3 R 4 F 5 F 6 F 7 F

7 1 b; 2 a; 3 c

8 He couldn't walk or stand up, fell over. His paws, legs, front, back, left, right, top, bottom part of the body hurt.

Unit 13   (p. 139-142)

1 1 R 2 R 3 R 4 F 5 R 6 F 7 R

2 1 Er glaubt, er ernährt sich normal. 2 täglich 3 Gemüse, Kartoffeln und Salat 4 wenn er zum Essen ausgeht 5 im Winter 6 Er hat schon vor vielen Jahren mit dem

Rauchen aufgehört.

3   weniger, mehr, viel, mehr, Bier, keine, Jahren
4   gesund: wenig Fleisch, viel Obst, Gemüse und Salat, Milch (Eiweißprodukte), Wasser; ungesund: viel Fleisch, wenig Obst, Gemüse und Salat, Alkohol, Rauchen
5   1 - (advertisement) 3; 2 4; 3 1; 4 2
6   1 denken; 2 täglich; 3 trinken; 4 mehr; 5 Woche; 6 Muskeltraining; 7 Ruhe; und
7   1 F 2 R 3 R 4 R 5 F 6 F
8   1 Skifahren; 2 Österreich, die Schweiz und Frankreich; 3 Langlauf und Abfahrtslauf; 4 die Bewegung ist begeisternd und anregend; 5 man kann die Natur wahrnehmen und sich daran freuen
9   1 meisten; 2 gesündesten; 3 wenigsten; 4 älteste; 5 beste; 6 schönsten
10 Ich habe Frau Schuster kennengelernt! Sie betreibt seit 1984 leistungsmäßig Rudersport. Sie hat 1977 Rudern gelernt. Sie trainiert 12 Mal in der Woche. Sie trainiert 18 bis 23 Stunden in der Woche. Sie war schon mehrmals auf Weltmeisterschaften. Sie ist seit acht Jahren in der Nationalmannschaft. Sie hat schon drei Medaillen auf Weltmeisterschaften gewonnen. Sie war immer im Endlauf.

Unit 14   (p. 143-146)

1   Georg 3; Mila 2; Martin 6; Sigrun 5
2   Ich mache dieses Seminar, weil ich mich für experimentelle Musik interessiere. Ich mache dieses Seminar, weil ich Probleme mit der deutschen Sprache habe. Ich mache dieses Seminar, weil ich gerne koche und auch mein eigenes Brot backe. Ich mache dieses Seminar, weil ich immer Angst habe, wenn ich abends spät nach Hause komme.
4   Thomas und Sabine: Mittelstufe Italienisch; Herr König: Anfängerkurs Englisch
5   Sabine 4; Herr König 2, 3, 5
6   Amerikanistik - American Studies; Anglistik - English; Buchwesen - book-trade; Filmwissenschaften - Media Studies; Germanistik - German; Geschichte - History;
7   1 b c, weiß noch nicht; 2 a c, in einem Verlag; 3 a b, Lehrerin
8   1 Ich mache im Herbst einen Englischkurs. 2 Ich werde meine Magisterarbeit machen. 3 Ich werde an der Universität studieren. 4 Ich werde Student werden. 5 Ich gehe heute abend zum Englischkurs.
10 1 R 2 F 3 R 4 R 5 F 6 F 7 R 8 R
11 1 die Lehre; 2 die Volkshochschule; 3 Handwerk

Unit 15   (p. 147-150)

2   1, 3, 6; - 1 e; 2 c; 3 d; 4 a; 5 f; 6 b
3   1 ... soll man bleifrei tanken. 2 ... soll es einen Katalysator haben. 3 ... muß man sofort losfahren. 4 ... darf das Auto nicht im Leerlauf laufen. 5 ... soll man nicht alleine fahren. 6 ... kann man eine Anzeige bekommen.
4   distance: Schnellbahnstraße, Strecke, 254 Kilometer, die Bahnstraße, die Autobahn, 110 Meter breit; time: Fahrzeit 1939, 1 Stunde 56 Minuten, 1997, 1 Stunde 46 Minuten, 50 Jahre, zehn Minuten; money: 10 Milliarden Mark
5   A new express railtrack is being built between Hannover and Berlin. In 1939, the journey between Hannover and Berlin took 1 hour 56 minutes. More than 50 years later, the time-saving on this rail link is only ten minutes. The building costs 10 billion Marks. Even friends of the railway don't approve of that. The project is an ecological catastrophe: it's 110 meters wide, the rivers and lakes nearby are being polluted, natural habitats are being destroyed and animal species will become extinct.
6   1 die Mülltonne; 2 der Gartenabfall; 3 Altöl; 4 Altbatterien; 5 das Altpapier; 6 Altmedikamente; 7 Problemmüll; 8 das Altglas; 9 Alu und Metall
7   1 e; 2 g; 3 c; 4 a; 5 b; 6 f; 7 d
8   1 R 2 R 3 F 4 R 5 R 6 F
9   1 a fabric bag or a basket; 2 take plastic bags; 3 with unnecessary wrappings; 4 recyclable products; 5 it's bad for the environment; 6 separate it

Unit 16   (p. 151-154)

1   1 d; 2 c; 3 a; 4 e; 5 b
2   1 Bescherung; 2 September; 3 Ostern; 4 Kirche
3   1: 1, 3, 6; 2: 2, 5; 3: 4,
4   1 Im letzten Jahr haben wir eine Gans gehabt; Wir fahren in manchen Jahren über Weihnachten zum Skifahren; 2 In diesem Jahr bleiben wir zu Hause; 3 Am ersten Feiertag gehen wir öfters aus zum Essen.
6   heiraten - to get married, marry; die Trauung - wedding (ceremony); einladen - to invite; die Hochzeitsfeier - wedding (reception); im Anschluß daran - afterwards; u.A.w.g. - R.S.V.P.
7   Glückwunsch, Dank, komme, freue, Zimmer, reservieren (buchen), bis, herzlichen (lieben) Grüßen
9   a, b, d, e, f, g, j, k, l, m - 1 l; 2 e; 3 f, i; 4c, m

Kein Problem! 5   (p. 156-157)

1   1 F 2 F 3 R 4 F 5 R
2   Steuern, eine Bewerbung
3   gesund: 3, 4, 6; ungesund: 1, 2, 5
4   Hauptfach - main subject; Geschichte - history; Lehrling - apprentice; Volkshochschule - adult education centre; Gymnasium - grammar school; Abitur - A Levels
5   1 meisten; 2 weniger; 3 mehr; 4 älteste; 5 beste
6   1 bleifrei; 2 Leerlauf; 3 Produkte; 4 Altglascontainer; 5 Mehrwegprodukte
7   1 Ich bin der Meinung, daß das Leben reicher geworden ist. 2 Ich denke, daß die Welt ein Stück größer geworden ist. 3 Ich glaube, daß die Menschen früher menschlicher waren.
8   Das ist Hülya. Sie ist 28 Jahre alt. Sie kommt aus der Türkei. Sie ist in Köln aufgewachsen. Sie ist Türkin. Sie wohnt seit 25 Jahren in Deutschland. Sie hat in der Schule Deutsch gelernt. Sie arbeitet bei Deutschland Plus.
9   Hotel Schwarzhof, Kaiserplatz 24, 07743 Jena; Sehr geehrte Damen und Herren, bitte rservieren Sie für Freitag und Samstag/Sonnabend, den 10. und 11. Juni ein Doppelzimmer mit Bad/WC und Balkon zum Preis von 200.-DM pro Nacht. Mit freundlichen Grüßen
10 2, 6

Grammar

This section summarizes key grammatical concepts from the *Sprachtip* boxes in your book with some further information.

1 Articles and nouns

Like English, German has a definite and an indefinite article. The definite article is used to refer to a particular noun:
der Mann (*the man*), **die** Frau (*the woman*), **das** Buch
(*the book*), **die** Bücher (*the books*).
The indefinite article is used to refer to an unspecified noun:
ein Mann (*a man*), **eine** Frau (*a woman*), **ein** Buch (a book).
In German, both definite and indefinite articles agree with the noun to which they refer in gender (masculine, feminine or neuter), in number (singular or plural) and in case (nominative, accusative, dative or genitive).

1 The definite article

	singular			plural
	masculine	feminine	neuter	all genders
nom.	der Mann	die Frau	das Buch	die Bücher
acc.	den Mann	die Frau	das Buch	die Bücher
dat.	dem Mann	der Frau	dem Buch	den Büchern
gen.	des Mannes	der Frau	des Buches	der Bücher

2 The indefinite article (no plural form)

	masculine	feminine	neuter
nom.	ein Mann	eine Frau	ein Buch
acc.	einen Mann	eine Frau	ein Buch
dat.	einem Mann	einer Frau	einem Buch
gen.	eines Mannes	einer Frau	eines Buches

3 Nouns and cases

- The nominative case is used for the subject of a clause or sentence:
  Der Kuchen ist lecker.   *The cake is tasty.*
- The accusative case is used for the direct object of a verb (the noun or pronoun that receives the action of a verb):
  Sie hat **einen Apfel** gegessen.   *She's eaten an apple.*
- The dative case is used for the indirect object of a verb:
  Ich gab **dem Chef** (indirect object) den Brief (direct object).
  I gave the boss the letter.
- The genitive case expresses possession.
  der Computer mein**es** Bruders   *my brother's computer*

4 Plurals of nouns

The plural forms of German nouns are usually unpredictable and, as with gender, they have to be learnt. There are some guidelines to which plural form is likely to apply. These are linked to the noun's gender and ending.

5 Compound nouns

These are made up of two or more words. Their gender is determined by the gender of the last component word:

der Käse + **die** Torte → **die** Käsetorte (*cheesecake*)

2 Adjectives and adverbs

Adjectives are words like **weiß** (*white*) and **schmutzig** (*dirty*); they describe a noun. As in English, they can precede the noun or can be separated from it by a verb:

Ich ziehe die **weiße** Bluse an.	*I put on the white blouse.*
Die Bluse ist **weiß**.	*The blouse is white.*

1 Position of adjectives

In German, adjectives take different forms depending on whether they immediately precede or are separated from a noun in the sentence. When the adjective immediately precedes the noun, it adds an ending which changes to agree with the noun in gender, number and in case.

Das ist ein neu**er** Rock.	*This is a new skirt.*
Das ist eine schön**e** Bluse.	*This is a nice blouse.*

When the adjective is separated from the noun, it has no ending.

Der Rock ist **neu**.	*The skirt is new.*

2 Agreement of adjectives

Adjective endings also vary according to the type of article which precedes them. The ending depends on whether the adjective is:

- preceded by the definite article (**der, die, das**) or by words following the same pattern as the definite article, such as **dieser** (*this*) and **jener** (*that*).
- preceded by the indefinite article (**ein, eine, ein**) or by words following the same pattern as the indefinite article, such as **mein** (*my*), **kein** (*no, not any*), **irgendein** (*any*).
- not preceded by any of these.

With definite article

singular

	masculine	*feminine*	*neuter*	*plural* *all genders*
nom.	der Mann	die Frau	das Buch	die Bücher
nom.	der schwarze Rock	die weiße Bluse	das schöne Kleid	die neuen Schuhe
acc.	den schwarzen Rock	die weiße Bluse	das schöne Kleid	die neuen Schuhe
dat.	dem schwarzen Rock	der weißen Bluse	dem schönen Kleid	den neuen Schuhen
gen.	des schwarzen Rocks	der weißen Bluse	des schönen Kleids	der neuen Schuhe

With indefinite article

singular   *plural*

	masculine	*feminine*	*neuter*	*all genders*
nom.	ein schwarzer Rock	eine weiße Bluse	ein schönes Kleid	meine neuen Schuhe
acc.	einen schwarzen Rock	eine weiße Bluse	ein schönes Kleid	meine neuen Schuhe
dat.	einem schwarzen Rock	einer weißen Bluse	einem schönen Kleid	meinen neuen Schuhen
gen.	eines schwarzen Rocks	einer weißen Bluse	eines schönen Kleids	meiner neuen Schuhe

Not preceded by any article

singular   *plural*

	masculine	*feminine*	*neuter*	
nom.	französischer Rotwein	frische Milch	kaltes Bier	neue Schuhe
acc.	französischen Rotwein	frische Milch	kaltes Bier	neue Schuhe
dat.	französischem Rotwein	frischer Milch	kaltem Bier	neuen Schuhen
gen.	französischen Rotweins	frischer Milch	kalten Bier	neuer Schuhe

3 Comparison of adjectives

Adjectives are often used to compare people or things. The three degrees of comparison are known as positive, comparative and superlative:

positive	*comparative*	*superlative*
schön (*nice*)	schöner (*nicer*)	der (die, das) schön**ste** (*the nicest*)
schnell (*fast*)	schneller (*faster*)	der (die, das) schnell**ste** (*the fastest*)

Das ist **die schönste** Brosche.   *This is the nicest brooch.*

Where no noun follows, especially where something is being compared with itself, **am** is used and the ending **-en** is added:

Schmuck ist in Deutschland **am** billigsten.   *Jewellery is cheapest in Germany.*

4 Adverbs

Adverbs are used to modify the meaning of a verb, an adjective or another adverb. In English, many adverbs are formed from adjectives by adding the ending -ly, but German uses the same form as the adjective. Unlike adjectives, adverbs add no endings:

Sie singt **schön**.   *She sings beautifully.*

As in English, there are a few completely irregular forms:

positive	*comparative*	*superlative*
gern (*gladly*)	lieber (*more gladly*)	am liebsten (*most gladly*)
gut (*well*)	besser (*better*)	am besten (*best*)
viel (*much*)	mehr (*more*)	am meisten (*most*)

3 Pronouns

Pronouns are words used in place of nouns when the person or thing referred to is obvious.

1 Personal pronouns

Personal pronouns refer to people or things and agree in gender, number and case with the noun they stand for.

		nominative		accusative		dative	
sing.	ich	*I*	mich	*me*	mir *(to/for)*	*me*
	du	*you*	dich	*you*	dir	*you*
	er	*he/it*	ihn	*him/it*	ihm	*him/it*
	sie	*she/it*	sie	*her/it*	ihr	*her/it*
	es	*it/he/she*	es	*it/him/her*	ihm	*it/him/her*
plural	wir	*we*	uns	*us*	uns	*us*
	ihr	*you*	euch	*you*	euch	*you*
	sie	*they*	sie	*them*	ihnen	*them*

	Polite form of you (sing. and plural)					
	Sie	*you*	Sie	*you*	Ihnen	*you*

Note that the polite *you* is always written with an initial capital.
People may be addressed either by the familiar **du** (sing.) and **ihr** (pl.) or by the polite and more distant **Sie.** There are no strict rules about when to use one or the other, but the following guidelines are usually observed:

- **du** and **ihr** are used when talking to children and friends, relatives and animals.
- **Sie** is used in formal business contexts, when talking to acquaintances and strangers and by children talking to adults outside the family.

2 Reflexive pronouns

A reflexive pronoun reflects the action of a verb back to the subject. In German, there are many verbs which must have a reflexive pronoun to complete their meaning.

Ich habe **mich** verletzt.	*I've hurt myself.*
Sie bewirbt **sich** um die Stelle.	*She's applying for the job.*

Reflexive pronouns are used in the accusative and the dative. In both cases, **sich** is the form for the third person singular and plural and for the polite form **Sie.** All the other forms are identical to the personal pronouns (3.1).

3 Possessive pronouns and adjectives

A possessive pronoun replaces a noun and indicates its possessor:

Wem gehört der Wagen?	*Whose car is that?*
Das ist **meiner**.	*That's mine.*

The possessive pronouns (nominative masculine form) are:

sing.			pl.		
meiner	*mine*		uns(e)rer	*ours*
deiner	*yours*		eu(e)rer	*yours*
seiner	*his/its*		ihrer	*theirs*
ihrer	*hers/its*		Ihrer	*yours* (polite)

For ease of pronunciation, the bracketed **-e-** of **uns(e)rer** and **eu(e)rer** is usually omitted in speech.

Possessive pronouns agree in gender, number and case with the noun they replace. Their endings are the same as those of the indefinite article (see 1.2).

Possessive adjectives (**mein, dein, sein**..., *my, your, his/its*...) are used with nouns (**mein Kaffee**, *my coffee*) and are declined in the singular like the indefinite article (**ein, eine, ein**). The possessive adjective differs from the pronoun only in the masculine nominative singular and the neuter nominative and accusative singular.

	masculine	feminine	neuter	plural
nom.	mein	meine	mein	meine
acc.	meinen	meine	mein	meine
dat.	meinem	meiner	meinem	meinen
gen.	meines	meiner	meines	meiner

4 Demonstrative pronouns and adjectives

A demonstrative pronoun singles out someone or something:

Welche CD möchten Sie?   *Which CD would you like?*

Die/Diese möchte ich.   *I would like that/this one.*

The most frequently used demonstrative pronouns are **dieser, diese, dieses** (*this*) and **der, die, das** (*that*).

5 Relative pronouns

Relative pronouns introduce a type of subordinate clause called a relative clause.

Gestern traf ich Nico, **der** jetzt bei *D Plus* arbeitet.

*Yesterday I met Nico, **who** is working at D Plus now.*

The most common relative pronoun is **der** (*who, which, that*); it is declined like the demonstrative pronoun **der** (3.4). Relative pronouns agree in gender and number with the noun they replace:

Der Mann, der eben hier war, ist mein Kollege.   *The man who was here just now is my colleague.*

6 Interrogative pronouns

Interrogative pronouns introduce direct or indirect questions.

Wer ist am Apparat?   *Who's speaking?*

Sie hat nicht gesagt, **was** sie wollte.   *She didn't say what she wanted.*

The most common interrogatives are **wer** (*who*), referring to persons, and **was** (*which*), referring to things. Their forms are as follows:

nom.	wer	who	was	which
acc.	wen	who(m)	was	which
dat.	wem	who(m)	–	–
gen.	wessen	whose	wessen	whose

4 Prepositions

Prepositions indicate the relationship between one word (usually a noun or a pronoun) and the rest of the sentence. They determine the case of the noun or pronoun they are linked to.

1 Prepositions + dative

Nine common prepositions always take the dative:

aus	*from, out of, made of*	gegenüber	*opposite*	seit	*since, for*
außer	*except, out of*	mit	*with, by*	von	*from, of*
bei	*near, with, at*	nach	*after, to, for*	zu	*to, at, for*

Anna fährt **mit dem** Auto.   *Anna is going by car.*

Sie kommt **aus der** Schweiz.   *She is from Switzerland.*

2 Prepositions + accusative

Six common prepositions always take the accusative:

bis	*until, as far as, by*	gegen	*against, towards*
durch	*through, by*	ohne	*without*
für	*for*	um	*(a)round, at*

Diese CD habe ich **für dich** gekauft. *I bought this CD for you.*
Studio A ist **um die** Ecke. *Studio A is round the corner.*

3 Prepositions + dative or accusative

The most common prepositions in this group are:

an	*on, at*	in	*in*	unter	*under, below*
auf	*on*	neben	*beside*	vor	*in front of*
hinter	*behind*	über	*over, above*	zwischen	*between*

These nine prepositions usually take the dative when indicating position in a particular place and the accusative when expressing a change of position:

Das Buch liegt **auf dem Tisch.** *(dat.)* *The book is on the table.*
Ich lege das Buch **auf den Tisch.** *(acc.)* *I'll put the book on the table.*

4 Contracted and combined forms

Some prepositions often form contractions with the definite article (e.g. **zu + dem = zum** or **zu der = zur**).

Wie komme ich **zum** Bahnhof/**zur** Touristeninformation?
How do I get to the station/the tourist information office?

When prepositions are used with the pronouns *it* or *them* referring to a thing (not a person), a single word is formed from **da-** + the preposition, for example, **dabei, danach**:

Ich habe kein Geld **dabei.** *I haven't got any money on me.*
Danach ging ich mit Anna in die Kantine. *Afterwards, I went to the canteen with Anna.*

5 Verbs

German verbs fall into two main categories, 'weak' and 'strong' verbs.

1 Weak verbs

These are by far the larger category and follow a predictable pattern. The past tense is formed by adding **-te** to the stem (the part of the verb that is left when the infinitive ending **-en** or **-n** is removed) and the past participle ends in **-t**:

infinitive	*present*	*simple past*	*past participle*
mach**en**	er/sie/es macht	er/sie/es mach**te**	ge**macht**
to make/do	*he/she/it makes*	*he/she/it made*	*made*

2 Strong verbs

Although not as numerous as weak verbs, these include some very commonly used verbs. The vowel of the stem changes in the past tense and generally in the past participle, which ends in **-en** or occasionally in **-n**. Many strong verbs also have a vowel change in parts of the present tense:

infinitive	*present*	*simple past*	*past participle*
bleib**en**	er/sie/es bleibt	er/sie/es **blieb**	ge**blieben**
to stay	*he/she/it stays*	*he/she/it stayed*	*stayed*
lauf**en**	er/sie/es läuft	er/sie/es **lief**	ge**laufen**
to run	*he/she/it runs*	*he/she/it ran*	*run*

As strong verbs do not follow a predictable pattern, their forms have to be learnt. Among both weak and strong verbs, there are some verbs with irregularities. A selection of common strong and irregular verbs are listed below (5.11).

3 The present tense (weak verbs)

The present tense of weak verbs is formed by adding the following endings to the verb stem:

singular		plural	
ich	mache	wir	machen
du	machst	ihr	macht
er/sie/es	macht	sie/Sie	machen

For ease of pronunciation, certain verbs insert an **-e-** between the stem and the ending of the second and third persons singular (**du, er/sie/es**) and the second person plural (**ihr**):

arbeit/en   ich arbeite, du arbeitest, er/sie/es arbeitet,
(*to work*)   wir arbeiten, ihr arbeitet, sie arbeiten

4 The present tense (strong verbs)

The present tense endings are the same as for weak verbs, but many strong verbs have a vowel change in the second and third persons singular (**du, er/sie/es**), for example:

fahren (*to go/drive*)   ich fahre, du fährst, er/sie/es fährt
geben (*to give*)   ich gebe, du gibst, er/sie/es gibt

5 The future tense

To refer to a future action, German often uses the present tense when the meaning is clear from the context:

Ich fahre morgen nach Amsterdam.   *I'm travelling to Amsterdam tomorrow.*

However, the future tense is used to emphasise future meaning, especially where this meaning would not be clear from the context:

Annas Eltern **werden** Nico einladen.   *Anna's parents will invite Nico.*

The future tense is formed from the present tense of **werden** and the infinitive of the verb. The infinitive is placed at the end of a simple sentence or main clause:

Ich **werde** Deutsch **lernen**.   *I will learn German.*

Singular		Plural	
ich	werde	wir	werden
du	wirst	ihr	werdet
er/sie/es	wird	sie/Sie	werden

6 The past tenses: perfect

Both the perfect tense and the simple past tense (5.7) refer to actions in the past. Which tense is chosen is largely a matter of personal and stylistic preference rather than of meaning. However, formal written German tends to use the simple past, while the perfect tense is more common in spoken and informal written German.

The past participle of weak verbs is usually formed by adding **ge-** before and **-(e)t** after the verb stem:

machen (*to make*)   **ge-** + mach + **-t**   → gemacht
arbeiten (*to work*)   **ge-** + arbeit + **-et**   → gearbeitet

The **ge-** is omitted if the verb ends in **-ieren**:

telefonieren (*to phone*)   telefonier + **-t**   → telefoniert.

Strong verbs add **ge-** before and **-en** after the verb stem:

lesen (*to read*)   **ge-** + les + **-en**   → gelesen

Most verbs form the perfect with **haben**:

singular		*plural*	
ich	habe gearbeitet	wir	haben gearbeitet
du	hast	ihr	habt
er/sie/es	hat	sie/Sie	haben

All verbs forming the perfect with **sein** are strong verbs (e.g. **gehen**, *to go*) which express either a change of place or a change of state.

singular		*plural*	
ich	bin gegangen	wir	sind gegangen
du	bist	ihr	seid
er/sie/es	ist	sie/Sie	sind

7 The past tenses: simple past

The simple past is also sometimes called the 'imperfect' or simply the 'past tense'.

		weak verbs (e.g. machen)	*strong verbs* (e.g. trinken)
sing.	ich	machte	trank
	du	machtest	trankst
	er/sie/es	machte	trank
pl.	wir	machten	tranken
	ihr	machtet	trankt
	sie/Sie	machten	tranken

8 Auxiliary verbs: haben, sein, werden

Auxiliary verbs 'help' other verbs to form their tenses. The three main auxiliary verbs in German are **haben** (*to have*), **sein** (*to be*) and **werden** (*to become*).

Wir **haben** noch nicht **gegessen**.   *We haven't eaten yet.*
Sie **ist** in die Stadt **gegangen**.   *She went into town.*

Haben, **sein** and **werden** are all irregular verbs.

Present tense		haben	sein	werden
sing.	ich	habe	bin	werde
	du	hast	bist	wirst
	er/sie/es	hat	ist	wird
pl.	wir	haben	sind	werden
	ihr	habt	seid	werdet
	sie/Sie	haben	sind	werden

Simple past

sing.	ich	hatte	war	wurde
	du	hattest	warst	wurdest
	er/sie/es	hatte	war	wurde
pl.	wir	hatten	waren	wurden
	ihr	hattet	wart	wurdet
	sie/Sie	hatten	waren	wurden

Perfect

sing.	ich	habe + gehabt etc.	bin + gewesen etc.	bin + (ge)worden etc.
pl.	wir	haben + gehabt etc.	sind + gewesen etc.	sind + (ge)worden etc.

Werden is also used in combination with a past participle to form the 'passive voice':

In Rheinhessen **wird** Weißwein **angebaut**.	*White wine is grown in Rheinhessen.*
Thomas Mann **wurde** in Lübeck **geboren**.	*Thomas Mann was born in Lübeck.*
Ich **bin** nicht **verstanden worden**.	*I haven't been understood.*

Note that in the perfect tense, the **ge-** of the past participle is left out.

9 Modal verbs

There are six modal verbs in German: **dürfen** (*to be allowed to*), **können** (*to be able to*), **mögen** (*to like*), **müssen** (*to have to*), **sollen** (*ought to*), **wollen** (*to want*). Their main function is to express the speaker's attitude, such as a liking for something, an obligation, or an ability to do something. Modal verbs are normally used with another verb, which appears in the infinitive at the end of a simple sentence or main clause:

Darf ich hier **rauchen**?	*May I smoke here?*
Ich **möchte** nächstes Jahr nach Österreich **fahren**.	*I would like to go to Austria next year.*
Du **mußt** sofort **kommen**.	*You must come immediately.*

Present tense

	wollen	mögen	müssen	dürfen	sollen	können
sing.						
ich	will	mag	muß	darf	soll	kann
du	willst	magst	mußt	darfst	sollst	kannst
er	will	mag	muß	darf	soll	kann
plur.						
wir	wollen	mögen	müssen	dürfen	sollen	können
ihr	wollt	mögt	müßt	dürft	sollt	könnt
sie	wollen	mögen	müssen	dürfen	sollen	können

Summary of other tenses

Infinitive		*Simple past*		*Perfect*
wollen	ich	wollte	habe...	gewollt/wollen
mögen	ich	mochte	habe...	gemocht/mögen
müssen	ich	mußte	habe...	gemußt/müssen
dürfen	ich	durfte	habe...	gedurft/dürfen
sollen	ich	sollte	habe...	gesollt/sollen
können	ich	konnte	habe...	gekonnt/können

The past participle form with **ge-** is only used when the modal is used without another verb:

Er hat das nicht **ge**wollt.   *He didn't intend that.*
Sie hat das nicht **ge**konnt.   *She couldn't do that.*

10 Separable and inseparable verbs

Many German verbs (e.g. **auf**stehen, *to get up*) have a prefix, a syllable placed in front of a verb which can add to or change its meaning. Most prefixes are either separable or inseparable.

Inseparable

The following seven prefixes are inseparable:
be-, emp-, ent-, er-, ge-, ver-, zer-
bekommen   Ich **bekomme** einen Tee.   *I'll have a cup of tea.*
entschuldigen   **Entschuldigen** Sie bitte...   *Excuse me, please...*

Separable or inseparable

The following prefixes may be separable or inseparable depending on their meaning:
durch-, hinter-, miß-, über-, um-, unter-, voll-, wider-, wieder-
untergehen (*sep.*)   Das Schiff **geht unter**.   *The ship is sinking.*
unternehmen (*insep.*)   Er **unternimmt** eine Reise.   *He is going on a journey.*

Separable

All prefixes other than those mentioned above are separable. In the simple tenses and the imperative, the prefix is normally separated from the verb and placed at the end of the clause:

Ich **fange** morgen bei *D Plus* **an**.   *I'm starting at D Plus tomorrow.*
Kommen Sie **mit**...   *Come along...*

But in subordinate clauses where the verb is placed at the end, the prefix remains attached to the verb:

Ich hoffe, daß er gut **ankommt**.   *I hope that he will arrive safely.*

When there is another verb in the sentence, the prefix is never separated from the verb:

Ich werde morgen **anrufen**.   *I'm going to phone tomorrow.*
Darf ich Ihnen einen Kaffee **anbieten**?   *May I offer you a cup of coffee?*

11 Verb tables

The following list gives the principal forms of all strong and irregular verbs used in your book. You'll find separable verbs under the main part of the verb (e.g. abwaschen → waschen).
The third person singular is given for each tense.

Infinitive	Present	Simple past	Past participle + haben/sein	
(sich) befinden	befindet	befand	hat befunden	*to be found*
beginnen	beginnt	begann	hat begonnen	*to begin*
bekommen	bekommt	bekam	hat bekommen	*to get*
bestehen	besteht	bestand	hat bestanden	*to consist of*
(sich) bewerben	bewirbt	bewarb	hat beworben	*to apply (job)*
bieten	bietet	bot	hat geboten	*to offer*
bleiben	bleibt	blieb	ist geblieben	*to stay*
Infinitive	Present	Simple past	Past participle	

Infinitive	Present	Simple past	Past participle + haben/sein	
braten	brät	briet	hat gebraten	*to fry*
bringen	bringt	brachte	hat gebracht	*to bring*
denken	denkt	dachte	hat gedacht	*to think*
dürfen	darf	durfte	hat gedurft/dürfen	*to be allowed to*
essen	ißt	aß	hat gegessen	*to eat*
fahren	fährt	fuhr	ist gefahren	*to go; travel*
finden	findet	fand	hat gefunden	*to find*
geben	gibt	gab	hat gegeben	*to give*
gefallen	gefällt	gefiel	hat gefallen	*to please; to like*
gehen	geht	ging	ist gegangen	*to go*
genießen	genießt	genoß	hat genossen	*to enjoy*
haben	hat	hatte	hat gehabt	*to have*
halten	hält	hielt	hat gehalten	*to hold; to stop*
heben	hebt	hob	hat gehoben	*to lift*
heißen	heißt	hieß	hat geheißen	*to be called*
helfen	hilft	half	hat geholfen	*to help*
hinterlassen	hinterläßt	hinterließ	hat hinterlassen	*to leave (a message)*
können	kann	konnte	hat gekonnt/können	*to be able to*
kommen	kommt	kam	ist gekommen	*to come*
laden	lädt	lud	hat geladen	*to load*
laufen	läuft	lief	ist/hat gelaufen	*to run*
lesen	liest	las	hat gelesen	*to read*
liegen	liegt	lag	hat/ist gelegen	*to lie*
mögen	mag	mochte	hat gemocht/mögen	*to like*
müssen	muß	mußte	hat gemußt/müssen	*to have to*
nehmen	nimmt	nahm	hat genommen	*to take*
reiben	reibt	rieb	hat gerieben	*to rub*
reiten	reitet	ritt	hat/ist geritten	*to ride*
rufen	ruft	rief	hat gerufen	*to call*
sehen	sieht	sah	hat gesehen	*to see; to watch*
schlafen	schläft	schlief	hat geschlafen	*to sleep*
schließen	schließt	schloß	hat geschlossen	*to close*
schneiden	schneidet	schnitt	hat geschnitten	*to cut*
schreiben	schreibt	schrieb	hat geschrieben	*to write*
schwimmen	schwimmt	schwamm	hat *or* ist geschwommen	*to swim*
sein	ist	war	ist gewesen	*to be*
sitzen	sitzt	saß	hat gesessen	*to sit*
sprechen	spricht	sprach	hat gesprochen	*to speak*
sollen	soll	sollte	hat gesollt/sollen	*to be supposed to*
stehen	steht	stand	hat gestanden	*to stand*
steigen	steigt	stieg	ist gestiegen	*to climb*
sterben	stirbt	starb	ist gestorben	*to die*
treffen	trifft	traf	hat getroffen	*to meet*
trinken	trinkt	trank	hat getrunken	*to drink*
tun	tut	tat	hat getan	*to do*
unterschreiben	unterschreibt	unterschrieb	hat unterschrieben	*to sign*
verbinden	verbindet	verband	hat verbunden	*to put through*
verbringen	verbringt	verbrachte	hat verbracht	*to spend time*
vergessen	vergißt	vergaß	hat vergessen	*to forget*

wachsen	wächst	wuchs	ist gewachsen	*to grow*
waschen	wäscht	wusch	hat gewaschen	*to wash*
werden	wird	wurde	ist geworden	*to become*
wissen	weiß	wußte	hat gewußt	*to know*
wollen	will	wollte	hat gewollt/wollen	*to want*

6 Word order

Word order in German can be much more flexible than in English, because subjects and objects can be identified by case endings; the word order can therefore be varied for reasons of emphasis. However, there is a 'standard', unemphatic order for main clause statements (6.1), questions and commands (6.2) and subordinate clauses (6.3).

1 Main clause statements

In main clauses, the subject is normally the first element. The second element is almost always the conjugated verb. In the case of verbs with more than one part, the non-conjugated part is placed at the end of the clause.

Ich **war** am Wochenende in Amsterdam.
Ich **will** nicht zum Zahnarzt **gehen**.

Inversion for emphasis

Although the subject is usually placed in the initial position, another word or a clause may be placed here to give it emphasis. The positions of subject and verb are then inverted.

Jetzt hole ich einen Kaffee.   *Now I'll get a coffee.*
In Mainz gibt es das Gutenberg Museum.   *There's the Gutenberg museum in Mainz.*

2 Questions and commands

In questions expecting the answer 'yes/no' and in commands, the conjugated verb is normally the first element.

Fahren Sie im Sommer nach Spanien?   *Are you going to Spain in the summer?*
Setzen Sie sich, bitte!   *Take a seat, please!*

However, in sentences with a question word, this precedes the verb. The subject then follows the verb.

Was **machst** du?   *What are you doing?*
Welche Brosche **möchten** Sie?   *Which brooch would you like?*

3 Subordinate clauses (daß, weil, wenn...)

The conjugated verb is usually placed at the end, and other parts of the verb immediately precede it.

Elke weiß, daß Nico Angst **hat.**   *Elke knows that Nico is afraid.*
Ich danke euch, daß ihr mir **geholfen habt.** *Thank you for helping me.*
Ich lerne Deutsch, **weil** ich Freunde in Deutschland **habe.**   *I'm learning German because I have friends in Germany.*

Audio transcripts

HALLO

Unit 1
10   (p. 6)
- Wie ist Ihr Name, bitte?
- Mein Name ist Anna Kos.
- Wie bitte?
- Anna Kos.
- Und woher kommen Sie?
- Ich komme aus dem Sudetengau.

- Wie ist Ihr Name, bitte?
- Ich heiße Detlef Ignasiak.
- Sind Sie aus Jena?
- Nein, ich komme aus Berlin.
- Und was sind Sie von Beruf?
- Ich bin von Beruf Germanist, Journalist, Redakteur.

Unit 2
9   (p. 10)
- Hallo, Herr Antonescu. Eine Tasse Kaffee?
- Oh ja, danke.
- Milch und Zucker?
- Nein, danke.
- Schwarz?
- Ja, schwarz.

- Möchten Sie eine Tasse Kaffee?
- Ja, gern.
- Mit Milch?
- Ja, mit Milch und Zucker, bitte.
- Ja, bitte.
- Dankeschön.

Unit 3
7   (p. 14)
- Entschuldigen Sie bitte!
- Ja bitte.
- Wo finde ich das Hotel Union?
- Das Hotel Union?
- Ja, beim Bahnhof.
- Ach ja, beim Bahnhof - ich weiß...... Sie gehen links und dann geradeaus. An der Ampel links und dann die zweite Straße rechts. Dort ist das Hotel Union.
- Ah - links, geradeaus - und dann an der Ampel links - dann die zweite Straße rechts. - Danke!
- Bitte!

- Bringen Sie die bitte zur Bibliothek.
- Zur Bibliothek?
- Ja. Geradeaus, und dann links die Treppe runter. Dann rechts. Sie gehen den Gang entlang.
- Geradeaus.......links.......die Treppe runter.....dann.........und am Ende nochmals rechts um die Ecke. Da ist die Bibliothek.
- Nochmal langsam bitte.
- Also: geradeaus - links die Treppe runter. OK?
- Links, die Treppe runter. OK.
- Dann rechts den Gang entlang, nochmals rechts um die Ecke. Alles klar?
- Dann rechts und nochmals rechts. Ja, alles klar. Danke.

Unit 4
8   (p. 18)
- Was darf es sein?
- Ich ... möchte ein Pfund Kaffee, bitte.
- Welchen? Nehmen Sie die Feine Milde. Die ist im Angebot.

- Gemahlen?
- Ja bitte, gemahlen.
- Sonst etwas?
- Nein, danke. Das ... ist alles. Was macht das?
- Sieben Mark fünf und neunzig.
- Fünf Mark, sechs, sieben Mark, acht Mark.
- Und fünf Pfennig zurück.

- Guten Tag
- Guten Tag
- Was darf es für Sie sein?
- Ich hätte ganz gerne 200 Gramm von dieser Pfeffersalami, bitte.
- Ja, gerne. Ich habe 176, ist das recht?
- Ja, das reicht. Das ist in Ordnung.
- Außerdem noch einen Wunsch?
- Ja, ich hätte ganz gerne noch 4 Wiener Würstchen.
- Sehr gern. Darf es sonst noch etwas sein? Das waren jetzt 300 Gramm.
- Und wie teuer sind sie?
- 4 Wiener Würstchen, 5 Mark 84.
- Ja, das ist in Ordnung.
- Kommt noch etwas dazu?
- Ja, ahm, ich hätte gerne noch vier Scheiben von dem Schwarzwälder Schinken.
- 62 Gramm, für 2 Mark 47.
- Ja, das ist wunderbar, das ist in Ordnung.
- Haben Sie sonst noch einen Wunsch?
- Nein danke, das war's.
- Ja, danke schön. Ich geb' das einmal zur Kasse, ja?
- Ja, danke schön.

ERSTE KONTAKTE

Unit 1
2   (p. 22)
- Wie spät ist es, Herr Schiller?
- Viertel vor vier, Herr Antonescu. Und was machen Sie heute abend?
- Ich treffe Herrn Michel und Frau Daniels in einer Kneipe. Um halb sieben.
- Na, dann schönen Feierabend - und ein schönes Wochenende!
- Tschüs!
- Tschüs!

3   (p. 22)
- Sind Sie jeden Tag hier?
- Ja, jeden Tag. Acht Stunden.
- Acht Stunden jeden Tag. Und von wann bis wann?
- Von morgens um zehn bis abends um sechs.

9   (p. 24)
- Ich möchte bestellen.
- Ja, was hätten Sie gern?
- Ich möchte Hähnchen mit Kartoffeln und Salat, bitte.
- Ja... Und zu trinken?
- Ein Glas Weißwein bitte.
- Bitte sehr.
- Danke.

- Was essen Sie bitte?
- Ich esse Schweinesteak mit Pommes frites und Ananas.
- Und was trinken Sie?
- Bier - was sonst?
- Schmeckt das?
- Hm - schmeckt sehr gut!

- Was darf es sein?
- Ich hätte gerne Fisch - die Scholle bitte.
- Nico?
- Ich nehme Reibekuchen.
- Ich auch.

Unit 2
2   (p. 26)
- Wie ist Ihre Telefonnummer?
- Wir haben eine neue Nummer bekommen, die lautet 58630.
- 58630 - und welche Vorwahl hat Jena?
- Jena hat die 03641.
- Die 03641. Und haben Sie eine Faxnummer?
- Die Faxnummer lautet 586322.
- 586322. Ah ja - schönen Dank.

4   (p. 26)
- "Prima Plus" Büro, Daniels am Apparat. - Tut mir leid, sie ist nicht da. Wer ist am Apparat?
- Guten Morgen, Michel am Apparat. Wer spricht da? Oh, guten Morgen Herr Sorge. Nein, tut mir leid...
- Siebert & Co., guten Tag. - Tut mir leid, Frau Tauscher ist im Moment nicht da. Wer spricht da, bitte? - Und wie ist Ihre Telefonnummer?

8   (p. 27)
- Firma Henkel, Liedke am Apparat. Guten Tag!
- Guten Tag! Könnte ich bitte Herrn Klein sprechen?
- Ach, er ist im Moment nicht im Büro. Möchten Sie eine Nachricht hinterlassen?
- Nein danke, ich rufe später noch mal an.

- Siebert & Co. Guten Tag!
- Guten Tag. Könnten Sie mich bitte mit Frau Wolf verbinden?
- Ich verbinde. Ahm, tut mir leid, sie ist im Moment nicht da.
- Könnte ich eine Nachricht hinterlassen?
- Ja.

9   (p. 27)
- Antonescu, Apparat Frau Schneider. Guten Tag.
- Guten Tag. Hier ist Frau Hilger, könnte ich bitte Frau Maier sprechen?
- Frau Maier? Frau Maier ist nicht da.
- Achje, könnten Sie ihr sagen, sie möchte mich zurückrufen - vierundvierzig sechsunddreißig? Sind Sie noch da, Herr Anonescu?
- Ja, ja. Äh ... ich verstehe Sie nicht...
- Sagen Sie ihr, Sie möchte Frau Hilger anrufen.
- Frau Hilger?
- Ja, die Telefonnummer ist vierundvierzig...
- Wiederholen Sie bitte.
- Vierundvierzig...
- Vier vier?
- Ja, vier vier, drei sechs.
- Vier vier, drei sechs.
- Danke, Herr Antonescu. Auf Wiederhören.
- Auf Wiederhören.

Unit 3
1   (p. 29)
- Terminkalender: Nico Antonescu. Montag - acht Uhr - Arbeit.Vier Uhr - Feierabend. Dienstag - acht Uhr - Arbeit. Vier Uhr - Feierabend. Mittwoch - acht Uhr - Arbeit. Mittwoch - Donnerstag - Freitag - acht Uhr - Arbeit. Vier Uhr - Feierabend.

Samstag - elf Uhr - Aufstehen, Deutsch lernen....

2 (p. 30)
- Entschuldigung, daß ich zu spät komme.
- Also, Herr Michel, schauen Sie sich meinen Terminkalender an. Hier: Um zehn Uhr eine Sitzung. Um zwei Uhr eine Konferenz. Zwischendurch um zwölf Uhr eine Besprechung - ich bin immer pünktlich! So, und jetzt muß ich rauf zu Herrn Doktor Strauff. Ich bin in einer Stunde wieder da!

8 (p. 31)
- Wann hat die Touristeninformation eigentlich geöffnet?
- Im Sommerhalbjahr - das geht von Mai bis Oktober - haben wir Montag bis Freitag von neun bis neunzehn Uhr geöffnet, am Sonnabend von neun bis sechzehn Uhr und am Sonntag von neun bis vierzehn Uhr. Im Winterhalbjahr von November bis April haben wir Montag bis Freitag von neun bis achtzehn Uhr und am Sonnabend von neun bis vierzehn Uhr geöffnet. Dann ist am Sonntag geschlossen.

9 (p. 31)
- Hallo, ist dort Herr Kellermann? Guten Tag. Herr Kellermann, Sie wissen, wir wollten einen Termin vereinbaren. Können Sie einen Vorschlag machen? Oh, am Donnerstag kann ich leider nicht. Könnten Sie vielleicht am Freitag ungefähr 15 Uhr? Ja? Oh, sehr schön, dann treffen wir uns Freitag 15 Uhr bei mir im Büro. Ja. Alles klar? Schön.Vielen Dank. Wiederhören.

10 (p. 32)
- Ich muß ein Paket aus Amsterdam abholen. Jetzt am Samstag.
- Ein Paket aus Amsterdam?
- Ja. Ich kann aber nicht nach Amsterdam fahren, meine alte Mutter - sie ist krank.
- Achje!
- Jemand muß das Paket aber holen. Wen du es für mich holst, gebe ich dir 200Mark.
- 200 Mark?
- Na?
- 200 Mark ist viel Geld.
- Haben Sie heute frei? Es ist schon halb neun.

Unit 4
1 (p. 33)
- Da kaufst du deine Fahrkarte.
- Die Fahrkarte.
- Dann gehst du zum Bahnsteig...
- Bahnsteig?
- Ja. Und dann kommt der Eurocity...
- Der... Eurocity?
- Ja, der Eurocity oder EC. Das sind die schnellen Züge, die ins Ausland fahren.
- Züge... richtig?
- Richtig!

4 (p. 34)
- Entschuldigung, wie komme ich am besten zum Neumarkt?
- Gehen Sie hier gleich links in die Hohe Straße, dann immer geradeaus bis zur Schildergasse. Da gehen Sie rechts die Schildergasse runter und dann kommen Sie direkt zum Neumarkt.
- Vielen Dank.
- Bitte schön.

- Entschuldigen Sie bitte, wie komme ich am besten zur Universitätsstraße?
- Nehmen Sie die erste Straße links, das ist die Luxemburger Straße. Dann an der Ampel gleich rechts. Das ist die Universitätsstraße.
- Danke schön.

- Entschuldigung, wie komme ich bitte zum Reisezentrum?
- Das ist hier gleich um die Ecke. Hier gleich rechts.
- Ich danke Ihnen.

- Guten Tag, wie komme ich bitte zur U-Bahn?
- Die nächste U-Bahnhaltestelle ist am Neumarkt. Am besten nehmen Sie die 1 oder 2 von hier. Die beide zum Neumarkt.
- Die 1 oder die 2. Ja, vielen Dank.

- Entschuldigen Sie, wie komme ich zum Hauptbahnhof?
- Am besten fahren Sie zum Neumarkt und steigen da um.
- Steigen da um? Ich verstehe nicht.
- Sie müssen umsteigen - Sie müssen da aussteigen ...

7 (p. 35)
- Eine Fahrkarte nach Amsterdam, bitte.
- Für heute?
- Ja, für heute.
- Hin und zurück?
- Bleiben Sie in Amsterdam oder kommen Sie wieder zurück?
- Achso! Hin und zurück, bitte.
- Erster Klasse oder zweiter?
- Äh...
- Zweiter Klasse wäre billiger!
- Ach so... zweiter Klasse.
- Einen Moment bitte.
- Das wären 71,20 DM plus EC, macht 85,20 DM. 85,20 DM. Alles klar?
- Alles klar.

9 (p. 36)
- Ja, ich hätte dann ganz gerne 2 Fahrkarten nach Berlin Zoo.
- Ja. Fahren Sie hin und zurück?
- Nein. Nur hin. Nur eine einfache Fahrt, ja.
- Haben Sie eine BahnCard?
- Ja, ich habe eine BahnCard.
- Und die zweite Person auch?
- Hat keine BahnCard.
- Hat keine BahnCard. Ist die zweite Person unter 26?
- Nein. Über 26.
- Die Fahrkarte kostet für Sie mit BahnCard 30 Mark und 40, für die Person ohne BahnCard 61 Mark und 40. Ab Hamburg kostet der InterCity 6 Mark pro Person Zuschlag, insgesamt 12 Mark.

Unit 5
1 (p. 37)
- Na Nico, erzähl mal, wie war Amsterdam?
- Amsterdam... Amsterdam war schön. Ich war aber nur kurz da.
- Na, vielleicht fährst du wieder mal dahin.
- Oh ja, sicher...

- Wann warst Du denn bei Herrn Koch?
- Um... äh... zwölf Uhr.
- Oh Nico! Das war zu spät! Nico, Frau Maier ist sauer...
- Sauer? Was bedeutet das?
- Böse! Die Fotos waren zu spät bei Herrn Koch.

2 (p. 38)
- Wo waren Sie um neun Uhr?
- Um neun Uhr war ich im Büro.
- Wann hatten Sie die Besprechung mit Frau Schneider?
- Um 9.15 Uhr hatte ich die Besprechung mit Frau Schneider.
- Wo waren Sie um 9 Uhr 30?
- Um 9.30 war ich im Postraum
- Wo waren Sie von 9.40 Uhr bis 11.30 Uhr?
- Von 9.40 Uhr bis 11.30 Uhr war ich in Frau Daniels Büro.
- Wann hatten Sie den Termin mit Herrn Koch?
- Um 11.15 Uhr hatte ich den Termin mit Herrn Koch.
- Wo waren Sie um 12 Uhr 45?
- Um 12.45 Uhr war ich in Frau Schneiders Büro.
- Wann hatten Sie Mittagspause?
- Um 13.10 Uhr hatte ich Mittagspause.

8 (p. 39)

- 'Prima Plus', Apparat Michel. Nein, hier ist nicht Herr Michel, hier ist... Herr Antonescu. Es tut mir leid, Herr Michel ist nicht da. Er ist im Studio. Ich weiß nicht, wann er wieder da ist. Sie möchten eine Nachricht hinterlassen? Ja, ein Moment bitte. Ja, ich bin wieder am Apparat. Frau Bergmann? Verzeihung: wie schreibt man das? Ach ja; Ihre Telefonnummer. Langsam bitte. Null zwei eins... fünfundfünfzig - fünf fünf? Ja. Dreiundzwanzig - zwei drei... einundzwanzig - acht eins. Ja. Ja, ich verstehe: es ist dringend. Ja. Bitte schön. Tschüs.

9 (p. 39)
- Wo haben Sie Ihre letzten Ferien verbracht?
- Wo haben wir unsere letzten Ferien verbracht? In Mallorca.
- In Mallorca?
- In Mallorca.
- Ja, wann war das?
- Das war im Juni.
- Und wie lange waren Sie in Mallorca?
- Eine Woche.
- Hat es Ihnen gefallen?
- Ja, hat uns gut gefallen.
- Und das Wetter war gut dort?
- Das Wetter war sehr gut.
- Wo haben Sie das letzte Wochenende verbracht?
- Das letzte Wochenende waren wir zu Hause...in Hannover.

Unit 6
1 (p. 41)
- Ich möchte ein Geschenk für meine Mutter.
- Was darf es denn sein? Ein Armband, eine Brosche?
- Eine Brosche.
- Gefällt Ihnen hiervon etwas? Diese vielleicht?
- Nein, die gefällt mir nicht.
- Oder diese?
- Die gefällt mir besser, aber...
- Nico, schau dir diese Broschen an.
- Ach die sind hübsch!

2 (p. 42)
- Ich höre gern Musik. Was für Musik magst du denn?
- Ich finde klassische Musik gut.
- Ja?
- Ja! Es ist sehr schön. Magst du klassische Musik nicht?
- Nein, ich mag Popmusik - ich höre lieber Popmusik.

5 (p. 43)
- Wo finde ich Damenbekleidung, bitte?
- Damenbekleidung ist im Erdgeschoß.
- Entschuldigung - wo ist die Kasse?
- Die Kasse ist im Kellergeschoß.
- Entschuldigung, wo finde ich CDs?
- CDs sind in der zweiten Etage - in der Elektroabteilung.
- Wo finde ich Herrenbekleidung?
- Herrenbekleidung ist in der ersten Etage.

6 (p. 44)
- Entschuldigung, wo kann ich hier eine Zahnbürste kaufen?
- In der Parfümerie. Im ersten Stock bitte. Wenn sie mit der Rolltreppe hochfahren, auf der linken Seite ist die Parfümerie.
- Und da finde ich die Zahnbürste?
- Da finden sie die Zahnbürste.
- Gut, danke schön.
- Bitte schön.
- Tschüs!
- Tschüs!

8 (p. 44)
- Also, los, was willst du kaufen?
- Ein schönes Hemd.
- Dann fangen wir damit an. Die Herrenabteilung

ist ja hier im Erdgeschoß. Komm!
- Schau mal, wie gefällt Dir das?
- Ja, das gefällt mir gut, aber schau mal - das gefällt mir besser.
- Das ist aber sehr teuer. Hey, guck mal, hier sind Sonderangebote! Diese Hemden sind billiger. Wie gefallen sie dir?
- Die gefallen mir gut.
- Welche Größe hast du?
- Neunundreißig.
- Bravo, Nico. Wie ist es mit diesem?
- Ja, dieses Hemd gefällt mir gut. Das nehme ich.
- Zweiundvierzig Mark, bitte.

Unit 7

3   (p. 46)
- Ich schaff' das einfach nicht. Tun Sie mir einen Gefallen und gehen für mich zur Bank. Ich fahre ja morgen nach London und habe mir englisches Geld bestellt. Nehmen Sie meinen Ausweis und meine Scheckkarte... und Ihren Ausweis... und holen mir das Geld bitte. Zweihundert Pfund. Von der Stadtsparkasse, direkt rechts, wenn Sie rauskommen. Danke. Und hier ist die Vollmacht.
- Vollmacht?
- Das müssen Sie der Bank zeigen...
- Zweihundert Pfund... Stadtsparkasse... rechts...

6   (p. 46)
- Ja, bitte schön?
- Ich möchte Geld abholen, für Frau Maier.
- Haben Sie denn ein Konto bei uns?
- Ich? Nein?
- Ach, Sie möchten ein Konto eröffnen?
- Konto... eröffnen? Ich verstehe nicht. Ich möchte nur das englische Geld für Frau Maier abholen. Hier ist ihr Ausweis.
- Ach so, Sie wollen englisches Geld. Dann müssen Sie zum Auslandsschalter - dort drüben.
- Danke sehr.

11   (p. 48)
- Englische Pfund ...in Bargeld oder in Travellerschecks?
- Ich habe beides. Ich habe Travellerschecks und Bargeld.
- Ja, da haben wir unterschiedliche Kurse. Für Bargeld der Kurs, einen Moment, sage ich Ihnen sofort...Sie bekommen heute für ein englisches Pfund 2,20 DM.
- Ja, das ist in Ordnung.
- Ja, und wieviel möchten Sie verkaufen?
- Ich habe 100 Pfund Bargeld und 100 Pfund inTravellerschecks.
- So, der Kurs für dieTravellerschecks wäre heute: für ein englisches Pfund bekommen Sie 2,2858.

Unit 8

1   (p. 49)
- Der Hausmeister hat gesagt... Sagen... er hat gesagt...Sagen... er hat gesagt... fragen... er hat gefrag ...lachen... er hat gelacht...machen... er hat gemacht ...
  Der Hausmeister hat gesagt...
- Na, was hat er gesagt?
- Raus!

2   (p. 50)
- Was habt ihr im Sommer gemacht? Stephanie, was hast du gemacht?
- Ich habe Tennis gespielt. Und ich habe Geschenke für meine Familie gekauft.
- Was hast du gekauft?
- Ich habe ein Buch, Schokolade und viele Bonbons gekauft.
- Oh, schön. Und du, Sebastien, was hast du gemacht?
- Ich habe Englisch gelernt. Ich war in London.
- Was haben Sie gemacht, Frau Heinemann?
- Ich habe gewandert und ich habe Österreich mit meiner Familie besucht. Wir haben viel

gelacht und viel Spaß gehabt.

6   (p. 51)
- Bist du das auf dem Foto?
- Ja - ich und mein kleiner Bruder.
- Du hast einen Bruder?
- Ja, und eine Schwester. Und du?
- Ich habe zwei Brüder.
- Sind sie noch in Rumänien?
- Ja.

7   (p. 51)
- Wie heißt du?
- Patrick.
- Und - wie alt bist du?
- 10.
- Du bist 10 Jahre alt?
- Ja.
- Hast du Geschwister?
- Ja.
- Hast du einen Bruder oder eine Schwester?
- Eine Schwester.
- Und wie heißt sie?
- Jenny.
- Und wie alt ist Jenny?
- 13.
- 13 Jahre schon? Wie heißen deine Eltern?
- Einmal Ruth, und mein Vater heißt Dave.
- Dein Vater heißt Dave?
- Ist dein Vater Deutscher?
- Nee, Ire.
- Dein Vater ist Ire? Und sprichst du englisch?
- Nee, n' bißchen.
- N' bißchen. Und, ähm, wohnt ihr in Lübeck?
- Ja.

Unit 9

2   (p. 56)
- Ja guten Tag, Daniels ist mein Name, ich rufe wegen des Zimmers an. Ist das Zimmer noch frei? Ja? Könnten wir es sehen? Morgen um zwölf Uhr? Ja, das geht in Ordnung. Und wie ist Ihre Adresse? Pappelallee zehn. Ja, vielen Dank. Gut, dann bis morgen.

3   (p. 56)
- Hallo, hier May.
- Guten Tag, mein Name ist Uwe Bayer. Ich rufe wegen des Zimmers an. Ist das Zimmer noch frei?
- Tag, Herr Bayer. Ja, das Zimmer ist noch frei.
- Und wie groß ist das Zimmer?
- Es ist 36 qm groß.
- Aha, und was kostet es?
- 495 Mark im Monat.
- 495 mark? Puh... kalt oder warm?
- Warm.
- Aha. Und wann könnte ich das Zimmer sehen?
- Heute abend um zwanzig Uhr. Dann bin ich zu Hause.
- 20 Uhr. Ja, das geht in Ordnung. Und wie ist Ihre Adresse bitte?
- Goldstraße 3. Meine Wohnung ist im ersten Stock. Und mein Name ist Frau May - Liesel May.
- Vielen Dank, Frau May. Bis heute abend.

5   (p. 57)
- Wie alt sind denn deine Brüder, Nico?
- Der eine ist 25, und der andere ist 17.
- Und wie alt bist du?
- 23 - naja, fast 24.
- Ach, hast du bald Geburtstag?
- Ja, am 12. Juli.
- Das muß ich mir merken. Ich bin im Winter geboren. Das ist nicht so schön.
- Wann bist du geboren, Anna?
- Am 4. Dezember 66. Wo bist du denn aufgewachsen? Auf dem Land oder in der Stadt?
- Auf dem Land, in einem Dorf.
- Ich auch. Ich bin auch auf dem Land aufgewachsen. Das Land gefällt mir besser als die Stadt.

- Nein, die Stadt gefällt mir besser. Besonders diese Stadt.
- Und... und wo bist du zur Schule gegangen, Nico?
- In Bukarest. Ich bin jeden Tag mit dem Bus nach Bukarest gefahren. Und du?
- Ich bin auch jeden Tag mit dem Bus zur Schule gefahren, in die nächste Stadt.

Unit 10

3   (p. 60)
- Ich zeig' Ihnen mal das Haus. Also, dies ist unser Wohnzimmer. Hier spielen die Kinder tagsüber und abends sitzen wir hier und lesen und hören Musik. Hier ist die Küche. Hier essen wir auch. Schon um sieben Uhr geht es los mit dem Frühstück los!
- Oh wie schön!
- So, hier sind unsere Schlafzimmer - Marlene und ich schlafen da, hier ist die Toilette, das Badezimmer, hier schläft Annette, das ist Bens Zimmer.

5   (p. 60)
- Und wo ist das Zimmer?
- Eine Etage höher. Kommt mit!
- Mitkommen - herkommen...
- Und das ist das Gästezimmer.
- Es ist ein sehr schönes Zimmer. Wie hoch ist die Miete?
- Ich weiß nicht, ich muß Marlene fragen. Vielleicht 250 Mark - was meinen Sie?
- Warm oder kalt?
- Warm natürlich, mit Heizung. Alles inklusive.
- Um so besser! Ja, das Zimmer gefällt mir.

7   (p. 61)
- Guten Tag.
- Guten Tag.
- Kommen Sie aus Lübeck?
- Ja.
- Wohnen Sie hier in Lübeck in einem Haus oder einer Wohnung?
- Ich wohne in einer Mietswohnung hier in Lübeck.
- Und wie viele Zimmer hat diese Wohnung?
- Zweieinhalb Zimmer.
- Und haben Sie Bad und Küche noch dazu?
- Ja.
- Haben Sie einen Garten?
- Nein.
- Keinen Garten?
- Nein keinen Garten, leider.

- Guten Tag.
- Guten Tag.
- Kommen Sie aus Lübeck?
- Nein, ich komme nicht aus Lübeck. Ich komme aus Heiligenhafen.
- Und wohnen Sie in Heiligenhafen?
- Ja, ich wohne in Heiligenhafen.
- Haben Sie eine Wohnung oder ein Haus?
- Ich habe ein Einfamilienhaus.
- Ist es sehr groß?
- Circa 160 qm.
- Haben Sie da viele Zimmer?
- Ja, doch, ich habe vier Zimmer im Erdgeschoß und zwei im Obergeschoß.
- Haben Sie eine Wohnung oder ein Haus?
- Ich habe ein Einzimmerapartment.
- Mit Küche und Bad?
- Mit Küche und Bad.
- Ist es groß oder klein?
- Sehr klein - 35 qm.
- Mieten Sie diese Wohnung oder haben Sie sie gekauft?
- Nein, ich habe diese Wohnung gemietet.
- Haben Sie einen Garten?
- Nein, einen Balkon.
- Einen Balkon.

Unit 11

1   (p. 63)
- Ja, ich war dann gestern in Amsterdam.
- Wann genau?
- Ich bin mit der Bahn gefahren - um fünf Minuten vor elf.
- Und wo genau waren Sie in Amsterdam?
- In einen Café - "Die Schwarze Tulpe".
- Straße?
- Herrengraacht, Nummer 11.
- Sehr gut, Herr Antonescu. Und dann?
- Dann hat mir eine junge Frau das Paket gegeben. Und dann bin ich zurückgekommen.
- Waren Sie zum ersten Mal in Amsterdam?
- Nein. Ich war schon zweimal da.

3   (p. 64)
- Sie haben das Wochenende gearbeitet?
- Ja, beide Tage, Samstag und Sonntag.
- Arbeiten sie jedes Wochenende?
- Nein, jedes 2. Wochenende.
- Und - ahm, was haben Sie an Ihrem letzten freien Wochenende gemacht?
- Wir waren auf Rügen. Und dort haben wir ein schönes Wochenende verbracht. Wir haben uns abends ins Theater gesetzt, und am Tag sind wir auf Rügen umhergefahren, haben uns die Landschaft angeschaut, sind gewandert, haben Kaffee getrunken und gezeltet, so abends dann mit Grillen und so... Also, es war ein schönes Wochenende.

11   (p. 66)
- So, Herr Antonescu, bestellen Sie mir bitte ein Taxi für ein Uhr.
- Ein Taxi. Wie bestelle ich ein Taxi?
- Ruf' die Taxizentrale an.
- Wie ist die Nummer?
- Schauen Sie doch ins Telefonbuch, Herr Antonescu!
- Ach ... toll. Ich möchte ein Taxi bestellen. 'Deutschland Plus'. Um ein Uhr. Frau Weiß. Danke.

Unit 12

1   (p. 67)
- Was ist los, Anna? Bist du krank?
- Nein, nicht krank. Aber ich habe Zahnschmerzen - furchtbare Zahnschmerzen.
- Dann mußt du zum Zahnarzt.
- Aber ich will nicht zum Zahnarzt. Ich habe Angst vor dem Zahnarzt.
- Na komm, ruf doch mal an - er gibt dir bestimmt sofort einen Termin.
- Ja, guten Morgen, Daniels am Apparat. Ich müßte dringend zu Doktor Steffens. Ich habe furchtbare Zahnschmerzen. Haben Sie einen Termin frei? Um zwölf Uhr? Ja, okay. Danke.

8   (p. 69)
- Ich habe Grippe.
- Mein Fuß tut weh.
- Es tut weh! Mein Kopf tut weh!
- Mein Bein tut weh!
- Ich habe Rückenschmerzen!
- Mein Finger tut weh!
- Ich habe Halsschmerzen!
- Ich habe Ohrenschmerzen!

10   (p. 70)
- Guten Tag.
- Guten Tag.
- Haben Sie einen Termin heute bei uns?
- Nein, hab' ich nicht, ich möchte ganz gern einen Termin vereinbaren.
- Haben Sie Schmerzen oder ist das nur eine Kontrolluntersuchung?
- Eigentlich nur zur Kontrolle.
- Kontrolle. Bei welchem Behandler sind Sie bitte in Behandlung?
- Bei Herrn Doktor Rudolf Henkel.
- Sagen Sie mir bitte noch Ihren Namen und Ihre Versicherung.

- Mein Name ist Andrea Kohler und ich bin privatversichert.
- Okay, ich schreib Ihnen dann grad' noch ein Kärtchen, und wir sehen uns dann am Montag, den 4. Dezember, um 16 Uhr 30.
- Um 16 Uhr 30. Gut.
- Ja. Okay. Tschüs.
- Tschüs.

Unit 13

2   (p. 72)
- Welche Sportart studierst du?
- Das sind alle Sportarten, Ballsportarten, Volleyball, Basketball, Fußball, Handball, Geräteturnen, Schwimmen, Leichtathletik, Gymnastik, Tanz, das sind die Sportarten in der Grundausbildung.
- Und welche Sportart treibst du persönlich?
- Ich spiele Volleyball, Tennis und ein bißchen Badminton.

- Ich habe gehört, Sie fahren sehr gerne Ski?
- Ja, ich fahre gerne im Winter Ski.

3   (p. 72)
- Wir finden Sport sehr wichtig. Ich will immer viel Sport machen - Tennis, Schwimmen und so weiter, und dann finde ich nie genug Zeit. Georg macht mehr Sport - der geht jeden Morgen joggen.
- Ach - Joggen ist so langweilig!
- Sagen die Kinder auch. Die Kinder machen auch am meisten Sport: Radfahren, Schwimmen, Fußball...
- Ja, Fußball mag ich auch!
- Na prima! Dann kannst du mitspielen!

5   (p. 72)
- Und wie oft in der Woche treibst du Sport?
- Dreimal die Woche.
- Dreimal die Woche. Bist du Mitglied in einem Sportklub?
- Ja, in einem Volleyballklub und in einem Tennisklub.

- Und wie oft in der Woche treibst du Sport?
- Viermal.
- Viermal die Woche?
- Ja.
- An welchen Tagen?
- Ja, dienstags, mittwochs, Donnerstag, Freitag.
- Und wie lange jeweils?
- Eineinhalb Stunden.
- Eineinhalb Stunden?
- Hm, ja.

- Und wie oft in der Woche treibst du Sport?
- Zwei Stunden am Tag etwa.
- Zwei Stunden am Tag?
- Zwei Stunden am Tag.
- Bist du Mitglied in einem Sportklub?
- Ja, ich bin hier in Mainz in einem Sportverein, und da spiele ich Volleyball.
- Und wie oft in der Woche?
- Dreimal die Woche.
- Dreimal die Woche?
- Dreimal die Woche.

8   (p. 73)
- Also, ich spiele gern Tennis - und du?
- Nein, ich spiele lieber Volleyball - das macht mehr Spaß! Und ich finde, Tennis ist langweiliger!
- Wie oft spielst du Volleyball?
- Dreimal die Woche - montags, mittwochs und samstags.
- Bist du in einem Verein?
- Ja - ich bin Mitglied im Volleyballklub Lübeck-Nord. Und du - bist du auch Mitglied in einem Tennisverein?
- Ja, ich bin im Tennisklub Kamen.
- Und wie oft spielst du Tennis?
- Also, ich spiele jeden Morgen um acht Uhr. Ich spiele mit Sandra, das ist meine Kollegin.
- Und wer spielt besser Tennis - du oder Sandra?

- Sandra - leider. Sandra spielt besser Tennis!

12   (p. 74)
- Guckst du dir gerne Sportübertragungen im Fernsehen an?
- Ja, doch, ja.
- Und welche?
- Ja, am liebsten Leichtathletik, aber das kommt halt sehr selten, halt nur wenn Weltmeisterschaften sind, oder Olympiade, manchmal auch Handball, kommt aber nicht sehr oft im Fernsehen in Deutschland, ja, das war's so.
- Und welche Sportart guckst du dir am liebsten an im Fernsehen?
- Leichtathletik.
- Leichtathletik?
- Ja.
- Und was glaubst du ist die beliebteste Sportart bei den Deutschen?
- Fußball und Tennis.
- Fußball und Tennis?
- Ja.

- Schaust du dir gerne Sportsendungen im Fernsehen an?
- Ja, teilweise.
- Und was gefällt dir da am besten?
- Ja, wenn sie halt ... Volleyball oder Tennis, und manchmal schau ich auch Fußball.
- Fußball?
- Ja, wenn Deutschland spielt.
- Was glaubst du ist die beliebteste Sportart bei den Deutschen?
- Ja, Fußball.
- Fußball.
- Fußball und Tennis.
- Für Männer Fußball, und was glaubst du so für die Frauen, was mögen die am liebsten?
- Tennis, denke ich.

13   (p. 74)
- Hallo.
- Wie heißt du?
- Ich heiße Thomas.
- Thomas. Und wie alt bist du?
- Ich bin 25.
- Treibst du Sport?
- Ja, ich spiele Handball.
- Und wie oft in der Woche?
- Zwei- bis dreimal.
- Bist du Mitglied in einem Sportverein?
- Ja, das bin ich.
- In welchem?
- Im TV Bad Ems.
- Und was machst du dort?
- Ich spiele da Handball und trainiere eine Mannschaft.
- Du trainierst eine Mannschaft?
- Ich trainiere eine Mannschaft.
- Siehst du dir gerne Sportübertragungen im Fernsehen an?
- Wenn ich Zeit habe, ja.
- Und welche interessieren dich da am meisten?
- Handball und Basketball.
- Gehst du auch gerne zu Veranstaltungen... zu Sportveranstaltungen?
- Wenn ich die Zeit und Möglichkeit habe, zu Motorradrennen.
- Zu Motorradrennen?
- Ja.
- Was meinst du ist die beliebteste Sportart der Deutschen?
- Fußball.
- Fußball.
- Fußball, denke ich.

Unit 14

5   (p. 77)
- So Nico, wenn du diesen Grafikjob haben willst, dann mußt du das Bewerbungsformular heute abgeben. Dieses Formular muß morgen früh in der Personalabteilung sein.
- Ach so.

- Was ist denn los, Nico? Willst du immer Volontär bleiben?
- Nein, ich habe nur Angst.
- Angst? Wovor?
- Ja, nun, mein Deutsch ist immer noch nicht so gut, und wenn ich dann ein...
- Vorstellungsgespräch?
- Ja, wenn ich dann ein Vorstellungsgespräch habe, dann...
- ... dann wirst du ihnen zeigen, wieviel du von Grafik verstehst. Du wirst sehr nett sein und du wirst den Job bekommen! Und übrigens Nico - dein Deutsch ist inzwischen sehr gut!

7   (p. 77)
- Vor deinem Vorstellungsgespräch mußt du dir die Haare schneiden lassen. Das macht einen guten Eindruck. Und du mußt einen Anzug haben.
- Ich habe kein Geld.
- Vielleicht kann dir Ulli einen borgen.
- Gerne, nur Nico ist einen Kopf kleiner als ich, also...
- Ach, und einen Schlips - du wirst einen Schlips brauchen.

8   (p. 77)
- Hör mal, hast du Lust am Sonntag mit mir zu meinen Eltern zu fahren? Ich bin zum Mittagessen eingeladen.
- Und ich?
- Meine Freunde dürfen immer mitkommen. Meine Eltern werden dir gefallen.
- Und ich? Werde ich deinen Eltern gefallen?
- Werden wir sehen! Na?
- Ja, gerne. Wie werden wir denn hinkommen? Dein Auto ist doch in der Werkstatt.
- Bis Sonntag werde ich das Auto wiederhaben. Ich werde dich um zehn Uhr abholen. Okay?
- Okay.

Unit 15
1   (p. 80)
- Mensch, ich muß tanken.
- Da ist ja eine Tankstelle.
- Prima!
- Bleifrei oder Superbleifrei?
- Superbleifrei, bitte. Aber paß auf - Benzin nur für vierzig Mark. Ich bin ja pleite!

2   (p. 80)
- Guten Tag, Herr Krämer. Wie geht's?
- Danke Hans. Nicht schlecht, nicht schlecht. Und Ihnen?
- Ein bißchen kalt heute, aber sonst gut, danke. Was darf es denn sein?
- Volltanken bitte, Hans. Verbleit selbstverständlich. Und können Sie auch das Öl und das Wasser prüfen?
- Natürlich. So, das wär's. Das macht 90 Mark alles zusammen.
- Hier ist meine Kreditkarte.
- Danke. Wollen sie bitte hier unterschreiben?
- OK.
- So, danke schön Herr Krämer. Bis bald.
- Auf Wiedersehen, Hans. Tschüs!

6   (p. 81)
- Hallo, hallo, guten Tag.
- Hallo Frank, hallo Ulrike, hallo Tanya!
- Hallo Katya, wie geht's?
- Gut danke. Und euch?
- Nicht schlecht, nicht schlecht.
- Setzt euch hin.
- Danke.
- Kann ich Euch was anbieten? Früchte, Tee, Kaffee, Kekse?
- Ah, ja,'ne Tasse Kaffee, schwarz.
- Gut.
- Ich möchte bitte Tee.

- Guten Abend.
- Guten Abend.
- Herzlich willkommen. Ich freue mich, daß Sie den Weg hierher gefunden haben. Bitte nehmen Sie Platz. Darf ich Ihnen etwas anbieten?
- Ja, gerne.
- Wasser, Saft, Kaffee oder Tee oder ein Bier?
- Für mich n' schönen Weißwein.
- Ja, ich hätt' gerne ein Glas Bier.
- Ja, und wie wär's mit einem Glas Wein?
- Das wär' gut. Den nehme ich.
- Ich bin sofort wieder da. Ich hol's gleich.

Unit 16
3   (p. 84)
- Nanu, Herr Antonescu? Sie kommen heute aber spät zur Arbeit.
- Ja... ich habe um zehn Uhr ein Vorstellungsgespräch.
- Ach so! Deshalb auch so schick! Wo bewerben Sie sich?
- In der Grafikabteilung. In Rumänien war ich ja Grafiker.
- Na dann alles, alles Gute! Ich drücke Ihnen die Daumen. Das heißt sowas wie "toi, toi, toi"!
- Verstehe. Danke, Herr Schiller. Bis später.

5   (p. 85)
- Guten Tag, Herr Antonescu, nehmen Sie bitte Platz. Mein Name ist Kessler, ich bin Chef der Grafikabteilung. Aus Ihrem Bewerbungsformular sehe ich, daß Sie in Bukarest auf der Kunstakademie waren?
- Ja, drei Jahre lang.
- Erzählen Sie uns, was Sie da gemacht haben.
- Also, zuerst ein Jahr ganz normale Grafik...
- Dann haben Sie also zwei Jahre als Fernsehgrafiker gearbeitet. Und wann sind Sie nach Deutschland gekommen?
- Vor sechs Monaten.
- Wie kommen Sie zurecht hier in Köln?
- Köln gefällt mir gut. Die Leute sind sehr nett. Und jetzt, wo mein Deutsch besser ist, kann ich viel machen.
- Tja, zu Ihrem Deutsch muß ich Ihnen gratulieren.
- Vielen Dank.
- Inge Maier, Ihre Chefin, sagte mir, Sie haben schon Videografiken für Sie gemacht?
- Ja, ich habe mit der Cutterin, Frau Schneider, zwei kleine Sachen gemacht.
- Sehr interessant, Herr Antonescu.
- Herr Antonescu, sind Sie so nett und nehmen Platz im Vorzimmer. Wir rufen Sie gleich wieder.

6   (p. 85)
- Hallo Nico. Na, wie war das Vorstellungsgespräch?
- Ich habe ab ersten September eine neue Stelle!
- Was? Du hast den Job auf der Stelle bekommen?
- Ja!
- Das ist ja toll! Gratuliere. Das müssen wir aber feiern.
- Ja, am Sonntag morgen lade ich euch alle ein.
- Zum Frühschoppen? Ja, auf ein Bier am Sonntag morgen.
- Ja, genau zum Frühschoppen...

7   (p. 85)
- Wir trinken jetzt auf Herrn Antonescu und seine neue Karriere als Grafiker. Herr Antonescu!
- Herr Antonescu... Nico... Alles Gute!
- Ich wollte nur danke schön sagen. Ich danke euch allen, daß Ihr mir so gut geholfen habt. Und am Sonntag habe ich Geburtstag, und ich möchte, daß wir uns alle um zwölf Uhr zu einer Bootsparty treffen - bitte.

TREFFPUNKTE
Unit 1
1   (p. 89)
- Tee, ein Ei, Marmelade, Käse, Schinken, Müsli, Toast, Brötchen, Kaffee, Brot, Jogurt

2((p. 89)
- Und was essen Sie zum Frühstück?
- Brot, Toast, und Marmelade, Käse, manchmal auch Milch mit Müsli....... Ja, das ist es eigentlich.

- Und was essen Sie da zum Frühstück?
- Brötchen, Toast mit Marmelade, Käse, ja...
- Und trinken dazu was?
- Kaffee.
- Sie trinken Kaffee?
- Ja.

6   (p. 91)
- Was darf ich Ihnen anbieten? Hier hab' ich Kuchen oder Torte.
- Hm, Torte bitte. Sieht lecker aus. Danke schön.
- Bitte. Möchten Sie auch ein Stück Kuchen?
- Ja, bitte. Am liebsten Mohnkuchen. Das ist mein Lieblingskuchen.
- Mohnkuchen? Bitte, mit Streuseln?
- Dankeschön.
- Bitte. Und lassen Sie sich's gut schmecken!
- Ja, danke schön.
- Danke, gleichfalls.

7   (p. 91)
- Bitte schön?
- 2 Tee bitte.
- Mit Zitrone oder mit Sahne?
- Mit Zitrone. Und ein Stück vom Käsekuchen und ein Stück von der Himbeertorte.
- Möchten Sie zu der Torte Sahne?
- Ja, gerne.
- Und zum Käsekuchen?
- Auch. Was macht das?
- 9 Mark 35, bitte.
- Bitte schön.
- Danke. Und 65 Pfennig zurück, danke schön.
- Vielen Dank.

11   (p. 91)
- Ist Deutschland dann ein Weißweinland, wird also mehr Weißwein angebaut?
- Ja, Deutschland ist traditionell ein Weißweinland mit wichtigen Rebsorten wie Riesling, wie Silvaner oder Müller-Thurgau.
- Und wieviel Prozent Weißwein wird angebaut? Und wieviel Prozent Rotwein?
- Im Anbau sind etwa 80 Prozent Weißwein- und etwa 20 Prozent Rotweinsorten in Deutschland.
- Deutschland ist bekannt als das Land der Biertrinker. Stimmt das noch, oder trinken mittlerweile auch sehr viele Deutsche Wein?
- Wenn wir die reinen Zahlen anschauen, dann stimmt das sicherlich. Es gibt beim Bier einen pro-Kopf-Verbrauch von etwa140 Litern pro Jahr und bei Wein, zusammen mit Sekt, sind das etwa 23 Liter pro Kopf und Jahr.
- Also es stimmt, daß die Deutschen mehr Bier als Wein trinken?
- Das ist richtig, ja.

Unit 2
1   (p. 93)
- Kirchmeyer.
- Mein Name ist Sieben, könnte ich bitte Frau Weller sprechen?
- Das tut mir leid. Sie ist noch in einer Besprechung. Kann ich Ihnen helfen?
- Vielen Dank. Ich rufe später noch mal an. Auf Wiederhören.
- Bitte schön. Wiederhören.
- Guten Tag. Könnten Sie mich bitte mit Frau Wolf verbinden?
- Moment bitte. Hören Sie, bitte?
- Ja?
- Da meldet sich niemand. Frau Wolf ist im Moment nicht an ihrem Arbeitsplatz. Möchten Sie später noch mal anrufen?
- Ja, gut, vielen Dank. Wiederhören.
- Wiederhören.

- Thiel und Co., guten Tag.
- Wagner, von der Firma Westhof, kann ich bitte Herrn Richter sprechen?
- Herr Richter ist zur Zeit nicht im Hause. Möchten Sie eine Nachricht hinterlassen?
- Ja, gern. Es geht um einen Termin für nächste Woche. Könnte er mich sobald wie möglich zurückrufen?
- Das geht in Ordnung, Herr Wagner.

- Barmer, Büro Steffens.
- Hallo, Frau Seidel, hier ist die Monika.
- Hallo!
- Kann ich meinen Vater kurz sprechen?
- Hallo, Monika. Geht's dir gut?
- Ja, es geht so.
- Dein Vater spricht gerade auf der anderen Leitung. Willst du gleich noch mal anrufen oder soll er dich zurückrufen?
- Ne, ne, ich muß jetzt weg. Ich ruf später noch mal an. Tschüs!
- Bis später.

4   (p. 94)
- Guten Tag. Hier ist der Anrufbeantworter von D Plus, Telefon- und Faxnummer 0221 133939. Bitte hinterlassen Sie eine Nachricht oder schicken Sie ein Fax. Wir rufen Sie so bald wie möglich zurück.

7   (p. 95)
- Guten Tag, hier ist der automatische Anrufbeantworter des Verkehrsvereins Mainz, Telefonnummer 06131 68 22 19. Im Moment ist unser Büro geschlossen. Unsere Öffnungszeiten sind: montags bis freitags von 9 Uhr bis 13 Uhr und von 15 bis 17 Uhr 30. Am Samstag it der Verkehrsverein Mainz von 10 Uhr bis 13 Uhr geöffnet. Am Sonntag ist er geschlossen. Falls Sie eine Nachricht hinterlassen möchten, sprechen Sie bitte nach dem Signalton. Vielen Dank für Ihren Anruf.

10   (p. 96)
- Könnten Sie mir einen Rat geben, was ich mir an einem Tag alles so in Mainz ansehen sollte?
- Ja, natürlich zuerst der Sankt-Martins-Dom mit seiner 1000jährigen Geschichte.
- Der ist wo, der Sankt-Martins-Dom?
- Hier, mit dem historischen Marktplatz davor, dann gegenüber auf dem Liebfrauenplatz befindet sich das Gutenberg-Museum, wo man auf jeden Fall auch hingehen sollte.
- Das ist...
- Genau da.
- Zum Gutenberg-Museum ...
 -Ist geöffnet von 10 bis 18 Uhr, ja, und dort können Sie das Originalbibel sehen und etwas erfahren, wie die Buchdruckerkunst entstanden ist.
- 'S ist ja gar nicht weit vom Dom...
- Nein, 3 Minuten ungefähr zu Fuß.
- Und, ähm, in der Nähe von dem Dom, gibt es da noch andere Sehenswürdigkeiten?
- Ja, Sie können, wenn Sie das Gutenberg-Museum besichtigt haben... vielleicht mal in die historische Altstadt gehen, die ist sehr schön, sehr gemütlich, und können sich dort die schönen, alten Häuser anschauen und wenn Sie Zeit haben, können Sie vielleicht später noch in eine gemütliche Weinstube gehen.

Unit 3
1   (p. 97)
- Wieviele Stunden arbeiten Ihre Mitarbeiter in der Woche?
- Unsere Mitarbeiter arbeiten 38 Stunden in der Woche.
- Und wie viele Tage haben sie Ferien?
- .Unsere Mitarbeiter haben bei uns 6 Wochen Urlaub.
- Und das schließt Weihnachten, Ostern ein?

- Unsere Mitarbeiter haben 30 Tage Urlaub im Jahr, plus Weihnachten.
- Also diese 30 Tage schließen Weihnachten nicht ein?
- Nein. Weihnachten ist noch einmal extra und Ostern ist auch noch frei.
- Arbeiten Ihre Mitarbeiter 38 Stunden von Montag bis Freitag?
- Ja, unsere Mitarbeiter arbeiten von montags bis freitags, Weihnachten und Ostern kann es vorkommen, daß sie auch samstags mal arbeiten müssen.
- Aber am Sonntag ist die Fabrik geschlossen?
- Am Sonntag braucht niemand zu arbeiten.
- Und das auch nicht zu Weihnachten?
- Auch nicht zu Weihnachten.
- Gut.

3   (p. 98)
- Frau Fese, wann beginnt Ihr Arbeitstag ?
- Also mein Arbeitstag beginnt etwa um halb acht. Wir haben Gleitzeit - ich kann zwischen sieben und halb neun beginnen.
- Und wie lange müssen Sie jeden Tag arbeiten ?
- Ich muß acht Stunden pro Tag arbeiten. Insgesamt haben wir eine 38,5 Stundenwoche. Mein Arbeitstag ist gegen halb vier zu Ende. Freitags können wir bereits ab zwölf Uhr Feierabend machen. Das ist sehr gut für berufstätige Hausfrauen - man hat dann mehr Zeit zum Einkaufen und man kann dann das Wochenende mehr genießen!
- Und wann machen Sie Mittagspause?
- Das ist unterschiedlich. Wir können von zwölf Uhr bis vierzehn Uhr Mittagspause machen. Ich mache meine Mittagspause meistens zwischen 12 Uhr 30 und 13 Uhr.

10   (p. 100)
Was machen Sie im Haushalt - und was macht Ihre Frau?
- Meine Frau und ich - wir teilen uns die Arbeit.
- Aha, und was machen Sie?
- Ich staubsauge jeden Tag und ich wasche jeden Abend ab. Ja, und ich putze einmal in der Woche das Badezimmer - und ich mache die Betten.
- Und was macht Ihre Frau im Haushalt?
- Meine Frau kocht jeden Tag, und sie geht einkaufen.
- Und wer macht die Wäsche?
- Meine Frau. Sie macht die Wäsche und sie bügelt auch.
- Ist das alles?
- Ach ja, und sie macht die anderen Zimmer sauber.

11   (p. 100)
- Wer macht mehr im Haushalt - Sie oder Ihr Mann?
- Wir sind beide berufstätig - aber ich mache viel mehr im Haushalt!
- Was machen Sie denn?
- Ich arbeite von neun Uhr bis 17 Uhr. Vor der Arbeit mache ich die Betten, und ich mache das Badezimmer sauber. Ich bringe dann die Kinder in den Kindergarten. In der Mittagspause gehe ich einkaufen - und ich hole die Kinder ab.
- Und was machen Sie, wenn Sie Feierabend haben?
- Also, ich koche dann für die Familie. Ich mache auch die Wäsche, und ich bringe die Kinder ins Bett.
- Und Ihr Mann - was macht er im Haushalt?
- Mein Mann kauft am Wochenende ein, und er bügelt die Wäsche.

Unit 4
2   (p. 101)
- Hauptbahnhof Lübeck - der nächste Zug auf Gleis 2 ist der Intercity von Kiel nach Hamburg. Ankunftszeit 10 Uhr 03. Ankunft

Hamburg Hauptbahnhof 10 Uhr 46. Bitte einsteigen auf Gleis 8: der EC nach Münchenfährt in zwei Minuten ab. Ankunft München Hauptbahnhof 17 Uhr 21. Der Schnellzug von Flensburg nach Hannover auf Gleis 13 hat 10 Minuten Verspätung. Erwartete Ankunftszeit 10 Uhr 19. Erwartete Ankunft in Hannover 11 Uhr 35.

3   (p. 101)
- Ich hätte ganz gerne gewußt, wann ein Zug nach Berlin fährt.
- Wohin in Berlin? Nach Berlin Lichtenberg - oder Berlin Zoo?
- Nach Berlin Zoo.
- Ja, wann möchten Sie fahren?
- Am Samstag.
- Am Samstag. Ab wieviel Uhr?
- So zwischen neun und zehn Uhr.
- Sie können ab Lübeck fahren, 10 Uhr 3 bis Hamburg Hauptbahnhof. Ankunft 10 Uhr 45. Dort steigen Sie um in einen Intercity, Abfahrt 11 Uhr 1, und in Berlin Zoo kommen Sie 14 Uhr an.
- Ja, das ist... das ist 'ne gute Zeit, ja.
- Ja. Möchten Sie mit diesem Zug fahren?
- Ja, ich werde diesen Zug nehmen.

7   (p. 104)
- Wir befinden uns hier im LN plus Hapag-Loyd Reisebüro in Lübeck und ich spreche mit Frau ...
- Mein Name ist Irene Lüdemann.
- Frau Lüdemann, wohin verreisen die Deutschen gerne in ihrem Urlaub?
- Bevorzugt ist Mallorca, als Badeinsel sehr schön, dann haben wir sehr viele Städtereisen, nach Italien, Florenz, Toskana und auch Ferienhausvermietung in Frankreich, die Atlantikküste ist da sehr gefragt, oder Rundreisen, Studienreisen in Großbritannien und Irland.
- Das ist ja schon sehr viel. Und könnten Sie mir auch sagen, wohin die Deutschen reisen, wenn sie etwas weiter weg wollen?
- Ja, da ist bevorzugt jetzt die Karibik, weil da gibt es zum Teil recht günstige Angebote sogar schon, oder auch Städtereisen, Hongkong, Japan, werden auch sehr viel gebucht.
- Ach so, gut, danke schön.

8   (p. 104)
- Wo waren Sie im Urlaub?
- Ich war in den Sommerferien zwei Wochen auf Mallorca. Das war im Juli.
- War's schön?
- Ja, sehr schön. Das Wetter war toll - ich habe den ganzen Tag am Swimmingpool gelegen.
- Und wo haben Sie gewohnt?
- Ich habe im Hotel gewohnt - ich hatte ein schönes Zimmer mit Bad und Balkon.
- Und wo genau haben Sie gewohnt?
- Also, das Hotel war in Palma de Mallorca - das ist die Hauptstadt.

- Waren Sie dieses Jahr im Urlaub?
- Ja, ich war über Weihnachten eine Woche im Winterurlaub.
- Wo waren Sie genau?
- Ich war in St. Anton. Das ist in Österreich - in den Alpen.
- Hatten Sie die ganze Zeit Schnee?
- Ja, das Wetter war super. Wir hatten viel Schnee, und ich bin jeden Tag Ski gefahren.
- Und wo haben Sie gewohnt - im Hotel?
- Nein, ich habe in einem Ferienappartment gewohnt - das war sehr komfortabel.
- Waren Sie allein im Urlaub?
- Nein, ich war mit einer Freundin da. Wir sind oft zusammen verreist.

Unit 5
2   (p. 106)
- Herr Altjohann, könnten Sie mir bitten sagen,

woraus besteht Ihr Marzipan?
- Ja, unser Marzipan besteht ausschließlich aus Mandeln und Zucker und einem kleinen süßen Geheimnis.
- Und dieses Geheimnis wird natürlich auch nicht verbreitet.
- Nein.
- Wieviel Marzipan stellen sie am Tag her?
- Wir stellen am Tag bis zu 35 Tonnen Marzipan her.
- Wie viele Mitarbeiter arbeiten in dieser Fabrik?
- Hier bei Niederegger arbeiten 500 Mitarbeiter und zu Weihnachten und Ostern kommen noch einmal 200 dazu.
- 700 Mitarbeiter arbeiten hier. Kommen sie alle aus Deutschland?
- Nein, alle nicht. Ein Teil unserer Mitarbeiter kommt aus Polen, aus der Tschechei, aus Russland, Frankreich vielleicht auch noch. Also wir sind international.

- Ich spreche jetzt mit Herrn Mayer, dem Exportleiter der Niederegger Marzipanfabrik.
- Herr Mayer, könnten Sie mir bitte sagen, seit wann diese Fabrik existiert?
- Diese Fabrik existiert seit 1806.
- Herr Mayer, in welche Länder exportieren sie ihre Produkte?
- Wir liefern in alle fünf Kontinente.
- Europa ist natürlich der stärkste Bereich, in dem wir liefern. Hier haben wir traditionelle Verbindungen auch nach Österreich oder nach Dänemark und Schweden, aber selbstverständlich auch nach England und hier insbesondere die Kaufhäuser im Großraum London wie Bentalls, Harrods und Selfridges aber auch Feinkostgeschäfte wie Partridges.

3 (p. 106)
- Na, Herr Wollmann, erzählen Sie mal, wie war denn die Geschäftsreise?
- Es war sehr hektisch, Frau Struck. Ich bin Montag abend spät in Lübeck angekommen. Am Dienstag früh um 8.00 Uhr hatte ich einen Termin mit dem Geschäftsführer. Um 8.15 Uhr gab es eine Einführung in die Firma. Dann kam die Besichtigung der Marzipanfabrik ...
- Hm, da haben Sie sicher auch Marzipan probiert?
- Nein, ich mag kein Marzipan. Es ging weiter mit Besprechungen mit dem Produktionsleiter und der Exportleiterin bis abends um halb sechs. Um sieben Uhr war ich wieder in Hamburg.

7 (p. 107)
- Wie heißen Sie?
- Meine Name ist Andrea Drews.
- Und woher kommen Sie?
- Aus Österreich, aus Linz.
- Arbeiten Sie schon lange hier?
- Seit August dieses Jahres.
- Und gefällt es Ihnen hier?
- Ja, mir gefällt's sehr gut hier.

Unit 6
2 (p. 109)
- Und welche Farben haben Sie da?
- In gelb, beige, rot, hellblau, jeansblau, grau....
- Auch in schwarz, sehe ich.
- Schwarz... können Sie so in allen Farben haben.
- Ja, denn könnten Sie mir bitte ein gelbes T-Shirt zeigen?
- Gerne. Sehen sie mal, ein gelbes T-Shirt mit einem runden Ausschnitt und halbem Ärmel.
- Hm, ja...
- Für 15 Mark und 90.
- Ich nehme ein gelbes T-Shirt.
- Danke schön.

3 (p. 110)
- Entschuldigung, könnten Sie mir bitte helfen?
- Gerne, was darf ich Ihnen denn zeigen?
- Ich suche ein T-Shirt.

- Ja, hätten Sie es gerne selbst oder möchten Sie es verschenken?
- Ich suche ein T-Shirt für meine Schwester.
- Ja, gerne. Welche Größe muß es denn sein?
- Sie ist etwas kleiner als ich, glaube so Größe S.
- S?
- Ja.
- S oder M?
- Hm, ich glaube S reicht.
- S reicht.
- Größe S, ja. Kann ich vielleicht doch noch einmal ein T-Shirt in Größe M sehen?
- Gerne. Schauen Sie, das ist in Größe M. Es ist etwas größer. Aber, es läuft auch etwas ein. Baumwolle läuft immer etwas ein beim Waschen.
- Ja, ich glaube ich nehme das T-Shirt in Größe M.
- M?
- Ja.

5 (p. 110)
- Guten Tag. Kann ich Ihnen helfen?
- Ja, guten Tag, ich möchte ganz gerne ein Geschenk kaufen.
- Möchten Sie gerne eine Vase oder einen Kerzenständer?
- Ich sehe da einen Teller mit einer Kuh, der gefällt mir sehr gut. Wie teuer ist der?
- Ähm, der Teller kostet 27 Mark.
- Und wieviel kostet diese Schale mit dem Huhn?
- Ähm, die Schale mit dem Huhn, die kostet 55 Mark, aber wir haben die auch noch mit einem Schaf, das ist auch sehr hübsch.
- Ja. Hm, das gefällt mir sehr gut, aber ich glaube, das ist ein bißchen zu teuer. Ich glaube, ich werde den Teller mit der Kuh kaufen.
- Ja. Soll ich Ihnen diesen Teller als Geschenk verpacken?
- Das wäre sehr nett, ja bitte.
- Dann können Sie mir zur Kasse folgen und dort bezahlen.
- Ja, gut. Hm, danke schön.

Unit 7
3 (p. 114)
- Was haben Sie eingekauft?
- Ich habe Tomaten gekauft, Zwiebeln, Öl, Tee, Käse, Salami, Bananen; ich war am Fleischstand, hab' Fleisch geholt, Hundefutter, 'ne Zeitschrift, ja, Gewürze für's Essen, Eier, Gurken.
- Und wieviel haben Sie ausgegeben?
- Ich hab' 86,35 Mark ausgegeben.
- 86,35 Mark?
- Ja, ist viel.
- Ja, wie oft gehen Sie in der Woche einkaufen?
- Alle zwei Tage gehe ich hierher und gebe ungefähr so viel Geld aus.

8 (p. 115)
- Ich möchte ganz gerne einen Flug von Hamburg nach Zürich buchen.
- Ja gerne, wann wollen Sie denn fliegen?
- Am nächsten Samstag.
- Am nächsten Sonnabend. Dann gucken wir erst mal nach den Preisen. Wir haben über's Wochenende einen extra Sondertarif. Wenn Sie 7 Tage im voraus buchen, und das kommt ja hin...und bleiben Sie über ein Wochenende weg?
- Ja, bleibe ich.
- Bleiben Sie. Das ist schön, dann haben wir einen Tarif von 807 Mark, das ist recht günstig, wenn Sie sonst den normalen Tarif sehen, das sind 1576.
- dann nehme ich die Abendmaschine.
- Dann nehmen Sie die Abendmaschine... So, dann brauche ich Ihren Namen noch, bitte.
- Andrea Köhler.
- Und wie möchten Sie das bezahlen, Frau Köhler, mit Scheck oder bar, oder haben Sie

eine Kreditkarte?
- Ich bezahle das mit Scheck.
- Mit Scheck. Und das Ticket nehmen Sie gleich mit, nicht?
- Das nehme ich gleich mit, ja.
- Gut, dann drucke ich Ihnen das gleich aus. So, dann haben wir hier das Ticket. Dann können Sie mir den Scheck auch gleich geben.
- Hier ist mein Scheck, bitte schön.
- Danke schön.
- Ja, und guten Flug wünsche ich Ihnen.
- Dankeschön.
- Tschüs.

Unit 8
1 (p. 117)
- Frau Fritz, wie viele Kinder haben Sie?
- Ich habe zwei Kinder, zwei Mädchen, sie sind Zwillinge, und heute, jetzt sind sie 30 Jahre alt.
- Haben Sie Enkelkinder?
- Ja, die eine Tochter ist verheiratet und hat zwei Kinder, zwei Mädchen........
- Und wie alt sind diese 2 Mädchen?
- Und die eine ist 11, und die andere ist 4.
- Und wie heißen sie?
- Die älteste heißt Smina, und die kleine heißt Sophia.

2 (p. 117)
- Katharina, sind Sie verheiratet?
- Nein, ich bin geschieden.
- Und haben Sie Kinder?
- Ja, ich habe einen Sohn. Er ist zweieinhalb.
- Dann sind Sie alleinerziehende Mutter?
- Ja, richtig.
- Und haben Sie Geschwister?
- Ja, ich habe einen Halbbruder und eine Stiefschwester.
- Eine Stiefschwester?
- Ja. Meine Mutter ist seit 20 Jahren verwitwet. Vor 17 Jahren hat sie zum zweiten Mal geheiratet. Ihr zweiter Mann hatte schon eine Tochter - und das ist meine Stiefschwester.
- Ah ja. Und Ihr Halbbruder - das ist der Sohn aus dieser Ehe?
- Ja - stimmt genau! Und Sie, Joan: Haben Sie Familie?
- Also, ich habe viele Tanten und Onkel - meine Mutter hat viele Geschwister! Aber Kinder habe ich nicht.

3 (p. 118)
- Frau Bellstedt, Sie wohnen in Jena?
- Ja.
- Lange schon?
- Ich bin seit 1952 in Jena.
- Wie alt sind Sie, wenn ich fragen darf?
- Ich bin 61 Jahre und bin aber schon seit 1988 Rentner.
- Haben Sie eine Familie?
- Ja, ich habe einen Mann, der auch Rentner ist, und ich habe zwei Kinder, die beide in Jena wohnen.
- Und auch Enkel?
- Noch nicht, aber im September werden wir unser erstes Enkelkind begrüßen können.
- Na dann fast herzlichen Glückwunsch!
- Wir freuen uns auch sehr.

8 (p. 119)
- Möchten Sie noch ein Glas Sekt?
- Ja, gern. Ach ja - haben Sie meinen Mann gesehen? Ich habe ihn seit zwei Stunden nicht gesehen!
- Ihr Mann ... Hat er einen Bart - und trägt er eine Brille?
- Nein - er hat eine Glatze. Er hat braune Augen. Er ist sehr alt!
- Ist er ziemlich klein und schlank?
- Ja, er ist klein und schlank.
- Äähm... also... ich, ähm... ja, ich habe ihren Mann gesehen...

- So? Wo ist er denn?
- Also... er ist in der Sektbar.... er ähm...er tanzt auf dem Tisch in der Sektbar...
- Auf dem Tisch?? In der Sektbar?? Wo ist die Sektbar??
- Dort drüben links...
- Helmuth! Helmuth!!

Unit 9

3   (p. 124)

- Emmet, deine Mutter ist Irin und dein Vater Amerikaner. Wo bist du denn aufgewachsen?
- Bis ich zehn war, bin ich in Irland aufgewachsen, den Rest in Deutschland.
- Uns wie lange bist du jetzt schon in Deutschland?
- Seit sechs Jahren, ich gehe hier in Nürnberg zur Schule.
- Warum ist deine Familie nach Deutschland gekommen?
- Weil mein Vater bei der Armee arbeitete.
- Und war das schwer für dich am Anfang, in Deutschland zu leben?
- Naja, es war total anders als in Irland. Ich hatte meine ganzen Freunde in Irland. Ich konnte kein Deutsch, und die Schüler sagten zu mir 'der Irre' statt 'Ire' und nannten mich 'strawberry face'. Am Anfang war es ziemlich schwer, aber es gab keine Schlägereien. Ich hab dann jeden Tag extra Deutschunterricht bekommen. Es dauerte ungefähr drei Jahre, dann haben die mich akzeptiert, und jetzt fühle ich mich wohl.
- Möchtest du in Deutschland bleiben?
- Ich weiß noch nicht. Meine Eltern gehen zurück nach Amerika. Jetzt hab' ich hier meine Freunde, ich weiß wirklich nicht, ob ich mitgehen soll. Vielleicht bleib' ich hier.

- Marit, ich kann überhaupt keinen Akzent hören in deinem Deutsch. Woher kommst du und wo bist du aufgewachsen?
- Ich komme aus Norwegen und bin in Oslo zur Schule gegangen, alles in allem zwölf Jahre. Ich habe in der Schule fünf Jahre lang Deutsch gelernt.
- Und wie lange lebst du schon hier?
- Hier in Marburg - seit acht Jahren.
- Und warum bist du nach Deutschland gekommen?
- Ich bin hierher gekommen um zu studieren, weil es schwer ist, in Norwegen einen Studienplatz zu bekommen.
- Gab es für dich Probleme, als du zum ersten Mal in Deutschland warst?
  Also, wie gesagt, ich konnte ja schon Deutsch und die Leute waren sehr freundlich zu mir. Ob das allen Ausländern so geht, weiß ich nicht. Aber mit dem Zimmer, da gab's am Anfang Probleme. Die Familie, bei der ich wohnen sollte, hatte das Zimmer gleich zweimal vermietet und so mußte ich die erste Woche im Kellergeschoß schlafen.
- Jetzt hast du eine schöne Wohnung und Arbeit gefunden. Möchtest du irgendwann wieder zurück nach Norwegen?
- Ja, auf jeden Fall. Norwegen ist mein Zuhause.

8   (p. 126)

- Wieviele Ausländer leben denn zur Zeit in Deutschland ungefähr?
- Es sind circa 7 Millionen Menschen.
- Und aus welchen Ländern kommen diese Menschen?
- Viele Menschen kommen aus der Türkei, aus dem ehemaligen Jugoslawien und aus Italien. Aber auch aus allen anderen Ländern der Welt.
- Aus welchem Land kommen die meisten Menschen?
- Die meisten Menschen haben einen türkischen Paß.
- Und warum?
- In Deutschland hat es eine große Kampagne

gegeben für die Anwerbung von ausländischen Arbeitskräften aus Ländern wie der Türkei, Griechenland, Jugoslawien, Italien, aber auch Portugal, Marokko, Tunesien. Damals wurden sehr viele Menschen angeworben, um in der Bundesrepublik zu arbeiten. Viele kamen aus der Türkei, weil es dort wenig Arbeitsmöglichkeiten gab und ein großes Interesse, einen Arbeitsplatz zu finden.

Unit 10

1   (p. 127)

- Hotel zur Schweiz, guten Tag.
- Bauer & Herzog, guten Tag. Ich hätte gern drei Einzelzimmer mit Dusche reserviert.
- Ja, für wann, bitte?
- Für den 25. und 26. September.
- Moment, bitte - ja, das tut mir leid, wir sind für diese Zeit schon voll belegt.
- Hm, was machen wir denn da? Können Sie uns ein Hotel in der Nähe empfehlen?
- Ja, versuchen Sie es mal im Hotel Schwarzer Bär, die Nummer ist Jena 2 25 43.
- Vielen Dank, das ist sehr freundlich.

2   (p. 127)

- Hotel Schwarzer Bär, guten Tag.
- Guten Tag, ich hätte gern drei Einzelzimmer mit Dusche reserviert.
- Ja, gerne, für welches Datum, bitte?
- Für den 25. und 26. September, also für 2 Nächte.
- Einen Moment, bitte, ja, da habe ich noch zwei Einzelzimmer mit Dusche und ein Doppelzimmer mit Bad.
- Und was kostet das Doppelzimmer?
- 198 DM pro Nacht und das Einzelzimmer 140 DM.
- Okay, ich nehme die Zimmer.
- Und auf welchen Namen geht das Doppelzimmer?
- Das Doppelzimmer ist für Frau Ungut und die Einzelzimmer für die Herren Preuss und Apel.
- Und Ihre Adresse, bitte?
- Firma Bauer & Herzog, Kaiser-Ludwig-Platz 202, 80336 München.
- Ihre Telefonnummer?
- 089 54 42 78.

8   (p. 129)

- Woher kommst Du? Was studiert Du? Und wo wohnst Du?
- Ich komme aus Somalia. Also, ich studiere Politikwissenschaften und ich lebe seit 5 Jahren hier in Deutschland.
- Hast du eine kleine Wohnung oder wie hast Du eine Wohnung gefunden?
- Ich wohne im Studentenwohnheim in der Nähe von hier aus Ginnheimer Landstraße, und es war schwierig also, ein Zimmer hier zu bekommen. Weil ich mußte ein Jahr auf dieses Zimmer warten, weil es so viele Studenten noch gibt, ausländische Studenten, die zwei Jahre sogar warten. Ich hatte also Schwierigkeiten, hier ein Zimmer zu bekommen.

Unit 11

3   (p. 132)

- Herr Ignasiak, wie hat sich das Leben in der Stadt nach der Wende verändert?
- Das Leben hat sich sehr verändert. Das Leben ist reicher geworden. Die Leute können besser einkaufen gehen. Es gibt alles zu kaufen; das war früher nicht so, aber man muß auch sagen, daß viele Menschen keine Arbeit haben. Die Leute freuen sich, daß sie verreisen können, wo sie früher nicht hin durften, und vieles andere mehr. Man freut sich, daß sehr viel gebaut wird. Wer heute durch die Stadt geht, sieht überall Kräne und Veränderungen. Und es entstehen dabei auch neue Arbeitsplätze.

4   (p. 132)

- Frau Mendra, Sie wohnen schon lange in Jena. Wie war Jena vor der Wende?
- Vor der Wende haben 8000 Menschen mehr als heute hier gewohnt, aber so schlimm war es gar nicht. Alles war ein bißchen grau aber in Jena gab es schon immer sehr viele Studenten.
- Und wie hat sich die Stadt seitdem verändert?
- In Jena hat sich seitdem sehr viel verändert. Die Universität hat mehr Studenten bekommen, die Großbetriebe sind wesentlich kleiner geworden, sehr viele Menschen sind arbeitslos geworden und fortgezogen, aber es sind auch neue Wissenschaftler, Manager und Angestellte nach Jena gekommen.
- Glauben Sie, daß die meisten Jenenser die Wende als etwas Positives oder mehr als etwas Negatives sehen?
- Unbedingt würde ich sagen, daß sie es positiv angesehen haben. Natürlich sind auch sehr viele Menschen arbeitslos und dadurch auch unglücklich.
- Und Sie persönlich, was ist Ihre Meinung zu diesem Thema?
- Ich kann die Wende nur begrüßen, denn gerade auf dem Tourismus ist die Welt ein Stück größer geworden.
- Ich danke Ihnen.
- Bitte.

7   (p. 133)

- Hat sich Ihr Leben nach der Wende verändert?
- Ja. Es hat sich in finanzieller Hinsicht verbessert. Ich bekomme jetzt mehr Rente als vorher. Und die Miete ist aber gestiegen.
- Sehen Sie die Wende als etwas Positives oder etwas Negatives?
- Beides. Die Wende hat uns Positives gebracht und auch Negatives. Positiv ist, daß jetzt in Jena so viel gebaut wird. Die Stadt verschönert sich. Und negativ ist, daß die Menschen früher menschlicher waren zueinander.
- Was hat sich nach der Wende für Sie persönlich geändert?
- Ich habe nach der Wende einen neuen Arbeitsplatz bekommen, ebenso mein Mann. Die Arbeitszeit ist wesentlich länger. Die Freizeit dadurch geringer. Was mir persönlich leid tut, daß es wenig Zeit für die Familie bleibt. Unsere Tochter ist 14 Jahre, die sieht uns wenig und muß alles alleine machen oder vieles alleine machen.

Unit 12

1   (p. 135)

- Was hat sich für Sie ganz persönlich verändert?
- Ich war ja bereits zu DDR-Zeiten schon Rentner und ich bin Rentner geblieben, weil ich krank bin und ich muß aber sagen, daß ich erst nach der Wende etwas für mich und meine Gesundheit tun kann. Es war vor der Wende sehr schlecht, Obst zu bekommen oder Vitamine, oder auch bestimmte Medikamente, und das ist für mich alles besser geworden und ich fühle mich wohl und ich freue mich über jeden Tag, den ich hier in der Stadt mich umsehen kann.

3   (p. 136)

- Ich war gestern den ganzen Tag in der Sonne. Mein Rücken brennt und mir ist schlecht. Und mir ist heiß und kalt. Was können Sie empfehlen?
- Hm, das sieht nicht gut aus. Da geb' ich Ihnen mal eine Salbe zum Einreiben. Sie sollten viel trinken und diese Tabletten nehmen.

- Haben Sie etwas gegen Insektenstiche? Ich bin total zerstochen, und das juckt wie verrückt!
- Da kann ich Ihnen diese Salbe empfehlen. Die hilft gegen Juckreiz und gegen Schmerz.

- Ich habe Halsschmerzen, furchtbare Halsschmerzen. Ich suche etwas Starkes - was

können Sie empfehlen?
- Da empfehle ich Ihnen diese Tabletten hier. Nehmen Sie eine Tablette alle 2-3 Stunden.
- Ich habe mich verletzt - mein Fuß tut weh. Wo bekomme ich etwas gegen Schmerzen?
- Nehmen Sie am besten diese Tabletten dreimal am Tag. Sie brauchen auch ein Pflaster für die Wunde.

5   (p. 137)
- Guten Tag.
- Guten Tag.
- Ich glaube, ich habe Grippe. Ich hab' seit einigen Tagen Temperatur, ich habe Halsschmerzen, Schnupfen und auch ein bißchen Husten.
- Ja, das sind Symptome, die zeigen deutlich auf eine Grippe hin. Wie hoch ist Ihre Temperatur?
- Ich hab' heute früh meine Temperatur gemessen. Ich hab' 38.
- Ja, das ist leicht erhöhtes Fieber. Da sollten Sie etwas gegen das Fieber, das fiebersenkend wirkt, eine Tablette oder Zäpfchen, die das Fieber nach unten drücken.
- Ich glaube, ich werde die Tabletten nehmen.
- Ja, natürlich, Tabletten bewirken das auch, senken das Fieber und sind auch gleichzeitig gegen Grippe wirksam.
- Wie oft muß ich diese Tabletten einnehmen?
- Am Anfang zwei Tabletten, und dann 3x täglich eineTablette.
- Muß ich die Tabletten mit viel Wasser einnehmen?
- Die Tabletten werden mit Wasser eingenommen. Wie gesagt, am Anfang zwei Tabletten und dann 3x täglich eine mit Wasser.
- Ich werde die Tabletten dann kaufen; wie teuer sind sie?
- Ja, die Tabletten kosten 9,80 DM. Wie gesagt, am Anfang 2 tabletten und dann 3x täglich eine nehmen.

Unit 13
1   (p. 139)
- Welche Art von Kunden haben Sie, sind das mehr ältere Leute oder jüngere?
- Das ist sehr gemischt, würde ich sagen. Wir haben sehr viele junge Mütter, die eben darauf aus sind, ihre Kinder schon gesund zu ernähren, möglichst ohne Zucker, oder auch weil sie müssen, durch irgendwelche Allergien oder Krankheiten bedingt. Dann haben wir sehr viele Diabetikerinnen oder ganz allgemein Leute, die abnehmen wollen, die schlanker werden wollen - ganz gemischtes Publikum.
- Welche Art von Produkten bieten Sie an?
- Wir versuchen, alle Lebensmittel so natürlich wie möglich zu lassen, wenigst bearbeitet, sondern so natürlich wie möglich.

2   (p. 140)
- Ernähren sich gesund, oder glauben Sie, daß Sie sich gesund ernähren?
- Ich denke, ich ernähre mich normal. Ich lege auf die Gesundheit meines Essens nicht so großen Wert, sondern eher darauf, daß es mir gut schmeckt.
- Essen Sie sehr gerne Fleisch- und Wurstwaren?
- Ja, ja.
- Und wie oft die Woche?
- Täglich.
- Täglich? Sie essen täglich Fleisch?
- Ja.
- Essen Sie auch gerne Gemüse oder Kartoffeln?
- Ja, sicher, immer mit Beilage, ich würde kein Fleisch so essen, sondern immer im Rahmen einer Mahlzeit, mit Kartoffeln und Gemüse oder Salat. Wir essen auch viel Salat dazu.
- Trinken Sie auch sehr gerne mal ein Glas Wein oder ein Glas Bier zum Essen?
- Ja, ich persönlich trinke zu Hause eigentlich

sehr wenig Alkohol, aber wenn ich ausgehe, mit Freunden oder mit meiner Frau, dann trinke ich eigentlich immer zum Essen, entweder ein gutes Glas Wein oder ein Glas Bier.
- Essen Sie auch sehr viel Obst?
- Es geht, es geht. Ich mag gerne Obst, ja jetzt im Winter bemühe ich mich, etwas mehr Obst zu essen, um mehr Vitamin C zu bekommen, aber, ja, es hält sich in Grenzen.
- Rauchen Sie?
- Nein.
- Haben Sie nie geraucht?
- Doch, das habe ich aber schon vor vielen Jahren aufgehört.

3   (p. 140)
- Glauben Sie, daß Sie sich gesund ernähren?
- Ja, darauf achte ich.
- Und worauf achten Sie am meisten? Essen Sie gerne Fleisch oder weniger Fleisch?
- Ich denke, daß ich ausgewogen esse, weniger Fleisch als früher. Ich habe früher mehr Fleisch gegessen. Jetzt lege ich mehr Wert auf Milch, Eiweißprodukte überhaupt, Körnersachen zum Frühstück, vielleicht Körnerbrötchen, viel Obst, auch Gemüse.
- Essen Sie gerne Fisch?
- Jawohl, das tue ich, weil er auch mager ist und mir gut schmeckt.
- Trinken Sie häufig Alkohol?
- Nein, nicht häufig, mehr trinke ich Wasser, Sprudelwasser, Mineralwasser. Und gerne natürlich zum Essen auch ein Glas Wein.
- Und Bier trinken Sie nicht so gerne?
- Nein, ich bin keine Biertrinkerin.
- Rauchen Sie?
- Nein, auch nicht mehr. Das habe ich vor vielen Jahren getan, und habe es aufgehört.

7   (p. 141)
- Wie alt ist Ihr ältester Besucher oder Ihre älteste Besucherin?
- 72 Jahre.
- 72 Jahre.
- Eine Dame von 72 Jahren.
- Aha, und aus welchen Gründen kommen die Menschen zu Ihnen?
- Meistens gesundheitliche Gründe, um sich fit zu halten.
- Und die älteren Besucher, was machen die am meisten, welche Sportarten?
- Eher ruhigere Gymnastikkurse, die sich mit der Bauchmuskulatur, mit der Rückenmuskulatur, mit der Beweglichkeit befassen, also Wirbelsäulengymnastikkurse, Stretching, oder auch so funktionale Gymnastik.
- Also wüßten Sie jetzt auch gar nicht, welche Sportart die Beliebteste ist, oder ob es überhaupt eine...
- Die beliebteste Sportart, doch, daß ist ja durch Zahlen, zum Beispiel Mitglieder von Sportvereinen, das ist schon statistisch erhoben, und das wäre in jedem Falle Fußball. Aber ich kann Ihnen sagen, 4 Millionen Deutsche sind in Fitneßcentern also organisiert.
- 4 Millionen Deutsche?
- 4 Millionen Deutsche.
- In ganz Deutschland?
- In ganz Deutschland.
- Und glauben Sie, daß es mehr Männer sind, mehr Frauen sind...
- Ich glaube, daß generell die Männer etwas fleißiger sind, etwas körperbewußter sind, das es etwas mehr Männer sind. Bei uns ist der Anteil gleich, 50 /50, aber generell glaube ich, daß der Anteil an sporttreibenden Männern in jedem Falle höher liegt.

8   (p. 141)
- Ich habe gehört, Sie fahren sehr gerne Ski.
- Ja, ich fahre gerne im Winter Ski.
- Welches Land gefällt Ihnen am besten, um Ski zu fahren?

- Ich fahre gerne in Österreich oder der Schweiz Ski, auch Frankreich bietet wunderbare Pisten - man kann nicht sagen, daß man eines dieser Länder bevorzugen kann.
- Welche Skisportart gefällt Ihnen am besten? Langlauf oder Abfahrtslauf?
- Ich habe beides sehr gerne. Beim Abfahrtslauf ist die Bewegung sehr begeisternd, sehr anregend, und beim Langlauf kann man die Natur mehr wahrnehmen und sich daran freuen.

10   (p. 142)
- Frau Schuster, wie lange betreiben Sie schon Rudersport?
- Also leistungssportmäßig seit 1984.
- Und wie lange insgesamt, wann haben Sie angefangen damit?
- Ich hab' 1977 das Rudern gelernt.
- Sie sagten, Sie betreiben es leistungsmäßig - wie oft in der Woche trainieren Sie?
- Zur Zeit trainiere ich 12 Mal die Woche.
- 12 Mal die Woche?
- Ja.
  Und wieviel Stunden?
- Je nach Woche zwischen 18 bis 23 Stunden die Woche.
- So viel, 18 bis 23 Stunden?
- Ja.
- Haben Sie schon 'mal an einem internationalen Wettbewerb teilgenommen?
- Ja, ich war schon mehrmals auf Weltmeisterschaften, und, ja die letzten 8 Jahre bin ich in der Nationalmannschaft.
- Und haben Sie schon Medaillen gewonnen?
- Ja, ich hab' 3 Medaillen auf Weltmeisterschaften gewonnen, zweimal Silber und einmal die Bronzemedaille, und sonst war ich auch immer im Endlauf.

Unit 14
4   (p. 144)
- Hallo, Sabine. Wie geht's?
- Ganz gut, aber'n bißchen Angst hab' ich schon, immer vor der ersten Stunde. Ich habe so viel vergessen.
- Ach, das kommt schon wieder, wirst du sehen.
- Sag mal, weißt du, in welchem Raum wir sind?
- Ne, laß uns mal nachsehen. Anfängerkurse für Französisch ...
- Hier, Mittelstufe Italienisch. Hier steht's: Raum 117.
- Du, guck mal, wer da kommt! Euer lieber Nachbar! Ist das nicht der, der immer so ...
- Sch...
- Ach, na guten Abend, Sabine, das ist ja ein Zufall. Wollen Sie auch Englisch lernen?
- N'abend, Herr König. Nein, Italienisch, wir fahren im Sommer nach Italien. Und Sie lernen Englisch?
- Ja, ich weiß, in meinem Alter! Aber wissen Sie, wo wir doch jetzt einen englischen Schwiegersohn haben und unsere Tochter in London leben wird, da dachte ich, ich mach' mal einen Anfängerkurs. Füher, in meiner Schulzeit haben wir nie Englisch sprechen gelernt, immer nur lesen und übersetzt.
- Na, dann wünsch ich Ihnen viel Glück!
- Ihnen auch. Wiedersehen.
- Tschüs, Herr König!
- Tschüs!

7   (p. 145)
- Und was studierst du ?
- Ich studiere Politikwissenschaft, Anglistik und Jura.
- Und in welchem Semester bist du ?
- Ich bin jetzt im 11. Semester.
- Und wie lange mußt du noch studieren?
- Ich schreibe gerade an meiner Magisterarbeit und bin wahrscheinlich in 9 Monaten fertig.
- Hast du schon Aussicht auf einen Job, oder weißt du noch gar nicht, was du werden

willst?
- Wenn man Politikwissenschaften studiert, muß man sehr flexibel sein, und dann muß man halt schauen, was sich da anbietet.
- Also, du weißt noch nicht genau, was du machen wirst?
- Noch nicht genau, nein.

- Und du studierst hier in Mainz?
- Ich studiere hier in Mainz, und zwar im Hauptfach Buchwesen, im Nebenfach BWL, also Betriebswirtschaft.
- Und wie viele Semester mußt du noch studieren, ungefähr?
- Noch mal genauso viele, wahrscheinlich noch mal 5 Semester, und dann dürfte es geschafft sein, ja.
- Weißt du denn schon, was du 'mal werden möchtest?
- Ja, sehr genau. Ich werde wahrscheinlich in einem Verlag arbeiten. Wenn es irgendwie geht, ähm, mit der Herstellung der Bücher 'was zu tun haben. Das ist also schon sehr konkret.

- Und was studierst du?
- Ich studiere Französisch und Geschichte.
- Auf Lehramt?
- Genau, Lehramt.
- Ach so, möchtest du Lehrerin werden?
- Genau, eines Tages will ich Lehrerin werden.

Unit 15
2   (p. 147)
- Herr Drossel, was kann man als Autofahrer für die Umwelt tun?
- Man soll auf jeden Fall Bleifrei oder Superbleifrei tanken. Und das Auto soll einen Katalysator haben - das ist auch sehr wichtig.
- Und was kann man sonst noch tun?
- Also, man kann den Motor abstellen, wenn man wartet - an Ampeln zum Beispiel.
- Und sollte ich auch den Motor abstellen, wenn ich auf jemanden in meinem Auto warte?
- Auf jeden Fall. Wenn man mehr als 20 Sekunden auf jemanden wartet, soll man das Auto abstellen.
- Muß man das in Deutschland tun - ich meine, ist das Gesetz?
- Ja, das ist Gesetz. Wenn man zum Beispiel morgens oder im Winter den Motor anmacht, darf das Auto nicht mehr im Leerlauf laufen, sondern man muß sofort losfahren. Und wenn man das Auto nicht braucht, soll man den Motor abstellen.
- Gibt es da auch Kontrollen? Wer kontrolliert das?
- Also, die Polizei kontrolliert das nicht. Aber die Nachbarn zum Beispiel achten da schon drauf. Und wenn das öfter vorkommt, kann man eine Anzeige bekommen - das passiert schon manchmal, ja.
- Danke schön!

8   (p. 150)
- Sie trennen also Ihren Müll, Frau König?
- Ja, ich recycle meinen Müll. Soll ich Ihnen das einmal zeigen?
- Ja, gern.
- So, hier ist meine Küche... Also - das ist meine Biotonne.
- Was kommt in die Biotonne?
- In die Biotonne kommen Küchenabfälle.
- Also zum Beispiel Obstschalen....
- Ja, und hier - diese Eierschalen auch.
- Und das ist Ihr gelber Sack?
- Ja. In den gelben Sack kommt Kunstoff und Metall - Verpackungen aus Alu, zum Beispiel. Und hier ist meine graue Restmülltonne.
- Was kommt denn in die Restmülltonne?
- In die Restmülltonne kommen Medikamente...
- Also - vielleicht alte Tabletten?
- Ja, das stimmt. So etwas kommt in die Restmülltonne.
- Und was machen Sie mit Ihrem Altpapier?

- Zeitungen und anderes Altpapier sammle ich. Sie kommen in den Altpapiercontainer.
- Und Ihr Altglas sammeln Sie auch?
- Ja, Glas und Flaschen kommen in den Altglascontainer.

9   (p. 150)
- Herr Drossel, wie kann man im Haushalt zuviel Müll vermeiden?
- Man kann zum Beispiel beim Einkaufen von zu Hause eine Stofftasche oder einen Korb mitnehmen.
- Man soll also keine Plastiktüten vom Geschäft mitnehmen?
- Ja, das ist richtig.
- Und was kann ich sonst noch tun?
- Man soll keine Produkte mit überflüssiger Verpackung kaufen, also keine Produkte mit zuviel Papier oder Plastik.
- Aha. Und wie kann ich sonst noch Müll vermeiden?
- Man kauft am besten Mehrwegprodukte, das sind zum Beispiel Pfandflaschen. Man soll auch Behälter aus Plastik vermeiden - besser sind recycelte Behälter aus Glas.
- Also soll man auch keine Cola in Dosen kaufen?
- Nein, das soll man auf keinen Fall. Das ist nicht gut für die Umwelt.
- Herr Drossel, man soll zuviel Müll vermeiden - das ist klar. Aber was soll man mit dem Restmüll tun?
- Also, den Restmüll soll man trennen - das ist am besten.

Unit 16
3   (p. 152)
- Wie werden Sie dieses Jahr Weihnachten verbringen?
- Wir sind zu Hause und werden am Heiligen Abend in der Familie feiern, und am ersten Weihnachtsfeiertag treffen wir uns traditionsgemäß mit der Familie meines Bruders, die hier in der selben Stadt wohnt und da kommen wir alle zusammen, essen miteinander am Mittag und bleiben bis abends zusammen.
- Was essen Sie am ersten Weihnachtstag?
- Im letzten Jahr haben wir eine Gans gehabt.
- Eine Gans.
- Ja.
- Ist das ein traditionelles Gericht?
- Die Weihnachtsgans ist eigentlich schon ein traditionelles Gericht in Deutschland, ja.
- Fahren Sie auch manchmal weg über Weihnachten?
- Wir fahren auch über Weihnachten in manchen Jahren weg, zum Skifahren, beispielsweise, in die Berge, das ist unterschiedlich. Dieses Jahr bleiben wir zu Hause.
- Gehen Sie auch in die Kirche zu Weihnachten?
- Wir besuchen am Heiligen Abend einen Mitternachtsgottesdienst.
- Ja, dann wünsche ich Ihnen ein schönes Fest!
- Dankeschön, Ihnen auch.
- Danke.

- Frau Zacharias, wie werden Sie dieses Jahr Weihnachten feiern?
- Also ich werde Weihnachten, den Vierundzwanzigsten nicht feiern und wir haben auch keine Tradition Weihnachten zu feiern.
- Und warum?
- Wir haben uns gegen den Konsum entschieden, wir sind keine überzeugten Christen und dementsprechend lehnen wir es ab, Weihnachten zu feiern.
- Ignorieren Sie das Weihnachtsfest oder fahren Sie weg?
- Nein, also in diesem Jahr bleiben wir auf jeden Fall zu Hause.
- Frau Zacharias, Sie sagten, daß Sie Weihnachten nicht feiern, bedeutet das, daß

Sie beispielsweise keine Weihnachtskarten verschicken, keinen Weihnachtsbaum haben, keine Weihnachtsgans kochen?
- Ja, das heißt, also wir kaufen keine Geschenke, wir verschicken keine Karten, wir machen kein Festtagsessen, also keine Gans, keinen Karpfen, keinen Stollen, keine Plätzchen und wir haben auch keinen Weihnachtsbaum.
- Frau Senf, wie werden Sie dieses Jahr Weihnachten feiern?
- Wie die letzten Jahre.
- Das bedeutet, also sind Sie alleine oder ...?
- Ich lebe alleine und zum Heiligabend kommen meine Tochter und ihr Freund und meine Mutter, und wir schmücken einen Weihnachtsbaum, das Essen soll möglichst nicht so aufwendig sein, damit die Hausfrau Zeit hat, sich um ihre Gäste zu kümmern.
- Und was machen Sie Heiligabend? Gehen Sie in die Kirche?
- Nein.
- Was wird es dieses Jahre bei Ihnen zu Weihnachten zu essen geben?
- An Heiligabend, wie gesagt, immer möglichst mühelos für die Hausfrau, das heißt Raclette oder Fondue. Am ersten Feiertag, wenn's zu Hause gibt's Gans, das ist allerdings ein Problem, da meine Tochter Vegetarierin ist. Ihr Freund und meine Mutter essen um so lieber Fleisch. Das ist ein Problem, deshalb gehen wir auch öfters am ersten Feiertag aus zum Essen, dann kann jeder wählen, was er will.
- Ja, Dann wünsche ich Ihnen ein schönes Weihnachtsfest!
- Danke. Das wünsche ich Ihnen auch.

9   (p. 155)
- Frohes Neues Jahr!
- Wir gratulieren zur Hochzeit!
- Ich drücke Ihnen die Daumen!
- Ein frohes Weihnachtsfest!
- Viel Glück und alles Gute in der neuen Wohnung!
- Herzlichen Glückwunsch zum Examen!
- -Gratuliere zum neuen Job!
- Wir trinken auf Herrn Antonescu!
- Kompliment zu Ihrem Deutsch!

Word groups

In this section you will find words grouped into different areas of meaning, such as countries, nationalities, the family and occupations. The translations given here correspond to the contexts used in the book.

1 Countries and Nationalities

America	*Amerika*	*Amerikaner/in*
Australia	*Australien*	*Australier/in*
Austria	*Österreich*	*Österreicher/in*
Belgium	*Belgien*	*Belgier/in*
Brazil	*Brasilien*	*Brasilianer/in*
Canada	*Kanada*	*Kanadier/in*
China	*China*	*Chinese/in*
Denmark	*Dänemark*	*Däne/in*
Egypt	*Ägypten*	*Ägypter/in*
England	*England*	*Engländer/in*
France	*Frankreich*	*Franzose/(·sin)*
Germany	*Deutschland*	*Deutsche/r*
Great Britain	*Großbritannien*	*Brite/in*
Greece	*Griechenland*	*Grieche/in*
Hungary	*Ungarn*	*Ungar/in*
India	*Indien*	*Inder/in*
Iran	*der Iran*	*Iraner/in*
Ireland	*Irland*	*Ire/in*
Israel	*Israel*	*Israeli/n*
Italy	*Italien*	*Italiener/in*
Japan	*Japan*	*Japaner/in*
Korea	*Korea*	*Koreaner/in*
Lebanon	*der Libanon*	*Libanese/in*
Luxembourg	*Luxemburg*	*Luxemburger/in*
Marocco	*Marokko*	*Marokkaner/in*
Netherlands	*die Niederlande*	*Niederländer/in*
New Zealand	*Neuseeland*	*Neuseeländer/in*
Nigeria	*Nigeria*	*Nigerianer/in*
Norway	*Norwegen*	*Norweger/in*
Pakistan	*Pakistan*	*Pakistaner/in*
Poland	*Polen*	*Pole/in*
Portugal	*Portugal*	*Portugiese/in*
Romania	*Rumänien*	*Rumäne/in*
Russia	*Rußland*	*Russe/in*
S.Africa	*Südafrika*	*Südafrikaner/in*
Scotland	*Schottland*	*Schotte/in*
Spain	*Spanien*	*Spanier/in*
Sudan	*der Sudan*	*Sudanese/in*
Sweden	*Schweden*	*Schwede/in*
Switzerland	*die Schweiz*	*Schweizer/in*

Turkey	*die Türkei*	*Türke/in*
USA	*die Vereinigten Staaten/USA*	*Amerikaner/in*
Wales	*Wales*	*Waliser/in*

Note: Omit the emboldened **e** for the feminine form.

2 Languages

Arabic	*arabisch*		Japanese	*japanisch*
Chinese	*chinesisch*		Norwegian	*norwegisch*
Danish	*dänisch*		Persian	*persisch*
Dutch	*holländisch*		Polish	*polnisch*
English	*englisch*		Portuguese	*portugiesisch*
French	*französisch*		Rumanian	*rumänisch*
German	*deutsch*		Russian	*russisch*
Greek	*griechisch*		Spanish	*spanisch*
Hebrew	*hebräisch*		Swedish	*schwedisch*
Hindi	*hindu*		Turkish	*türkisch*
Hungarian	*ungarisch*		Welsh	*walisisch*
Italian	*italienisch*			

3 Family

mother	*die Mutter*
father	*der Vater*
parents	*die Eltern*
daughter	*die Tochter*
son	*der Sohn*
children	*die Kinder*
sister	*die Schwester*
brother	*der Bruder*
brothers and sisters	*die Geschwister*
step-sister/-brother	*Stiefschwester/-bruder*
grandmother	*die Oma/Großmutter*
grandfather	*der Opa/Großvater*
aunt	*die Tante*
uncle	*der Onkel*
mother/father-in-law	*Schwiegermutter /- vater*
daughter/son-in-law	*Schwiegertochter /- sohn*

4 Occupations

architect	*Architekt/in*
composer	*Komponist/in*
dentist	*Zahnarzt/-ärztin*
doctor	*Arzt/Ärztin*
editor	*Redakteur/in*
engineer	*Ingenieur/in*
export manager	*Exportleiter/in*
graphics designer	*Grafiker/in*
journalist	*Journalist/in*
managing director	*Geschäftsführer/in*
pensioner	*Rentner/in*
physicist	*Physiker/in*
policeman	*Polizist/in*
production manager	*Produktionsleiter/in*
receptionist	*Empfangschef/-dame*
secretary	*Sekretärin*
shop assistant	*Verkäufer/in*
student	*Student/in*
teacher	*Lehrer/in*
waiter/waitress	*Kellner/in*
writer	*Schriftsteller/in*

5 Descriptions of people

a) Appearance

tall	groß
short	klein
blue/brown eyes	blaue/braune Augen
blond	blond
dark	dunkelhaarig
curly hair	lockige Haare
straight hair	glatte Haare
beard/moustache	Bart/Schnurrbart
bald	Glatze
with glasses	Brille
pretty	hübsch
good looking	gutaussehend
ugly	häßlich
young	jung
old	alt
slim	schlank
fat	dick

b) Character and personality

nice	nett, lieb
(un)friendly	(un)freundlich
funny	lustig
popular	beliebt
interesting	interessant
quiet	ruhig
boring	langweilig
hard working	fleißig

6 Routines

to (un)dress yourself	sich (aus-) /anziehen
to brush your shoes	die Schuhe putzen
to brush your teeth	sich die Zähne putzen
to do the cleaning	saubermachen (sep.)
to do the cooking	kochen/das Essen machen
to do the vacuum cleaning	staubsaugen
to do the ironing	bügeln
to do the shopping	einkaufen gehen
to do the washing up	abwaschen (sep.)
to do the washing	die Wäsche machen
to get your hair cut	sich die Haare schneiden lassen
to make the beds	die Betten machen
to take a shower/ bath	sich duschen/ sich baden
to wash yourself	sich waschen

7 Parts of the body

arm	der Arm
back	der Rücken
chest	die Brust
ear	das Ohr
eye	das Auge
finger	der Finger
foot	der Fuß
hair	das Haar/die Haare
hand	die Hand
head	der Kopf
knee	das Knie
leg	das Bein
lips	die Lippen
mouth	der Mund
neck	der Hals
nose	die Nase
shoulder	die Schulter
stomach	der Bauch
throat	der Hals
toe	der Zeh
tooth	der Zahn

8 Health and illness

allergy	die Allergie
cough	der Husten
health	die Gesundheit
health insurance certificate	der Krankenschein
health insurance scheme	die Krankenkasse
health spa	die Kur
illness	die Krankheit
insect bite	der Insektenstich
to lose/to put on weight	ab-/zunehmen
medicine, medication	die Medizin, das Medikament
my leg hurts	mein Bein tut weh
ointment	die Salbe
plaster	das Pflaster
tablet	die Tablette
to be healthy	gesund sein
to be ill	krank sein
to be in pain	wehtun (sep.)
to eat healthily	sich gesund ernähren
to have a backache	Rückenschmerzen haben
to have a cold	Schnupfen haben/erkältet sein
to have a headache	Kopfschmerzen haben
to have a sore throat	Halsschmerzen haben
to have a temperature	Fieber haben
to have flu	Grippe haben
to keep fit	sich fit halten
What's the matter?	Was fehlt Ihnen?
wholefood	die Vollwertkost
wound	die Wunde

9 Sports and pastimes

athletics	die Leichtathletik
club	der Verein/der Klub
to play in a club	in einem Verein spielen
cycling	das Radfahren
football	der Fußball
to play football	Fußball spielen
golf	das Golf
gymnastics	das Turnen
hobby	das Hobby
horseriding	das Reiten
jogging	das Jogging
member	das Mitglied
mountain climbing	das Bergsteigen
rowing	das Rudern
skiing	der Skisport
to ski	Ski fahren
squash	das Squash
swimming	das Schwimmen
table tennis	das Tischtennis
team	die Mannschaft
tennis	das Tennis
to do sports	Sport machen/treiben
to train	trainieren
to go walking, rambling	wandern

10 Shops

bakery	die Bäckerei
butcher's	die Metzgerei
cake shop	die Konditorei
chemist	die Apotheke
closed	geschlossen
corner shop	Tante-Emma-Laden
department store	das Kaufhaus
health food shop	der Bioladen, das Reformhaus
kiosk	der Kiosk
market	der Markt
opening hours	die Öffnungszeiten
supermarket	der Supermarkt

11 Clothes and accessories

blouse	die Bluse
bracelet	das Armband
brooch	die Brosche
clothes	die Kleidung
coat	der Mantel
dress	das Kleid
jacket	das Jackett, die Jacke
jewellery	der Schmuck
shirt	das Hemd
shoes	die Schuhe (pl.)
size	die Größe
which size?	welche Größe?
skirt	der Rock
socks	die Socken (pl.)
a pair of socks	ein Paar Socken
suit	der Anzug
sweater	der Pullover
T-shirt	das T-Shirt
tie	die Krawatte/der Schlips
tights	die Strumpfhose
trousers	die Hose
try on	anprobieren

12 Food

a) Fruit, vegetables

cabbage	der Kohl
carrots	Karotten/Möhren
fruit	das Obst
potato	die Kartoffel
salad	der Salat
tomatoes	Tomaten
vegetable	das Gemüse

b) Fish and meats

meat	das Fleisch
ham	der Schinken
cold meats	der Aufschnitt
salami	die Salami
fish	der Fisch
sausage	die Wurst

c) other

bread	das Brot
bread roll	das Brötchen
butter	die Butter
muesli	das Müsli
crisp bread	das Knäckebrot
white bread	das Weißbrot
wholemeal bread	das Vollkornbrot
jam	die Marmelade
cheese	der Käse
honey	der Honig
toast	der Toast
yoghurt	das (der) Joghurt
egg	das Ei

13 Drinks

beer	das Bier
coffee	der Kaffee
coffee with/ without milk	Kaffee mit/ ohne Milch
a (little) jug of coffee	ein Kännchen Kaffee
a cup of coffee	eine Tasse Kaffee
tea	der Tee
lemon tea	Tee mit Zitrone
juice	der Saft
apple juice	der Apfelsaft
orange juice	der Orangensaft
lemonade	die Limonade
milk	die Milch
mineral water	das Mineralwasser
sparkling wine	der Sekt
wine	der Wein
white/red wine	der Weißwein/Rotwein

14 Containers and measures

a glass of	ein Glas
a bottle of	eine Flasche
a spoonful of	ein Löffel
a teaspoon	ein Teelöffel
a tablespoon	ein Eßlöffel
a bunch of flowers	ein Blumenstrauß
a can, tin	eine Dose
a dozen	ein Dutzend
a jar	ein Glas
a kilo of	ein Kilo
a litre of	ein Liter
a pound of	ein Pfund
half a pound of	ein halbes Pfund
a packet of	ein Paket

15 The house

a) Around the house

balcony	der Balkon
basement	das Untergeschoß
bathroom	das Bad(ezimmer)
bedroom	das Schlafzimmer
bedsit	das möblierte Zimmer
cellar	der Keller
dining room	das Eßzimmer
flat	die Wohnung
floor	der Stock/die Etage
garden	der Garten
house	das Haus
kitchen	die Küche
lounge	das Wohnzimmer
nursery	das Kinderzimmer
room	das Zimmer
shower	die Dusche
study	das Arbeitszimmer
toilet	die Toilette

b) Furniture and appliances

bed	das Bett
coffee machine	die Kaffeemaschine
cupboard	der Schrank
desk	der Schreibtisch
sofa	das Sofa
table	der Tisch
TV set	der Fernseher
vending machine	der Automat
wardrobe	der Kleiderschrank

16 Buildings, places and monuments

airport	der Flughafen
bank	die Bank
farm	der Bauernhof
Brandenburg Gate	das Brandenburger Tor
bus stop	die Bushaltestelle
coffee house	das Café
cathedral	der Dom
castle	die Burg/das Schloß
church	die Kirche
factory	die Fabrik
guesthouse	die Pension
harbour	der Hafen
holiday home	das Ferienhaus
hotel	das Hotel
hospital	das Krankenhaus
library	die Bibliothek
museum	das Museum
old part of the city	die Altstadt
petrol station	die Tankstelle
playground	der Spielplatz
post office	die Post
pub	die Kneipe
restaurant	das Restaurant
school	die Schule
service area	die Raststätte
square	der Platz
savings bank	die (Stadt)Sparkasse
station	der Bahnhof
theatre	das Theater
tourist office	der Verkehrsverein/ die Touristen- information
town hall	das Rathaus
underground station	die U-Bahn-Station
university	die Universität

17 Means of transport

aeroplane	das Flugzeug	taxi	das Taxi
by plane	mit dem Flugzeug	tram	die Straßenbahn
bus	der Bus	train	der Zug/die Bahn
by bus	mit dem Bus	by train	mit dem Zug/mit
bicycle	das Fahrrad		der Bahn
car	das Auto	tube/underground	die U-Bahn
coach	der (Reise)Bus	by tube	mit der U-Bahn

18 Numbers

0	null	13	dreizehn	80	achtzig
1	eins	14	vierzehn	90	neunzig
2	zwei	15	fünfzehn	100	einhundert
3	drei	16	sechzehn	101	(ein)hunderteins
4	vier	17	siebzehn	200	zweihundert
5	fünf	18	achtzehn	212	zweihundertzwölf
6	sechs	19	neunzehn	300	dreihundert
7	sieben	20	zwanzig	333	dreihundertdreiunddreißig
8	acht	21	einundzwanzig	400	vierhundert
9	neun	22	zweiundzwanzig	500	fünfhundert
10	zehn	30	dreißig	600	sechshundert
11	elf	40	vierzig	700	siebenhundert
12	zwölf	50	fünfzig	800	achtundert
		60	sechzig	900	neunhundert
		70	siebzig	1000	eintausend

19 Days and months

Monday	der Montag
Tuesday	der Dienstag
Wednesday	der Mittwoch
Thursday	der Donnerstag
Friday	der Freitag
Saturday	der Samstag/Sonnabend
Sunday	der Sonntag
January	der Januar
February	der Februar
March	der März
April	der April
May	der Mai
June	der Juni
July	der Juli
August	der August
September	der September
October	der Oktober
November	der November
December	der Dezember

20 Expressions of time

at Christmas	(zu) Weihnachten
over Easter	über Ostern
in January	im Januar
in the summer	im Sommer
in the summer holidays	in den Sommerferien
this week/month	diese Woche /diesen Monat
last week	letzte Woche
next week	nächste Woche
a week ago	vor einer Woche
at the weekend	am Wochenende
40 hours a week	40 Wochenstunden/Stunden in der Woche
today	heute
now	jetzt
tomorrow	morgen
yesterday	gestern
every day	jeden Tag
every year	jedes Jahr
always	immer
often	oft
never	nie
sometimes	manchmal
seldom	selten
once a day	einmal am/pro Tag
once a week	einmal /in der Woche
twice a month/year	zweimal im Monat/Jahr

Glossary

Irregular verbs are indicated by *

A

ab *from*

der Abend(-e) *evening*

abends *in the evening*

guten Abend *good evening*

heute abend *this evening*

das Abendbrot(-e) *evening meal*

das Abendgymnasium (Abendgymnasien) *evening classes, adult education college*

die Abendschule(-n) *evening classes, adult education college*

aber *but*

die Abfahrt(-en) *departure*

der Abfahrtslauf (Abfahrtsläufe) *downhill racing*

der Abflug (Abflüge) *departure (by air)*

abheben (sep.) *to withdraw (money)*

abholen (sep.) *to collect, pick up*

das Abitur(-e) *school-leaving examination*

ablehnen (sep.) *to reject*

abnehmen (sep.) *to lose weight*

die Abreise(-n) *departure*

abstellen (sep.) *turn off*

die Abteilung(-en) *department*

abwaschen (sep.) *to wash up*

ach je! *oh dear!*

ach so! *oh, I see!*

achten (auf etwas) *to pay attention (to)*

ADAC *motorists' organisation*

die Adresse(-n) *address*

der Advent (sing.) *Advent*

die Adventszeit (sing.) *Advent*

die Akte(-n) *file*

der Aktivität(-en) *activity*

aktuell *topical*

akzeptieren *to accept*

der Alkohol(-e) *alcohol*

allein(-e) *alone*

alleinerziehend *single working (parent)*

allerdings *however, to be sure*

die Allergie(-n) *allergy*

alles *everything, all*

alles Gute *all the best*

allgemein *ordinary*

der Alltag (sing.) *everyday life*

die Alpen *the Alps*

als *than*

also *so*

alt, älter, ältest... *old*

das Alter(-) *age*

der Altglas-Container(-) *bottle bank*

der Altkleider-Container(-) *container for old clothes*

das Altpapier (sing.) *used paper*

der Altpapier-Container *paper bank*

die Altstadt (Altstädte) *old part of the city*

ambulant *out-patient*

der Amerikaner(-) *American (man)*

die Amerikanerin(-nen) *American (woman)*

die Amerikanistik (sing.) *American studies*

die Ampel(-n) *traffic lights*

an *at; on*

die Ananas(-) *pineapple*

anbauen (sep.) *to cultivate, grow*

anbieten (sep.) *to offer*

ander(-er, -e, -es) *other*

der Anfang (Anfänge) *beginning*

am Anfang *at first*

anfangen (sep.) *to begin*

der Anfängerkurs(-e) *beginner's course*

das Angebot(-e) *offer*

im Angebot *on special offer*

angenehm *pleasant; pleased to meet you*

angeworben (see anwerben)

die Anglistik (sing.) *English (studies)*

die Angst (Ängste) *fear*

ich habe Angst *I am afraid, scared*

ankommen (sep.) *to arrive*

die Ankunft (Ankünfte) *arrival*

anmachen (sep.) *to switch on*

anregend *exciting*

der Anruf(-e) *telephone call*

der Anrufbeantworter(-) *answering machine*

anrufen (sep.) *to telephone, ring up*

anschauen (sep.) *to look at*

im Anschluß daran *afterwards*

die Anschrift(-en) *address*

das Ansehen (sing.) *reputation*

(sich) ansehen *to have a look at*

anstrengend *exhausting*

der Anteil(-e) *share, proportion*

die Antwort(-en) *answer*

um Antwort wird gebeten (u.A.w.g.) *R.S.V.P.*

anwerben* *to recruit*

die Anwerbung(-en) *recruitment*

die Anzeige(-n) *report (to the police)*

der　Anzug (Anzüge) *suit*
das　Apartment(-s) *studio flat*
der　Apfel (Äpfel) *apple*
das　Apfelmus(-e) *apple sauce*
die　Apfelsine(-n) *orange*
die　Apfelstreuseltorte(-n) *apple crumble /gateau*
die　Apfeltorte(-n) *apple cake*
der　Apparat(-e) *telephone (or other appliance)*
　　am Apparat *speaking*
der　Appetit(-e) *appetite*
　　Guten Appetit! *Enjoy your meal!*
　　April *April*
die　Arbeit(-en) *work*
　　arbeiten *to work*
der　Arbeitskraft (Arbeitskräfte) *worker*
　　arbeitslos *unemployed*
der　Arbeitsmarkt (Arbeitsmärkte) *job market*
der　Arbeitsmöglichkeit(-en) *employment opportunity*
der　Arbeitsplatz (Arbeitsplätze) *place of work (desk)*
der　Arbeitstag (-e) *working day*
die　Arbeitszeit (sing.) *working hours*
das　Arbeitszimmer(-) *study*
der　Architekt(-en) *architect (man)*
die　Architektin(-nen) *architect (woman)*
der　Arm (-e) *arm*
das　Armband (Armbänder) *bracelet*
die　Armee(-n) *army*
der　Ärmel(-) *sleeve*
　　arrogant *arrogant*
der　Arzt (Ärzte) *doctor*
　　praktischer Arzt *general practitioner*
die　Arzthelferin(-nen) *receptionist, doctor's or
　　　dentist's assistant (woman)*
der　Assistent(-en) *assistant*
der　Asylant(-en) *asylum-seeker*
　　(auf)atmen *to breathe (a sigh of relief)*
die　Attraktion(-en) *attraction*
　　auch *also, too*
　　auf *on; in*
　　Auf Wiederhören *goodbye (on telephone)*
　　Auf Wiedersehen *goodbye*
die　Aufbaustufe(-n) *threshold level*
der　Aufenthalt(-e) *stay*
　　aufhören (sep.) *to stop*
　　aufstehen (sep.) *to get up*
　　aufwachsen (sep.) *to grow up*
der　Aufzug (Aufzüge) *lift*
das　Auge(-n) *eye*
　　aus *from; out of*
die　Aus- und Fortbildung(-en) *further education*
die　Ausbildung(-en) *education, training*
die　Ausdauer (sing.) *stamina*
　　ausdauerorientierte Aktivitäten *activity oriented
　　　towards stamina*
　　ausdrucken (sep.) *to print out*
die　Ausfahrt(-en) *exit*

　　ausfüllen (sep.) *to fill in*
der　Ausgang (Ausgänge) *exit*
　　ausgeben (sep.) *to spend*
　　ausgewogen *balanced*
das　Ausland (sing.) *abroad, foreign countries*
der　Ausländer(-) *foreigner*
　　ausländisch *foreign*
der　Auslandsschalter(-) *foreign exchange desk*
　　ausleihen* *to borrow*
　　ausrichten *to pass on (a message)*
　　ausschließlich *exclusively, entirely*
der　Ausschnitt(-e) *neckline*
　　aussehen (sep.) *to look (like)*
　　außerdem *as well, besides*
der　Aussicht(-en) *prospect*
der　Aussiedler(-) *resettler*
　　aussteigen (sep.) *to get out (of bus, etc.)*
　　aussterben *to become extinct*
　　Australien *Australia*
der　Austrálier(-) *Australian (man)*
die　Australierin(-nen) *Australian (woman)*
der　Ausverkauf (Ausverkäufe) *(clearance) sale*
der　Ausweis(-e) *company pass, identity card*
　　(sich) ausweisen (sep.) *to identify oneself*
das　Auto(-s) *car*
die　Autobahn(-en) *motorway*
der　Autofahrer(-) *driver*
der　Automat(-en) *vending machine; cash dispenser*
die　Autowerkstatt (Autowerkstätte) *garage*

B

　　backen *to bake*
die　Bäckerei(-en) *bakery*
die　Backstube(-n) *bakery*
das　Bad (Bäder) *bath, bathroom*
das　Badezimmer(-) *bathroom*
der　Bahnfreund(-e) *railway enthusiast*
der　Bahnhof (Bahnhöfe) *railway station*
der　Bahnsteig(-e) *(station) platform*
　　bald *soon*
　　baldmöglichst *as soon as possible*
der　Balkon(-e) *balcony*
die　Banane(-n) *banana*
die　Bank(-en) *bank*
die　Bankangestellte(-n) *bank employee (woman)*
die　Bankleitzahl(-en) (BLZ) *sorting code*
die　Bar(-s) *bar*
　　bar *cash*
der　Bär(-en) *bear*
das　Bargeld (sing.) *cash*
　　bargeldlos *without using cash*
der　Bart (Bärte) *beard*
die　Batterie(-n) *battery*
der　Bauch (Bäuche) *stomach*
　　bauen *to build*

der Bauernhof (Bauernhöfe) *farm*
bearbeiten *to treat*
bedeuten *to mean*
die Bedienung (sing.) *service*
(sich) befinden* *to be (found) (at)*
begeisternd *exhilarating*
beginnen* *to begin*
begrüßen *to welcome*
der Begründer(-) *founder*
die Begrüßung(-en) *welcome*
der Behälter(-) *container*
die Behandlung(-en) *treatment*
der Behandler(-) *doctor*
bei *at; near; by; with*
bei Ihnen *at your house*
beide *both*
beige *beige*
die Beilage(-n) *side dish*
das Bein(-e) *leg*
bekommen* *to get; to agree with*
mir is etwas nicht bekommen *something (I ate)*
   didn't agree with me
beliebt *favourite; popular*
am beliebtesten *the most popular*
das Benzin (sing.) *petrol*
bequem *comfortable, convenient*
der Berg(-e) *mountain*
der Beruf(-e) *profession*
was sind Sie von Beruf? *what do you do (for a*
living)?
die Berufsausbildung(-en) *vocational training*
abgeschlossene Berufsausbildung
completedvocational qualification
die Berufserfahrung(-en) *work experience*
die Berufsschule(-n) *vocational school*
berufstätig *working*
die Bescherung(-en) *giving of Christmas presents*
(sich) beschweren *to complain*
die Besichtigung(-en) *visit*
besonders *particularly*
die Besprechung(-en) *meeting*
besser *better*
best(-er, -e, -es) *best*
wie komme ich am besten zu...? *what's the best*
   way to...?
bestätigen *to confirm*
bestehen* *to exist, consist, be made of*
bestellen *to order*
bestimmt *certain*
bestünde (*see* bestehen)
der Besuch(-e) *visit*
besuchen *to visit*
der Besucher(-) *visitor (man)*
die Besucherin(-nen) *visitor (woman)*
der Betrag (Beträge) *amount*

betreiben* *to do, go in for*
der Betrieb(-e) *firm, factory, business*
die Betriebswirtschaft (sing.) *business studies*
das Bett(-en) *bed*
der Bevölkerung(-en) *population*
bevorzugt *preferred*
bewegen *to move*
die Bewegung(-en) *exercise, movement*
(sich) bewerben* *to apply for a job*
die Bewerbung(-en) *application*
bewußt *carefully, sensibly*
bezahlen *to pay*
die Bibel(-) *bible*
die Bibliothek(-e) *library*
das Bier(-e) *beer*
billig *inexpensive, cheap*
bin *am* (*see* sein)
der Bioladen (Bioläden) *health food store*
die Biotonne(-n) *biological bin*
das Biotop(-e) *biotope*
die Birne(-n) *pear*
bis *from; until; by*
ein bißchen *a little*
die Bitte(-n) *request*
bitte, bitte schön *please*
wie bitte? *pardon?*
blau *blue*
bleiben* *to stay*
bleifrei *unleaded*
blond *blond*
die Blume(-n) *flower*
der Blumenstrauß (Blumensträuße) *bunch of flowers*
borgen *to borrow*
böse *angry, annoyed*
braten* *to fry*
brauchen *to need*
braun *brown*
breit *wide*
brennen* *to burn*
der Brief(-e) *letter*
die Briefmarke(-n) *postage stamp*
die Brille(-n) *glasses*
bringen* *to bring*
die Brosche(-n) *brooch*
das Brot(-) *bread*
das Brötchen(-) *(bread) roll*
der Bruder (Brüder) *brother*
das Buch (Bücher) *book*
buchen *to book*
buchstabieren *to spell*
das Buchwesen (sing.) *book trade*
bügeln *to do the ironing*
der Bundesbürger(-) *citizen of the Federal Republic*
Bundesland (Bundesländer) *federal state*

die   Bundesrepublik Deutschland *Federal Republic of Germany*
der   Bürger(-) *citizen*
      Bürger zweiter Klasse *second-class citizen*
das   Büro(-s) *office*
der   Bus(-se) *bus*
die   Butter (sing.) *butter*

C

das   Café(-s) *café*
der   Camcorder(-) *camcorder*
der   Campingplatz (Campingplätze) *campsite*
die   CD-Platte(-n) *CD (compact disc)*
der   Chef(-s) *boss (man)*
die   Chefin(-nen) *boss (woman)*
die   Collage(-n) *collage*
der   Computer(-) *computer*
die   Currywurst (Currywürste) *curry sausage*
die   Cutterin(-nen) *(film etc.) editor*

D

      da *there; here*
      dafür *for this*
      dahin *(to) there*
die   Damenbekleidung (sing.) *ladies' (clothing) department*
      danach *after that*
      danke, danke schön *thank you*
      dann *then*
      das *the; that*
      das wär's *that's all*
      daß *that*
das   Datum (Daten) *date*
      davon *from there; out of these*
      dazukommen *to come in addition*
die   DDR *GDR*
die   Demonstration(-en) *demonstration*
      denken* *to think*
      denn *for; then*
      der *the; he*
      deshalb *for that reason, that's why*
die   Deutsche Demokratische Republik (DDR) *German Democratic Republic*
der   Deutsche(-n) *German (man)*
      Deutschland *Germany*
die   Diabetikerin(-nen) *diabetic (woman)*
      dich *you (informal)*
      dick *fat, big*
die   die   *the*
die   Dienstreise(-n) *business trip*
      diese *these*
das   Ding(-e) *thing*
der   Dom(-e) *cathedral*
das   Doppelhaus (Doppelhäuser) *semi-detached house*

das   Doppelzimmer(-) *double room*
das   Dorf (Dörfer) *village*
      dort *there*
      dort drüben *over there*
      dreimal *three times*
      dreimal die Woche *three times a week*
      dringend *urgent*
      dritte(-r, -s) *third*
das   Drittel(-) *one third*
die   Droge(-n) *drug*
der   Drogenhandel (sing.) *drug dealing*
      (ich) drücke dir/Ihnen die Daumen *I'll keep my fingers crossed for you*
      drucken *to print*
      du *you (informal)*
      dual *dual*
      dunkelblau *dark blue*
      durch *by, through*
      dürfen* *to be allowed; may (modal verb)*
      was darf es sein? *what would you like?*
die   Dusche(-n) *shower*
      duzen *to call `du'*

E

      ebenso *as well*
die   EC-Karte(-n) *Eurocheque card*
die   Ecke(-n) *corner*
      egoistisch *egotistic*
die   Ehe(-n) *marriage*
      ehemalig *former*
das   Ei(-er) *egg*
      eigen *own*
die   Eile (sing.) *hurry*
      in Eile sein *to be in a hurry*
      ein(-e) *a*
      ein bißchen *a little*
die   Einbahnstraße(-n) *one-way street*
      einbehalten (sep.) *retain*
der   Eindruck (Eindrücke) *impression*
      einfach *single (ticket); simple, simply*
das   Einfamilienhaus (Einfamilienhäuser) *detached house*
      einführen (sep.) *to insert*
die   Einführung(-en) *introduction*
      eingeben* *to enter, type in*
die   Einheit(-en) *unity*
      Tag der deutschen Einheit *day of German unity*
      einige *some*
der   Einkauf (Einkäufe) *purchase(s)*
      einkaufen (gehen) *(to go) shopping*
der   Einklang (sing.) *harmony*
      einladen (sep.) *to invite*
die   Einladung(-en) *invitation*
      einlaufen (sep.) *to shrink*
      einmal (mal) *once; just*

ich schau mal nach *I'll just check*
einreiben* *to rub in*
einschließen (sep.) *to include*
einsparen (sep.) *to save*
einst *once*
von einst *old, former*
einsteigen (sep.) *to get on (a bus, etc.)*
einverstanden *in agreement; OK*
ich bin einverstanden *I agree*
das Einzelzimmer(-) *single room*
die Elektroabteilung(-en) *electrical department*
der Elektroartikel(-) *electrical goods*
die Eltern (pl.) *parents*
empfehlen* *recommend*
das Ende(-n) *end*
der Endlauf (Endläufe) *final*
der Engländer(-) *Englishman*
die Engländerin(-nen) *Englishwoman*
Englisch *English*
das Enkelkind(-er) *grandchild*
die Enkeltochter(-) *granddaughter*
entlang *along*
entnehmen* *to take out*
entschuldigen *to excuse*
entschuldigen Sie *excuse me*
enttäuscht *disappointed*
entweder... oder *either... or*
entwerten *to stamp (cancel)*
der Entwerter(-) *ticket-cancelling machine*
er *he*
die Erde(-n) *earth*
das Erdgeschoß (Erdgeschosse) *ground floor*
die Erfahrung(-en) *experience*
die Erholung(-en) *rest and relaxation, relaxing holiday*
(sich) erkälten *to catch (a) cold*
die Erkältung(-en) *cold*
erledigen *to deal with*
ernähren *to feed*
eröffnen *to open (an account)*
erreichbar *available*
erreichen *to reach*
erst *first, only, not until*
erste(-r, -s) *first*
zum ersten Mal *for the first time*
die Erwachsenenbildung (sing.) *adult education*
erzählen *to tell*
es *it*
essen* *to eat*
das Essen(-) *meal*
das Eßzimmer(-) *dining room*
die Etage(-n) *floor, storey*
etwa *about*
etwas *something; a little*
Europa *Europe*
das Examen(-) *examination*

existieren *to exist*
experimentell *experimental*
der Exportleiter(-) *export manager (man)*
die Exportleiterin(-nen) *export manager (woman)*

F

die Fabrik(-en) *factory*
die Fachschule(-n) *technical college*
das Fachwerkhaus (Fachwerkhäuser) *timber-framed house*
der Fahrausweis(-e) *ticket*
fahren* *to go; drive*
in die Stadt fahren *to go into town*
die Fahrkarte(-n) *ticket*
der Fahrkartenschalter(-) *ticket desk, counter*
der Fahrplan (Fahrpläne) *timetable*
das Fahrrad (Fahrräder) *bicycle*
der Fahrradverleih (sing.) *renting a bicycle*
die Fahrt(-en) *journey*
die Fahrzeit(-en) *travelling time*
der Fall (Fälle) *case*
auf keinen Fall *in no circumstances*
falls *if*
falsch *wrong*
die Familie(-n) *family*
das Familienfest(-e) *family party*
fand (*see* finden)
die Farbe(-n) *colour*
der Fasching (sing.) *(pre-Lent) carnival*
fast *nearly*
faszinierend *fascinating*
das Fax(-e) *fax*
die Faxnummer(-n) *fax number*
Februar *February*
fehlen *to be missing; to be wrong (with someone)*
was fehlt Ihnen? *what's wrong?*
der Feierabend(-e) *finishing time (at work), leisure time*
feiern *to celebrate*
der Feiertag(-e) *holiday*
fein *fine*
die Feinoptik (sing.) *precision optical instruments*
die Ferien *holiday(s)*
das Ferienapartment(-s) *holiday apartment*
das Feriengebiet(-e) *holiday resort*
die Ferienhausvermietung(-en) *holiday homes (self-catering)*
fernsehen* *to watch television*
das Fernsehen (sing.) *television*
der Fernsprecher(-) *telephone*
fertig *ready; finished*
das Fest(-e) *festival, celebration*
festhalten (sep.) *to capture*
das Feuerwerk (sing.) *firework display*

das   Fieber(-) *temperature*
       fiebersenkend *fever-reducing*
der   Film(-e) *film*
die   Filmwissenschaft (sing.) *media studies*
       finanziell *financial*
       in finanzieller Hinsicht *financially*
       finden* *to find*
       wo finde ich...? *where can I find...?*
der   Finger(-) *finger*
der   Fisch(-e) *fish*
       fit *fit*
       sich fit zu halten *to keep fit*
das   Fitnesscenter(-) *fitness centre*
die   Flasche(-n) *bottle*
das   Fleisch (sing.) *meat*
der   Fleischstand (Fleischstände) *meat counter*
die   Fleischwaren (pl.) *meat products*
       fleißig *hardworking*
       fliegen* *to fly*
der   Flug (Flüge) *flight*
der   Fluß (Flüsse) *river*
der   Flußlauf (Flußläufe) *course of a river*
       folgen *to follow*
das   Fondue(-s) *fondu*
das   Formular(-e) *form*
       fortziehen (sep.) *to move away*
das   Foto(-s) *photos*
der   Fotoapparat(-e) *camera*
die   Frage(-n) *question*
       fragen *to ask*
der   Franken(-) *Swiss franc*
       Frankreich *France*
       Französisch *French*
die   Frau(-en) *woman; wife*
       zweite Frau *second wife*
       Frau *Mrs*
die   Frauenärztin(-nen) *gynaecologist (woman)*
       frei *free; available*
die   Freizeit (sing.) *spare time*
das   Fremdenverkehrsbüro(-s) *tourist information office*
       (sich) freuen *to be pleased, look forward*
       freut mich *pleased to meet you*
der   Freund(-e) *friend (man)*
die   Freundin(-nen) *friend (woman), girlfriend*
       freundlich *friendly*
       frisch *fresh*
der   Friseur(-e) *hairdresser*
       froh *happy*
       früh *early*
       früher *earlier, before; former*
der   Frühling(-e) *spring*
der   Frühschoppen(-) *morning drink*
das   Frühstück(-e) *breakfast*
       fühlen *to feel*
       funktionieren *to work*

       für *for*
       furchtbar *terrible*
der   Fuß (Füße) *foot*
       zu Fuß *on foot*
der   Fußball (Fußbälle) *football*

G

der   Gang (Gänge) *corridor*
die   Gans (Gänse) *goose*
       ganz *quite; whole*
       gar nicht *not at all*
der   Garten (Gärten) *garden*
der   Gartenabfall-Container(-) *garden waste bin*
der   Gastarbeiter(-) *guest worker*
das   Gästezimmer(-) *guest room*
der   Gasthof (Gasthöfe) *inn*
       geben* *to give*
       es gibt keinen Zuschlag *there is no supplement*
       geboren *born*
das   Geburtsdatum (Geburtsdaten) *date of birth*
der   Geburtsort(-e) *place of birth*
der   Geburtstag(-e) *birthday*
       gedruckt *(see drucken)*
       geehrt *honoured*
       Sehr geehrte Damen und Herren *Dear Sir or Madam*
       gefallen* *to please*
       die gefällt mir besser *I prefer it*
       hat es Ihnen gefallen? *did you like it?*
der   Gefallen(-) *favour*
       tun Sie mir einen Gefallen? *can you do me a favour?*
das   Gefühl(-e) *feeling*
       gegen *against*
das   Gehalt (Gehälter) *salary*
das   Geheimnis(-se) *secret*
die   Geheimzahl(-en) *personal number*
       gehen* *to go*
       es geht um... *it concerns...*
       (sich) gehen lassen *to let oneself go*
       wie geht es Ihnen? wie geht's? *how are you?*
       gehören *to belong*
       gelb *yellow*
das   Geld(-er) *money*
der   Geldautomat(-en) *cash dispenser*
der   Geldbetrag (Geldbeträge) *(sum of) money*
       gemahlen *(see mahlen)*
       gemeinsam *together*
       gemischt *mixed*
das   Gemüse (sing.) *vegetables*
       gemütlich *cosy*
       genau *exactly*
       genießen* *to enjoy*

genug *enough*
gerade *just (now)*
geradeaus *straight on*
das Gericht(-e) *dish*
der Gerichtsvollzieher(-) *bailiff*
gerieben (*see* reiben)
gering *small*
der Germanist(-en) *German specialist*
die Germanistik (sing.) *German (studies)*
gern(e) *willingly; you are welcome*
ich hätte gern(e) *I would like*
ich spiele gern Tennis *I like playing tennis*
das Geschäft *shop, business*
der Geschäftsführer(-) *managing director (man)*
die Geschäftsführerin(-nen) *managing director (woman)*
die Geschäftsreise(-n) *business trip*
das Geschenk(-e) *present*
die Geschichte(-n) *history; story*
geschieden *divorced*
geschlossen (*see* schließen)
die Geschwister *brothers and sisters*
das Gesetz(-e) *law*
gestern *yesterday*
gestern abend *yesterday evening*
gestiegen (*see* steigen)
gesund *healthy*
die Gesundheit (sing.) *health*
gewinnen* *to win*
gewußt (*see* wissen)
das Gewürz (Gewürze) *spices*
gibt (*see* geben)
das Glas (Gläser) *glass*
das Glasfenster(-) *stained glass window*
die Glatze(-n) *bald head*
glauben *to think, believe*
gleich *immediately, straight away; like; same*
gleich links *immediately on the left*
das Gleis(-e) *(station) platform*
die Gleitzeit (sing.) *flexitime*
das Glück(-(e)s) *luck, happiness*
viel Glück! *good luck!*
glücklich *happy*
der Glückwunsch (Glückwünsche) *congratulations*
der Glühwein(-e) *mulled wine*
das Gold (sing.) *gold*
gotisch *Gothic*
die Grafikabteilung(-en) *graphic design department*
der Grafiker(-) *graphic designer*
das Gramm(-e) *gramme*
gratulieren *to congratulate*
grau *grey*
der Grieche(-n) *Greek (man)*
die Grippe(-n) *flu*
der Groschen(-) *Groschen*

groß, größer, größt... *big, tall*
groß werden *to grow up*
Großbritannien *Great Britain*
die Größe(-n) *size*
die Großmutter (Großmütter) *grandmother*
der Großraum (Großräume) *area*
der Großvater (Großväter) *grandfather*
grün *green*
der Grund (Gründe) *reason*
der Gruß (Grüße) *greetings*
liebe Grüße *with best wishes*
mit freundlichen Grüßen *yours sincerely*
mit herzlichen Grüßen *with best wishes*
(an)gucken (sep.) *to look; watch (informal)*
günstig *favourable, reasonable*
ein günstiges Angebot *bargain*
die Gurke(-n) *cucumber*
gut, besser, best... *good; well; nice*
mir geht es (nicht) gut *I am (not) well*
der Gutschein(-e) *credit voucher*
das Gymnasium (Gymnasien) *grammar school*
die Gymnastik (sing.) *exercises, gymnastics*

H

das Haar(-e) *hair*
die Haare schneiden lassen *to get one's hair cut*
haben* *to have*
hast du Lust...? *do you feel like...*
ich hätte gerne *I would like*
Spaß haben *to have fun, enjoy oneself*
das Hackfleisch (sing.) *minced meat*
das Hähnchen(-) *chicken*
halb *half*
halb so schlimm *it's not so bad*
halb zehn *half-past nine*
der Halbbruder(-) *half-brother*
die Halbpension(-en) *half board*
die Halbschwester(-n) *half-sister*
hallo *hello*
der Hals (Hälse) *neck*
(sich) halten *to keep, stay*
das Handtuch (Handtücher) *towel*
das Handwerk (sing.) *craft(s)*
häufig *often*
der Hauptbahnhof (Hauptbahnhöfe) *main (railway) station*
das Hauptfach (Hauptfächer) *main subject(s)*
die Hauptschule(-n) *secondary school*
der Hauptschüler(-) *secondary pupil*
die Hauptstadt (Hauptstädte) *capital*
das Haus (Häuser) *house*
nach Hause gehen, fahren, kommen *to go/come home*

zu Hause *at home*
die Hausfrau(-en) *housewife*
der Haushalt (-e) *household; housework*
die Haushaltswarenabteilung(-en) *household goods department*
der Hausmeister(-) *caretaker*
der Heiligabend(-e) *Christmas Eve*
heiraten *to get married, marry*
heiß *hot*
mir ist heiß *I feel hot*
heißen* *to be called; to mean*
wie heißen Sie? *what is your name?*
die Heizung(-en) *heating*
hektisch *hectic*
helfen* *to help*
hellblau *light blue*
das Hemd(-en) *shirt*
der Herbst(-e) *autumn*
der Herr(-en) *gentleman; lord*
Herr *Mr*
die Herrenbekleidung (sing.) *men's (clothing) department*
herstellen (sep.) *to produce*
herzlich *hearty, sincere*
heute *today*
hier *here*
hierher *(to) here*
hiervon *of these*
die Himbeertorte(-n) *raspberry cake/gateau*
Himmelfahrt *Ascension Day*
hinfahren* (sep.) *to go there*
hinkommen* (sep.) *to get there*
hinten *behind*
hinterlassen *leave (a message)*
historisch *historic*
das Hobby(-s) *hobby*
hoch, höher, höchst... *high*
hochachtungsvoll *yours faithfully*
die Hochsaison(-s) *peak season*
die Hochzeit(-en) *wedding*
die Hochzeitsfeier(-n) *wedding reception*
der Hochzeitskuchen(-) *wedding cake*
holen *to collect, fetch*
Holland *Holland*
hören *to hear; listen to*
die Hose(-n) *(pair of) trousers*
das Hotel(-s) *hotel*
hübsch *pretty*
das Huhn (Hühner) *chicken*
humpeln *to limp*
das Hundefutter (sing.) *dog food*
der Husten(-) *cough*
husten *to cough*

I

ich *I*
ignorieren *to ignore*
Ihnen *(to) you*
Ihr *your (formal)*
immer *always, ever*
immer billiger *cheaper and cheaper*
in *in; to*
der Ingenieur(-e) *(qualified) engineer (man)*
die Ingenieurin(-nen) *(qualified) engineer (woman)*
die Innenstadt (Innenstädte) *city centre*
die Insektenstich(-e) *insect bite*
die Insel(-n) *island*
insgesamt *in total*
interessant *interesting*
interessieren *to interest*
sich interessieren *to be interested*
international *international*
das Interview(-s) *interview*
die Iranerin(-nen) *Iranian (woman)*
der Ire(-n) *Irishman*
die Irin(-nen) *Irishwoman*
der Irre(-n) *madman*
ißt (*see* essen)
ist *is* (*see* sein)
der Italiener(-) *Italian (man)*
Italienisch *Italian*

J

ja *yes; after all*
ich war ja Grafiker *after all, I was a graphic designer*
die Jacke(-n) *jacket*
das Jahr(-e) *year*
die Jahreszeit(-en) *season*
jeder(-e, -es) *every*
jemand *someone*
jetzt *now*
der Job(-s) *job*
joggen *to jog*
der Jogurt *yoghurt*
der Journalist(-en) *journalist (man)*
die Journalistin(-nen) *journalist (woman)*
jucken *to itch*
der Juckreiz(-e) *itching*
der Jude(-n) *Jew*
der Jugendliche(-n) *youth, young person*
der Jugoslawe(-n) *Yugoslav (man)*
Jugoslawien *Yugoslavia*
jung *young*
Juni *June*
die Jura (sing.) *law studies*

K

der   Kaffee(-s) *coffee*
kalt *cold*
mir ist kalt *I feel cold*
die   Kamera(-s) *camera*
kann *can, is able* (see können)
das   Kännchen *small pot*
die   Kantine(-n) *canteen*
der   Kanton(-e) *canton*
der   Karneval(-e) *carnival*
der   Karpfen(-) *carp*
die   Karte(-n) *card, ticket*
die   Kartoffel(-n) *potato*
der   Käse (-) *cheese*
der   Käsekuchen(-) *cheesecake*
die   Kasse(-n) *cash desk*
der   Kassenbon(-s) *receipt, sales slip*
der   Katalysator(-en) *catalyser*
die   Katastrophe(-n) *catastrophe*
der   Kater(-) *tomcat; hangover*
kaufen *to buy*
der   Käufer(-) *shopper (man)*
das   Kaufhaus (Kaufhäuser) *department store*
kaum *barely, hardly*
kein *no*
keinen Zucker *no sugar*
das   Kellergeschoß (Kellergeschosse) *basement, cellar*
der   Kellner(-) *waiter*
kennenlernen *to get to know*
der   Kerzenständer(-) *candle holder*
das   Kilo(-s) *kilo*
der   Kilometer(-) *kilometre*
das   Kind(-er) *child*
die   Kinderärztin(-nen) *paediatrician (woman)*
der   Kindergarten (Kindergärten) *kindergarten, nursery school*
die   Kinderkrippe(-n) *day care centre*
der   Kiosk(-e) *kiosk*
die   Kirche(-n) *church*
klar *clear*
alles klar *OK*
die   Klasse(-n) *class, grade*
klassisch *classical*
das   Kleid (Kleider) *dress, clothes*
klein *little, small*
die   Kleinigkeit(-en) *small thing; minor point; nothing*
das   Klima(-s) *climate*
der   Klub(-s) *club*
die   Kneipe(-n) *pub, restaurant*
kochen *to cook*
der   Kollege (n) *colleague (man)*
die   Kollegin(-nen) *colleague (woman)*
Köln *Cologne*

kommen* *to come*
er kam gelaufen *he came running*
kommt noch etwas dazu? *anything else?*
komm(t) rein *come in*
mitkommen *to come along*
wie komme ich zu... ? *how do I get to... ?*
der   Kommissar(-e) *police inspector*
das   Kompliment(-e) *compliment*
Kompliment zu... *congratulations on...*
die   Konferenz(-en) *conference, meeting*
der   König(-e) *king*
die   Königin(-nen) *queen*
können* *to be able, can (modal verb)*
der   Konsum (sing.) *consumerism*
der   Kontinent(-e) *continent*
das   Konto (Konten, Konti) *(bank) account*
die   Kontrolle(-n) *check*
die   Kontrolluntersuchung(-en) *(medical) check-up*
der   Kopf (Köpfe) *head*
Kopfschmerzen *headache*
die   Körnersachen (pl.) *grain products*
kosten *to cost; taste*
das   Kostüm(-e) *costume*
krank *ill*
das   Krankenhaus (Krankenhäuser) *hospital*
die   Krankenschwester(-n) *nurse*
die   Krankheit(-en) *illness*
die   Krawatte(-n) *tie*
die   Kreditkarte(-n) *credit card*
der   Krieg(-e) *war*
die   Küche(-n) *kitchen*
der   Kuchen(-) *cake*
die   Küchenabfall(Küchenabfälle) *kitchen waste*
die   Kuh (Kühe) *cow*
(sich) kümmern um *to look after*
der   Kunde(-n) *customer*
die   Kunstakademie(-n) *art college*
der   Kunststoff(-e) *synthetic materials*
die   Kur(-en) *(health) cure*
der   Kurs(-e) *exchange rate; course*
kurz *short; for a short time*
der   Kuß (Küsse) *kiss*
die   Küste(-n) *coast*

L

lachen *to laugh*
das   Ladenschlußgesetz(-e) *shop closing hours' act*
lag (*see* liegen)
das   Land (Länder) *land; country; (federal) state*
auf dem Land *in the country*
die   Landeshauptstadt (Landeshauptstädte) *capital*
die   Landschaft(-en) *landscape; countryside*
lang *long*

lange *long*
der Langlauf (Langläufe) *cross-country skiing*
langsam *slow; slowly*
langweilig *boring*
der Lauf (Läufe) *course; race*
im Laufe der Zeit *in the course of time*
laufen* *to run*
im Leerlauf laufen *to idle the engine*
das Leben(-) *life*
die Lebensmittel (pl.) *food*
der Lebkuchen(-) *gingerbread*
lecker *delicious*
(sich) legen *to lie (down)*
das Lehramt (sing.) *teaching profession*
die Lehre (sing.) *apprenticeship*
der Lehrer(-) *teacher (man)*
die Lehrerin(-nen) *teacher (woman)*
der Lehrling(-e) *apprentice*
die Leichtathletik (sing.) *athletics*
leid, es tut mir *I'm sorry, it upsets me*
leider *I'm afraid, unfortunately*
leistungssportmäßig *competitively*
die Leitung(-en) *(telephone) line*
lernen *to learn; study*
lesen* *to read*
letzte(-r, -s) *last*
die Leute *people*
lieb *dear; kind*
lieben *to love*
lieber *rather*
ich höre lieber Popmusik *I prefer listening to pop music*
Liebste(r) *sweetheart*
liefern *to deliver*
liegen* *to lie, be situated*
die Liegewiese(-n) *sunbathing lawn*
links *(on the) left*
die Liste(-n) *list*
der Liter(-) *litre*
der LKW(-s) *heavy goods vehicle (lorry parking)*
lockig *curly*
der Löffel(-) *spoon*
Eßlöffel *tablespoon*
los:was ist los? *what's the matter?*
losfahren* (sep.) *to drive off*
losgehen* (sep.) *to start*
die Luft (Lüfte) *air*
die Lust (Lüste) *pleasure*
hast du Lust... ? *do you feel like... ?*
lustig *funny, lively, jolly*
lustige Leute *fun people*
Luxemburg *Luxembourg*
das Luxusgut (Luxusgüter) *luxury goods*

M

machen *to make; do*
was macht das? *how much does that come to?*
das Mädchen(-) *girl*
die Magisterarbeit(-en) *M.A. thesis*
mahlen* *to grind*
die Mahlzeit(-en) *meal*
Mahlzeit! *Enjoy your meal!*
Mai *May*
der Maifeiertag(-e) *Labour Day*
mal (*see* einmal)
das Malzbier(-e) *malt beer*
man *one*
wie macht man...? *how do you make...?*
der Manager(-) *manager (man)*
die Managerin(-nen) *manager (woman)*
manchmal *sometimes*
die Mandel(-n) *almond*
der Mann (Männer) *man; husband*
zweiter Mann *second husband*
das Männchen(-) *little man, dwarf*
die Mannschaft(-en) *team*
der Mantel *coat*
das Märchen(-) *fairy tale*
die Märchenstunde(-n) *(children's) story hour*
die Mark(-) *mark*
der Markt (Märkte) *market*
der Marktplatz (Marktplätze) *market square*
die Marmelade(-n) *jam*
der Marmorkuchen(-) *marble cake*
das Marzipan(-s) *marzipan*
materialistisch *materialistic*
die Mauer(-) *wall*
Berliner Mauer *Berlin Wall*
die Maus (Mäuse) *mouse*
die Medaille(-n) *medal*
das Medikament(-e) *medicine, medication*
das Mehl (sing.) *flour*
mehr *more*
das Mehrwegprodukt(-e) *recyclable product*
die Mehrwertsteuer (MWST) (sing.) *value-added tax (VAT)*
mein *my*
meinen *to believe, be of the opinion*
die Meinung(-en) *opinion*
ich bin der Meinung, daß... *I think (I am of the opinion) that...*
meist... *most*
meistens *usually*
(sich) melden *to answer (the telephone), report*
der Mensch(-en) *person*
menschlich *human, humane*
(sich) merken *to make a note of*

messen* *to measure*
das   Metall(-e) *metal*
mich *me*
die   Miete(-n) *rent*
mieten *to rent*
die   Mietwohnung(-en) *rented flat*
die   Milch (sing.) *milk*
mild *mild*
die   Minute(-n) *minute*
mir *(to) me*
mit *with*
kommen Sie mit? *are you coming (with me/us)?*
der   Mitarbeiter(-) *employee*
das   Mitglied(-er) *member*
mitnehmen (sep.) *to take along*
der   Mittag(-e) *midday*
(zu) Mittag essen *to have lunch*
das   Mittagessen(-) *lunch*
zum Mittagessen einladen *to invite for lunch*
die   Mittagspause(-n) *lunch break*
die   Mitte(-n) *middle*
die   Mittelstufe(-n) *intermediate level*
mitten *in the middle*
die   Mitternacht (sing.) *midnight*
der   Mitternachtsgottesdienst(-e) *midnight service*
Mittwoch *Wednesday*
das   Modell(-e) *model*
modern *modern*
mögen* *to like (modal verb)*
möchte *would like (to); should*
was für Musik magst du? *what sort of music do you like?*
die   Möglichkeit(-en) *possibility, opportunity*
möglichst *as far as possible*
das   Mohnbrötchen(-) *poppy seed roll*
der   Mohnkuchen(-) *poppy seed cake*
der   Moment(-e) *moment*
im Moment *at the moment*
der   Monat(-e) *month*
Montag *Monday*
der   Morgen(-) *morning*
guten Morgen *good morning*
morgens *in the morning*
morgen *tomorrow*
morgen früh *tomorrow morning*
das   Motorradrennen(-) *motorcycle race*
das   Müsli(-s) *muesli*
der   Müller(-) *miller*
die   Mülltonne(-n) *dustbin*
München *Munich*
die   Münze(-n) *coin*
der   Münzfernsprecher(-) *pay phone*
das   Museum (Museen) *museum*
die   Musik (sing.) *music*
das   Muskeltraining (sing.) *body building*

die   Muskulatur(-en) *muscles*
müssen* *to have to, must (modal verb)*
die   Mutter (Mütter) *mother*
die   MWST (*see* Mehrwertsteuer)
die   Mythologie(-n) *mythology*

N

na *well*
nach *after; past; to*
der   Nachbar(-n) *neighbour*
der   Nachmittag(-e) *afternoon*
nachmittags *in the afternoon*
der   Nachname(-n) *surname*
die   Nachricht(-en) *message, news*
nachschauen (sep.) *to look up, check*
nächster(-e, -es) *next*
die   Nacht (Nächte) *night*
die   Nähe (sing.) *vicinity*
in der Nähe *nearby*
der   Name(-n) *name*
wie ist Ihr Name? *what is your name?*
nanu *what's this?*
die   Nase(-n) *nose*
meine Nase läuft *my nose is running*
national *national*
die   Nationalität(-en) *nationality*
die   Nationalmannschaft(-en) *national team, crew*
natürlich *natural(ly); of course*
neben *next to*
das   Nebenfach (Nebenfächer) *subsidiary subject(s)*
der   Neffe(-n) *nephew*
negativ *negative*
nehmen* *to take*
nehmen Sie Platz *take a seat*
nein *no*
nett *nice*
sind Sie so nett... *would you mind...*
neu *new*
Neujahr (sing.) *New Year*
nicht *not*
nicht wahr? (*translation depends on context:* Sie kommen morgen, nicht wahr? *you're coming tomorrow, aren't you?*)
die   Nichte(-n) *niece*
nichts *nothing*
nie *never*
niemand *no one*
der   Nobelpreis(-e) *Nobel Prize*
noch *still*
noch einen Wunsch? *anything else?*
noch (ein)mal *again*
Norden *north*
die   Nordsee (sing.) *North Sea*

der   Norweger(-) *Norwegian (man)*
die   Norwegerin(-nen) *Norwegian (woman)*
       notieren *make a note of*
die   Notiz(-en) *note*
die   Nummer(-) *number*
       nur *only*

       ob *whether*
       oben *above*
das   Obst (sing.) *fruit*
       oder *or*
       offiziell *official*
       öffnen *to open*
die   Öffnungszeit(-en) *opening time/hours*
       oft *often*
       öfter *often*
       ohne *without*
das   Ohr(-en) *ear*
       ökologisch *ecological*
       Oktober *October*
das   Oktoberfest *Oktoberfest (Munich October festival)*
das   Öl(-e) *oil*
die   Ölfarbe(-n) *oil paint*
der   Onkel(-) *uncle*
die   Orangenmarmelade(-n) *orange marmalade*
die   Ordnung(-en) *order*
       das ist (geht) in Ordnung *that's all right*
       organisieren *to organise*
       der Ossi(-s) *East German*
       Ostberlin *East Berlin*
der   Osten (sing.) *the East*
       Ostern *Easter*
       Österreich *Austria*
       östlich *eastern*

P

das   Paket(-e) *parcel*
der   Panoramablick(-e) *panoramic view*
das   Papier(-e) *paper*
die   Parfümerie(-n) *perfumery*
der   Parmesan(-s) *Parmesan (cheese)*
der   Partner(-) *partner (man)*
die   Partnerin(-nen) *partner (woman)*
       passieren *to happen*
das   Pech *bad luck*
       so ein Pech! *what bad luck!*
die   Pension(-en) *pension, guesthouse*
die   Person(-en) *person*
die   Personalabteilung(-en) *personnel department*
die   Personalakte(-n) *personal file*
       persönlich *personal*
der   Pfennig(-e) *Pfennig*
       Pfingsten *Whitsun*

der   Pfirsich(-e) *peach*
das   Pflaster(-) *plaster*
die   Pfote(-n) *paw*
das   Pfund(-e) *pound*
die   Physik (sing.) *physics*
der   Physiker(-) *physicist*
die   Piste(-n) *piste*
der   PKW *(private) car (parking)*
das   Plastik (sing.) *plastic*
das   Plastikgeld(-er) *plastic money*
der   Platz (Plätze) *place; square*
das   Plätzchen(-) *biscuit*
       pleite *broke (informal)*
       politisch *political*
die   Politkwissenschaft (sing.) *political science*
die   Polizei (sing.) *police*
der   Polizist(-en) *policeman*
die   Polizistin(-nen) *policewoman*
die   pommes frites (pl.) *chips*
die   Popmusik (sing.) *pop music*
das   Porzellan(-e) *china, porcelain*
       positiv *positive, improved*
die   Post(sing.) *post, post office*
der   Postraum(-räume) *post room*
       praktisch *practical*
die   Praline(-n) *chocolate (sweet)*
die   Praxis (sing.) *practice, practical experience*
der   Preis(-e) *price*
       prima *great*
       privatversichert *privately insured*
       pro *per*
       pro Person *per person*
der   Pro-Kopf-Verbrauch (sing.) *consumption per head*
       probieren *to try, taste*
das   Problem(-e) *problem*
das   Produkt(-e) *product*
der   Produktionsleiter(-) *production manager (man)*
die   Produktionsleiterin(-nen) *production manager (woman)*
das   Programm(-e) *programme*
das   Projekt(-e) *project*
       Prost! *Cheers!*
das   Prozent(-e) *percent*
       pünktlich *punctual, on time*
       putzen *to clean*

Q

die   Qualität(-en) *quality*

R

die   Raclette(-s) *raclette*
       radfahren (sep.) *to cycle*
die   Radtour(-en) *bicycle ride*
der   Rappen(-) *Swiss centime*

der   Rat (sing.) *advice*

die   Rate(-n) *instalment*

auf Raten kaufen *to buy on hire purchase*

rauchen *to smoke*

der   Raum (Räume) *room*

raus *out; get out!*

die   Realschule(-n) *secondary school*

die   Rebsorte(-n) *vine*

recht *right, very*

ist das recht? *is that all right?*

rechts *(on the) right*

recyceln *to recycle*

der   Redakteur(-e) *editor*

reduzieren *to reduce*

das   Reformhaus (Reformhäuser) *health food store*

die   Regierung(-en) *government*

der   Reibekuchen(-) *potato rosti*

reiben* *grate; rub*

reich *rich*

reichen *to be enough*

der   Reifen(-) *tyre*

das   Reiseland (Reiseländer) *holiday destination*

reisen *to travel*

das   Reisezentrum (Reisezentren) *travel centre*

das   Reiseziel(-e) *holiday destination*

reiten* *to ride*

die   Relativitätstheorie(-n) *theory of relativity*

religiös *religious*

die   Rente(-n) *pension*

der   Rentner(-) *pensioner (man)*

die   Rentnerin(-nen) *pensioner (woman)*

reservieren *to reserve*

das   Restaurant(-s) *restaurant*

die   Restmülltonne(-n) *bin for non-recyclable waste*

die   Rezeption(-en) *reception (area)*

rezeptpflichtig *available only on prescription*

das   Rheinufer(-) *bank of the Rhine*

richtig *correct; true*

bin ich hier richtig? *is this right?*

rief (*see* rufen)

der   Rock (Röcke) *skirt*

die   Rolltreppe(-n) *escalator*

rot *red*

der   Rotwein(-e) *red wine*

der   Rücken(-) *back*

der   Rudersport (sing.) *rowing*

rufen* *to call, cry*

die Rufnummer(-) *telephone number*

ruhig *quiet*

Rumänien *Romania*

rund *round*

S

die   Sache(-n) *thing*

die   Sachertorte(-n) *chocolate cake*

der   Sack (Säcke) *bag*

sagen *to say*

wie gesagt *as I said*

die   Sahne (sing.) *cream*

die   Salami(-s) *salami*

der   Salat(-e) *salad*

die   Salbe(-n) *ointment*

das   Salz(-e) *salt*

die   Sammlung(-en) *collection*

Samstag *Saturday*

sauber *clean*

saubermachen *to clean*

sauer *sour; annoyed*

die   Schachtel(-n) *box*

die   Schadenfreude (sing.) *malicious pleasure*

das   Schaf(-e) *sheep*

schaffen *to manage (to do something)*

die   Schale(-n) *bowl; skin, peelings*

der   Schalter(-) *counter*

(an)schauen (sep.) *to look; watch*

der   Scheck(-s) *cheque*

die   Scheckkarte(-n) *cheque card*

die   Scheibe(-n) *slice*

(sich) scheiden *to get divorced*

schick *smart*

schicken *to send*

das   Schiff(-e) *boat, ship*

das   Schild(-er) *(road) sign*

der   Schilling(-e) *Schilling*

der   Schinken (sing.) *ham*

schlafen* *to sleep*

das   Schlafzimmer(-) *bedroom*

schlank *slim*

schlecht *bad*

mir ist schlecht *I don't feel well*

schließen* *to close*

schlimm *bad*

der   Schlips(-e) *tie*

schlucken *to swallow*

schmecken *to taste (good)*

der   Schmerz(-en) *pain*

Halsschmerzen *sore throat*

Kopfschmerzen *headache*

der   Schmuck (sing.) *jewellery*

schmutzig *dirty*

schneiden* *to cut*

schnell *fast, quickly*

die   Schnellbahnstraße(-n) *express railtrack*

der   Schnupfen(-) *(head) cold*

der   Schnurrbart (Schnurrbärte) *moustache*

die   Schokolade (-n) *chocolate*

die   Scholle(-n) *plaice*

schon *already*

	schön *beautiful; nice*
	schreiben* *to write*
	schriftlich *in writing*
der	Schuh(-e) *shoe*
die	Schule(-n) *school*
der	Schüler(-) *pupil, student*
	schützen *to protect*
	schwarz *black*
das	Schweinesteak(-s) *pork steak*
die	Schweiz *Switzerland*
die	Schweizerin(-nen) *Swiss (woman)*
der	Schweizer(-) *Swiss (man)*
	schwer *hard*
die	Schwester(-n) *sister*
der	Schwiegersohn (Schwiegersöhne) *son-in-law*
	schwierig *difficult*
	schwimmen* *to swim*
	sechspurig *six-lane*
der	See(-n) *lake*
die	Sehenswürdigkeit(-en) *sights*
	sehr *very; very much*
	sein* *to be*
	seit *since*
	seit sechs Monaten *for six months*
	seitdem *since then*
die	Sekretärin(-nen) *secretary (woman)*
der	Sekt(-e) *sparkling wine*
die	Sektbar(-s) *champagne bar*
die	Sekunde(-n) *second*
	selbst *oneself*
	selbstgemacht *home-made*
	selbsttanken (sep.) *self-service petrol*
die	Selbstverteidigung(-en) *self-defence*
das	Seminar(-e) *seminar, course*
die	Semmel(-n) *(bread) roll*
	Shorts *shorts*
	sicher *sure, certainly*
	sie *she; they*
	Sie *you (formal)*
der	Signalton (Signaltöne) *tone (on answering machine)*
der	Silvester(-) *New Year's Eve*
	sind *(see sein)*
	singen* *to sing*
	sitzen* *to sit*
die	Sitzung(-en) *meeting*
	skifahren *skiing*
der	Skisport (sing.) *skiing*
die	Socke(-n) *sock*
	sofort *straight away*
der	Sohn (Söhne) *son*
	sollen* *must (modal verb)*
der	Sommer(-) *summer*
der	Sommerschlußverkauf (Sommerschlußverkäufe) *summer sale*
das	Sonderangebot(-e) *special offer*
der	Sondertarif(-e) *special fare*
	Sonnabend *Saturday*
	(sich) sonnen *to sunbathe*
	sonnig *sunny*
	Sonntag *Sunday*
	sonst *otherwise*
	sonst noch etwas? *anything else?*
	Spanisch *Spanish*
die	Sparkasse(-n) *savings bank*
	Spaß haben* *to have fun, enjoy oneself*
	spät *late*
	wie spät ist es? *what time is it?*
	zu spät *too late*
die	Speisekarte(-n) *menu*
	sperren *to close*
	spielen *to play*
der	Spielplatz (Spielplätze) *playground*
der	Sport(sing.) *sport*
	Sport treiben *to do sport*
die	Sportabteilung(-en) *sports department*
die	Sportart(-en) *type of sport*
der	Sport artikel(-) *sports equipment*
die	Sprache(-n) *language*
die	Sprachenschule(-n) *language school*
	sprechen* *to speak*
die	Sprechstunde(-n) *surgery hours*
die	Sprechzeit(-en) *surgery hours*
der	Staat(-en) *state*
die	Stadt (Städte) *town, city*
das	Städteporträt(-s) *portrait of a town*
die	Stadtmitte(-n) *(city, town) centre*
der	Stadtplan (Stadtpläne) *(street) map*
die	Stadtsparkasse(-n) *local savings bank*
	stark *strong*
	starten *to start*
	statt *instead of*
	stattfinden (sep.) *to take place*
	staubsaugen* *to vacuum clean*
	stecken *to insert*
	stehen* *to stand*
	steigen* *to rise, go up*
die	Stelle(-n) *place; vacancy; position*
die	Steuer(-n) *tax*
der	Stiefbruder(¨) *step-brother*
die	Stiefschwester(-n) *step-sister*
der	Stock (Stöcke) *floor, storey*
der	Stoff(-e) *material*
die	Stollen(-) *German Christmas cake*
die	Straße(-n) *street, road*
die	Strecke(-n) *stretch*
der	Streckennetz(-e) *rail network*
das	Stroh (sing.) *straw*
die	Strumpfhose(-n) *tights*
das	Stück(-e) *piece*
der	Student(-en) *student (man)*

das	Studentenheim(-e)	*student hostel*
die	Studentin(-nen)	*student (woman)*
die	Studienreise(-n)	*study trip*
	studieren	*to study*
das	Studio(-s)	*studio*
das	Studium (Studien)	*(course of) study*
die	Stunde(-n)	*hour; time*
	süß	*sweet*
die	Süßigkeit(-en)	*confectionery*
	suchen	*look for, want*
der	Sucherfocus (sing.)	*viewfinder*
	Süden	*south*
die	Summe(-n)	*sum, total*
	super	*super, great (informal)*
	superbleifrei	*super unleaded*
der	Supermarkt (Supermärkte)	*supermarket*
der	Swimmingpool(-s)	*swimming pool*
das	System(-e)	*system*
die	Szene(-n)	*scene*

T

das	T-Shirt(-s)	*T-shirt*
die	Tablette(-n)	*tablet*
der	Tag(-e)	*day*
	guten Tag	*hello, good afternoon*
	jeden Tag	*every day*
	zwei Stunden am Tag	*two hours a day*
der	Tag der Deutschen Einheit	*(anniversary of) German unification*
	tagsüber	*during the day*
	tanken	*to get petrol*
die	Tankstelle(-n)	*petrol station*
die	Tante(-n)	*aunt*
	tanzen	*to dance*
die	Tasche(-n)	*bag*
die	Tasse(-n)	*cup*
die	Tastatur(-en)	*keyboard*
	tausend	*thousand*
das	Taxi(-s)	*taxi*
die	Taxizentrale(-n)	*taxi firm*
die	Technik (sing.)	*technology*
der	Tee(-s)	*tea*
	teilen	*to divide, share*
das	Telefax(-e)	*fax*
das	Telefon(-e)	*telephone*
	telefonieren	*to telephone*
die	Telefonkarte(-n)	*phone card*
die	Telefonnummer(-n)	*telephone number*
	wie ist Ihre Telefonnummer?	*what is your telephone number?*
die	Telefonzelle(-n)	*telephone box*
das	Telekom (T-Punkt)-Geschäft	*Telecom shop*
der	Teller(-)	*plate*

das	Tennis (sing.)	*tennis*
die	Tenniskleidung	*tennis clothes*
der	Tennisschläger(-)	*tennis racket*
der	Tennisschuh (-e)	*tennis shoes*
der	Termin(-e)	*appointment*
der	Terminkalender(-)	*appointments diary*
das	Testament(-e)	*testament*
	teuer	*expensive, dear*
	wie teuer sind sie?	*how much are they?*
das	Theater(-)	*theatre*
das	Thema (Themen)	*subject*
die	Theorie(-n)	*theory*
das	Ticket (-s)	*ticket*
das	Tier(-e)	*animal*
die	Tierart(-en)	*animal species*
der	Tiger(-)	*tiger*
der	Tip(-s)	*tip*
der	Tisch(-e)	*table*
das	Tischtennis (sing.)	*table tennis*
der	Toast	*toast*
die	Tochter (Töchter)	*daughter*
	toi, toi, toi!	*good luck!*
die	Toilette(-n)	*toilet*
	toll	*great (informal)*
die	Tomate(-n)	*tomato*
die	Tonne(-n)	*tonne*
die	Torte(-n)	*cake*
	total	*total, totally*
der	Tourist(-en)	*tourist*
die	Touristeninformation(-en)	*tourist office*
	traditionell	*traditional*
	tragen*	*to carry; wear*
	trainieren	*to train*
der	Traum (Träume)	*dream*
die	Trauung(-en)	*wedding (ceremony)*
der	Travellerscheck(-s)	*traveller's cheque*
	(sich) treffen*	*to meet*
	treiben*	*to do, go in for*
der	Trend(-s)	*trend*
	trennen	*to separate*
die	Treppe(-n)	*stairs, staircase*
die	Treppe rauf/runter	*up/down the stairs*
	trinken*	*to drink*
	auf... trinken	*to drink to...*
	trug	*(see tragen)*
der	Truthahn (Truthähne)	*turkey*
	Tschüs	*goodbye (informal)*
die	Tulpe(-n)	*tulip*
	tun*	*to do*
	tut mir leid	*I'm sorry*
	Tunesien	*Tunisia*
der	Türke(-n)	*Turk (man)*
die	Türkin(-en)	*Turk (woman)*
die	Türkei	*Turkey*

turnen *to do gymnastics*

U

der U-Bahn(-en) *underground (railway)*
üben *to practise*
über *over*
überall *everywhere*
überflüssig *unnecessary, superfluous*
übersetzen *to translate*
der Übersiedler(-) *emigrant*
die Uhr(-en) *clock*
es ist 17 Uhr *it is five p.m.*
um wieviel Uhr? *(at) what time?*
wieviel Uhr ist es? *what time is it?*
um *at; around; in order to*
um 4 Uhr *at four o'clock*
um die Ecke *around the corner*
um glücklich zu sein *in order to be happy*
umfallen (sep.) *to fall over*
umherfahren (sep.) *to drive around*
der Umlaut(-e) *umlaut*
die Umleitung(-en) *diversion*
umsteigen (sep.) *change (bus, etc.)*
umtauschen (sep.) *to exchange (goods), change (money)*
die Umwelt (sing.) *environment*
der Umweltinformation(-en) *environmental information office*
der Umweltschutz (sing.) *protection of the environment*
der Umweltschützer(-) *protector of the environment*
die Umweltverschmutzung(-en) *environmental pollution*
unbedingt *unreservedly, definitely*
und *and*
ungefähr *about, approximately*
ungesund *unhealthy*
unglücklich *unhappy*
ungültig *invalid, void*
die Universität(-en) *university*
die Unruhe(-n) *unrest*
uns *us*
unser *our*
unten *below*
unter *under*
unterschiedlich *different; variable*
unterschreiben* *to sign*
die Untersuchung(-en) *examination, check-up*
unterwegs *on the way*
der Urlaub(-e) *holiday(s)*
Urlaub machen *to take a holiday*
der Urlauber(-) *holidaymaker*
das Urlaubsgeld(-er) *holiday pay*
das Urlaubsland (Urlaubsländer) *holiday destination*

die USA *USA*

V

die Vase(-n) *vase*
der Vater (Väter) *father*
verändern *to change*
der Verband (Verbände) *club*
(sich) verbessern *to improve*
verbinden* *to put through*
ich verbinde *I'm putting you through*
die Verbindung(-en) *connection*
verbreiten *to give away, spread*
verbringen* *to spend*
der Verein(-e) *club*
vereinbaren *to agree, arrange*
nach Vereinbarung *by appointment*
vergessen* *to forget*
vergiften *to poison*
verheiratet *married*
verkaufen *to sell*
der Verkäufer(-) *sales assistant (man)*
die Verkäuferin(-nen) *sales assistant (woman)*
der Verkehrsverein(-e) *tourist information office*
(sich) verkleiden *to dress up*
der Verlag(-e) *publisher*
verlassen *to leave*
(sich) verletzen *to hurt oneself*
verlieren* *to lose*
vermieten *to let*
verpacken *to pack*
die Verpackung(-en) *wrapping*
verreisen *to go away, abroad*
verrückt *crazy*
verschenken *to give as a present*
verschicken *to send*
die Versicherung(-en) *insurance; insurance company*
die Versicherungskarte(-n) *insurance or contribution card*
das Verständnis (sing.) *understanding*
verstehen* *to understand*
versuchen *to try*
verwitwet *widowed*
das Video(-s) *video*
die Videografik (-en) *video graphics (on tv)*
der Videoraum (Videoräume) *video room*
viel, mehr, am meisten *much, a lot, many*
vielleicht *perhaps*
das Viertel(-) *quarter*
das Vitamin(-e) *vitamin*
die Volkshochschule(-n) *adult education centre*
die Volkswirtschaft (sing.) *economics*
voll belegt *fully booked*
das Vollkornbrötchen(-) *wholemeal roll*

die   Vollmacht *letter of authority*
       volltanken *to fill up (with petrol)*
der   Volontär(-e) *trainee*
       vor *before*
       im voraus *in advance*
       vor kurzem *recently*
die   Vorbestellung(-en) *reservation, advance order*
       vorkommen (sep.) *to happen*
       vorn *in front*
der   Vorname(-n) *first name*
der   Vorschlag (Vorschläge) *suggestion*
die   Vorsorge(-n) *provision*
       ambulante Vorsorge *out-patient provision*
       vorstellen *to introduce*
die   Vorstellung(-en) *performance*
das   Vorstellungsgespräch(-e) *job interview*
die   Vorwahl(-en) *dialling code*

W

die   Waffel(-n) *waffle*
       wahr *true*
       während *while*
       wahrnehmen (sep.) *to appreciate*
       wahrscheinlich *probably*
das   Wahrzeichen(-) *landmark*
der   Wald (Wälder) *wood, forest*
       wandern *to go walking, ramble, hike*
       wann *when*
       war, waren (*see* sein)
das   Warenhaus (Warenhäuser) *department store*
       warm *warm*
       warten *to wait*
       warum *why*
       was *what*
       so was wie *something like*
       was für... *what sort of...*
       was (etwas) *something*
die   Wäsche (sing.) *laundry*
das   Wasser (-) *water*
der   Wechselkurs(-e) *exchange rate*
der   Weg(-e) *way; path*
       weg *away*
       wegen *because of; about*
       weh tun (sep.) *to hurt*
das   Weißbrot(-e) *white loaf*
der   Weißwein(-e) *white wine*
das   Weihnachten(-) *Christmas*
der   Weihnachtsbaum (Weihnachtsbäume) *Christmas tree*
das   Weihnachtsgeld(-er) *Christmas bonus*
die   Weihnachtskarte(-n) *Christmas card*
das   Weihnachtslied(-er) *Christmas song, carol*
der   Weihnachtsmarkt (Weihnachtsmärkte) *Christmas market*
der   Weihnachtstag(-e) (1) *Christmas Day*
der   Weihnachtstag(-e) (2) *Boxing Day*
       weil *because*
der   Wein(-e) *wine*
das   Weinanbaugebiet(-e) *wine-growing area*
das   Weinlokal(-e) *wine bar*
die   Weintraube(-n) *grape*
       weiß (*see* wissen)
       weiß *white*
       weit *far*
       weiterfahren (sep.) *to travel on, continue one's journey*
       weitergehen (sep.) *to go on, continue*
       welchen? *which one?*
die   Welt(-en) *world*
der   Weltkrieg(-e) *world war*
die   Weltmeisterschaft(-en) *world championship*
die   Wende (sing.) *time before the unification*
       wenig *little, few*
       weniger *less*
       wenn *if; when*
       wer *who*
       werden* *to become; will*
die   Werkstatt (Werkstätten) *workshop*
der   Wert(-e) *value*
       im Wert von *to the value of*
       Wert legen (auf)* *to attach value (to)*
       wert *worth*
       wertvoll *valuable*
       wesentlich *fundamentally*
der   Wessi(-s) *West German*
       Westberlin *West Berlin*
der   Westen (sing.) *the West*
       westlich *western*
der   Wettbewerb(-e) *competition*
das   Wetter (sing.) *weather*
       wichtig *important*
       wie *how; what*
       wie ist es mit diesem? *what about this one?*
       wie ist Ihr Name? *what is your name?*
       wie war's? *how was it?*
       wie wär's mit...? *how about...?*
       wieder *again*
       wiederhaben (sep.) *have back*
       wiederholen *to repeat*
das   Wiedersehen(-) *reunion*
       auf Wiedersehen *goodbye*
       Wien *Vienna*
die   Wiese(-n) *meadow*
       wieviel *how much*
       wieviel Uhr *what time*
       willkommen *welcome*
       herzlich willkommen *a warm welcome*
der   Winter(-) *winter*

wir *we*
die Wirbelsäule(-n) *spine*
wird (*see* werden)
wirklich *really*
wissen* *to know*
ich hätte gern gewußt... *I'd like to know...*
wenn ich das nur wüßte *if I only knew that*
der Wissenschaftler(-) *scientist*
wissenswert *worth knowing*
wo *where*
die Woche(-n) *week*
das Wochenende(-n) *weekend*
das Wochenendseminar(-e) *weekend seminar, course*
woher *(from) where*
wohin *(to) where*
das Wohl (sing.) *health*
zum Wohl! *Cheers!*
wohl *well*
wohnen *to live (in)*
die Wohnung(-en) *flat*
das Wohnzimmer(-) *living room*
wollen* *to want, wish*
ich will nach Amsterdam *I want to go to Amsterdam*
woraus *out of what*
das Wörterbuch (Wörterbücher) *dictionary*
wovor *what... of*
die Wunde(-n) *wound*
wunderbar *wonderful*
wünschen *to wish*
wünschenswert *desirable*
wurde *was, became* (*see* werden)
das Würstchen(-) *small sausage*
Wiener Würstchen *small cooked sausage*

ziemlich *quite*
das Zimmer(-) *room*
die Zitrone(-n) *lemon*
zu *to; for; too*
zu spät *too late*
zum Braten *for frying*
der Zucker (sing.) *sugar*
zueinander *to each other*
zuerst *first*
der Zufall (Zufälle) *coincidence*
der Zug (Züge) *train*
zuhause *at home*
die Zukunft (Zukünfte) *future*
zulassen *to accept*
nicht zugelassen *not accepted*
zurechtkommen (sep.) *get on (well)*
zurück *back*
fünf Pfennig zurück *five Pfennigs change*
hin und zurück *return (ticket)*
zurückfahren (sep.) *to go back*
zurückkehren (sep.) *to go back*
zurückkommen (sep.) *to come back*
zurückrufen (sep.) *to call back*
zurücktreten (sep.) *to resign*
zusammen *together*
zusammenwachsen (sep.) *to grow together*
der Zuschlag (Zuschläge) *supplement*
die Zutat(-en) *ingredient*
zweite(-r, -s) *second*
die Zwiebel(-n) *onion*
der Zwilling(-e) *twin*
zwischen *between*
zwischendurch *in between*

Z

zahlen *to pay*
zählen *to be counted, be among*
der Zahn (Zähne) *tooth*
der Zahnarzt (Zahnärzte) *dentist*
die Zahnbürste(-n) *toothbrush*
die Zahnschmerzen (pl.) *toothache*
das Zäpfchen(-) *suppository*
zeigen *to show, point*
die Zeit(-en) *time*
zur Zeit *at this time, at the moment*
die Zeitersparnis(-sse) *time-saving*
die Zeitschrift (-en) *magazine*
die Zeitung(-en) *newspaper*
zelten *to camp*
das Zentrum (Zentren) *centre*
zerstechen* *to bite*
zerstören *to destroy*

The authors and publishers would like to acknowledge the use of the following texts. Every effort has been made to trace all copyright holders, but the publishers will be pleased to make the necessary arrangements at the earliest opportunity if there are any omissions.

Westdeutsche Lotterie GmbH & Co (p. 16); Centrale Marketing Gesellschaft der deutschen Agrarwirtschaft mbH (p. 18); Duckstein Bier (Holsten Gruppe (p. 18); Bitburger Bier (p. 18); Sigloch Edition (p. 24); Tourist centre Jena (p. 24); Deutsche Telekom AG (p. 28, 94); Greven Verlag (p. 32); Deutsche Bahn AG (DB) (p. 33, 35, 36); Amt für Lübeck-Werbung und Tourismus (p. 40); Sparkasse (p. 45, 114, 115, 116); Deutsche Bundesbank/Blum Verlag (p. 47); TUI (p. 65); Fremdenverkehrsbüro Mainz (p. 95); J. G. Niederegger GmbH & Co (p. 98, 105, 107); Isabelle Brent (p. 116); compuserve (p. 120); Statistisches Bundesamt (p. 125); WDR TV (p. 125), Deutsche Lufthansa AG (p. 125); Vangelis Pavlidis/Inter Nationes (p. 126); Hotel Schwarzer Bär (p. 127); Pension Toman (p. 128); Starke/Thüringer Allgemeine (p. 133); Janosch (p. 138); Bad Fredeburg Kneippheilbad (p. 140); Kurverwaltung Winterberg (p. 140); Heilbad Lindenmoor (p. 140); Staatsbad Salzuflen GmbH (p. 140); die Volkshochschule (VHS) (p. 143); Inter Nationes (p. 147, 149); Eduscho (p. 154); Pierre Aziz (p. 118)

Picture Credits
BBC Books would like to thank the following for providing photographs and for permission to reproduce copyright material. While every effort has been made to trace and acknowledge all copyright holders, we would like to apologize should there have been any errors or omissions.

Photographs © BBC, **Bernd Spauke** 5, 14 (tl), 36 (t), 41 (b), 49 (t), 57 (b), 62, 71 (b); **Camera Press** 131; **Image Bank** 124 (b), 139; **Jonathan Oppong Wiafe** 4, 12 (l), 31, 42, 44, 51 (t), 52 (1a, 1b, 2a, 2b, 3b, 4a, 4b, 5a, 5b, 6a, 6b) 56, 78, 97, 103 (m, mb), 108(m, b), 110 (ml), 111, 119 (ml ,bl), 130, 134 (t, m, bl); **Magnum**; 123 (tl); **Movie store** 8(t); **Rex Pictures** 8(b); **Tony Stone** 90 (m, m, b, b), 108 (t), 119 (b,m), 141, 142; **Zefa Pictures** 1 (m), 13 (t), 22 (b), 35 (t), 51 (b) 61 (t), 70 (t), 80 (tmb), 81 (b), 90 (t, m), 91 (m), 99 (t), 101 (tmb), 102 (m), 103 (tbt), 108 (t), 112, 117 (b), 119 (t,t), 134 (tr), 135, 137 (t)

Many thanks also to: David Hargreaves, Peter Essex, Joan Keevill, Michaela Jung, Andrea Köhler, Iris Sprankling, Catherine Basset, Robin Sawers, Ivan Sertic (Nicolai Antonescu), Christa Rockstroh (Frau Maier), Caroline Schmitt (Susanne Weiß), Konstanze Proebster (Anna Daniels), Daniel Werner (Ulli Meyer), Astrid Rempel (Elke Schneider), Stefan Gebelhoff (Dieter Hagen), Peter Höschler (Herr Schiller), Lale Ütsükarci (Hülya), Hans-Peter Deppe (kiosk owner), Gennaro de Chiara (kiosk customer), Thorsten Thomas, Werner Kalb, Ulrike Hensel, Andrea Schulte, Stephan Bulow, Hans Peter Deppe, Rainer Conrad, Lewent Apak.